W0065176

# Inhalt

## II.
## Die perverse Beziehung und die Protagonisten

III.
Folgen für das Opfer und Übernahme der Verantwortung

# Einführung

Was habe ich getan, eine solche Züchtigung zu verdienen?

«Ein Wort, das trifft,
vermag zu töten oder zu demütigen,
ohne daß man sich die Hände schmutzig macht.
Eine der großen Freuden des Lebens ist es,
seinesgleichen zu demütigen.»

*Pierre Desproges*

Es gibt Begegnungen im Leben, die so anregend sind, daß wir unser Bestes zu geben versuchen, aber es gibt auch solche, die uns zermürben und an denen wir zerbrechen können. Ein Mensch kann einen anderen tatsächlich durch fortgesetztes seelisches Quälen vernichten, was man mit Fug und Recht «psychischen Mord» nennen kann. Wir sind alle schon auf verschiedenen Ebenen Zeugen solcher Angriffe gewesen, zwischen einem Paar, innerhalb von Familien, in Betrieben oder auch im politischen und sozialen Leben. Trotzdem erweist sich unsere Gesellschaft als blind gegenüber dieser Form indirekter Gewalt. Unter dem Vorwand von Toleranz wird man nachsichtig.

Seelische Perversionen und was sie anrichten können zeigen Filme wie *Die Teuflischen* von Henri-Georges Clouzot (1954) oder Kriminalromane, und dabei ist jedem klar, daß es sich um perverse Manipulationen handelt. Aber im Alltagsleben wagen wir nicht, von Perversität zu sprechen.

In dem Film *Tante Danièle* von Etienne Chatiliez (1989) amüsieren wir uns über die seelischen Qualen, die eine alte Dame ihrer Umgebung zufügt. Sie beginnt damit, daß sie ihre alte Hausangestellte derartig peinigt, daß sie deren «Unfalltod» herbeiführt. Der Zuschauer sagt sich: «Ge-

9

schieht ihr recht, sie war zu unterwürfig!» Anschließend überschüttet sie die Familie ihres Neffen, die sie bei sich aufgenommen hat, mit ihrer Bosheit. Der Neffe und seine Frau tun alles, was in ihren Kräften steht, um sie zufriedenzustellen, aber je mehr sie geben, desto mehr quält sie sie.

Zu diesem Zweck setzt sie Techniken der Destabilisierung ein, wie sie bei Perversen üblich sind: versteckte Anspielungen, böswillige Andeutungen, Lügen, Demütigungen. Man wundert sich, daß die Opfer nicht merken, daß sie manipuliert werden. Sie versuchen zu verstehen und fühlen sich verantwortlich: «Was haben wir nur getan, daß sie uns derart verabscheut?» Tatie Danièle leistet sich keine Wutausbrüche, reagiert nur kalt und gemein; aber auch nicht allzu offenkundig, um ihre Umgebung nicht gegen sich aufzubringen: nur immer mal wieder eine kleine unscheinbare Bosheit, wohldosiert und destabilisierend, aber schwer dingfest zu machen. Tatie Danièle ist äußerst geschickt: Sie stellt die Situation auf den Kopf und nimmt den Platz des Opfers ein, versetzt die Familienmitglieder in die Rolle der Verfolger, die eine alte Frau von zweiundachtzig Jahren mutterseelenallein sich selbst überlassen haben, eingesperrt in eine Wohnung, mit Hundefutter als einziger Nahrung.

In diesem humorvollen Filmbeispiel nehmen die Opfer nicht Zuflucht zu Gewalttätigkeiten, wie es im gewöhnlichen Leben geschehen könnte; sie hoffen, ihre freundliche Art werde schließlich doch Anklang finden und ihr «Aggressor» sich besänftigen. Doch stets tritt das Gegenteil ein: Zuviel Freundlichkeit wirkt wie eine unerträgliche Herausforderung. Die einzige Person, die am Ende Gnade vor Tatie Danièles Augen findet, ist eine neu Hinzugekommene, vor der sie kuschen muß. Endlich hat sie einen Partner gefunden, der ihr gewachsen ist, und eine beinahe zärtliche Beziehung entwickelt sich.

Wenn diese alte Frau uns dermaßen amüsiert und bewegt, dann doch wohl, weil man spürt, daß so viel Bosheit nur von vielem Leid herrühren kann. Sie erregt unser Mitleid, wie sie das Mitleid ihrer Familie erregt, und eben dadurch manipuliert sie uns, wie sie ihre Familie manipuliert. Wir Zuschauer haben nicht das geringste Mitgefühl mit den armen Opfern, die uns schön dumm vorkommen. Je boshafter Tatie Danièle sich aufführt, desto liebenswürdiger werden ihre anverwandten Partner und folglich unausstehlich für Tatie Danièle – aber auch für uns.

Nichtsdestoweniger handelt es sich um perverse Angriffe. Diese Aggressionen beruhen auf einem unbewußten Prozeß psychologischer Zerstörungswut, der sich darstellt in offenen oder versteckten feindseligen Machenschaften eines oder mehrerer Individuen gegenüber einer ausgewählten Person, dem «Prügelknaben» im eigentlichen Sinn des Wortes. Durch scheinbar harmlose Worte, durch Anspielungen, Einflüsterungen oder Nichtausgesprochenes ist es in der Tat möglich, jemanden zu destabilisieren oder ihn sogar zugrunde zu richten, ohne daß die Umgebung eingreift. Der oder die Angreifer «kommen groß raus», indem sie die anderen herabsetzen und gleichzeitig sich jeden inneren Konflikt oder jegliche Gemütsbewegung ersparen, indem sie dem anderen die Verantwortung zuschieben für das, was nicht klappt: «Nicht ich, der andere ist verantwortlich für das Problem!» Keine Schuld, kein Leid. Es handelt sich hier um Perversität im Sinne der seelischen Perversionen.

Jeder von uns mag ab und zu in dieser Weise «pervers» handeln. Zerstörerisch wird der Prozeß aber erst durch Häufigkeit und Wiederholung. Jedes «normal neurotische» Individuum legt bei gewissen Anlässen, zum Beispiel in einem Anfall von Zorn, perverse Verhaltensweisen an den Tag, ist aber auch imstande, zu anderen Verhaltensmustern überzuwechseln (hysterischen, phobischen, zwanghaften …), doch nach derlei perversen Anwandlungen fragt es sich erschrocken, was es da getan habe. Ein perverses Individuum ist beständig pervers; es ist fixiert auf diese Form der Beziehung zum anderen und stellt sich in keinem Augenblick in Frage. Selbst wenn seine Perversität eine gewisse Zeit unbemerkt bleibt, wird sie immer dann zutage treten, wo es Stellung zu beziehen und seinen Teil Verantwortung anzuerkennen gilt; denn es ist ihm unmöglich, sich in Frage zu stellen. Diese Personen können nicht anders leben, sie müssen den anderen «zerstören». Sie müssen ihn herabwürdigen, um Achtung vor sich selbst zu gewinnen und dadurch Macht; denn sie gieren nach Bewunderung und Anerkennung. Sie empfinden weder Mitgefühl noch Anerkennung für den anderen, da Beziehungen sie ja nicht berühren. Den anderen respektieren bedeutet, ihn als menschliches Wesen zu betrachten und den Schmerz zu erkennen, den man ihm zufügt.

Die Perversion fasziniert, verführt und macht angst. Manchmal beneidet man die Perversen, weil man ihnen eine Überlegenheit zuspricht, die es ihnen erlaubt, stets Sieger zu sein. In der Tat verstehen sie es, ganz unauffällig zu manipulieren, was ein Trumpf zu sein scheint in der Welt der Geschäfte oder der Politik. Gleichzeitig fürchtet man sie, weil man instinktiv weiß, daß es besser ist, mit ihnen zu sein als gegen sie. Das ist das Gesetz des Stärkeren. Am meisten bewundert wird der, der es versteht, das Leben zu genießen und sowenig wie möglich zu leiden. Von den Opfern dieser Menschen redet man kaum, sie gelten als Schwächlinge oder Versager, und der Vorwand, die Freiheit des anderen zu achten, kann blind machen gegenüber schlimmen Situationen. Denn eine der heute herrschenden Auffassungen von Toleranz besteht darin zu unterlassen, sich in Handlungen und Ansichten anderer einzumischen, selbst dann, wenn diese Ansichten und Handlungen uns unpassend oder sogar moralisch tadelnswert erscheinen. Desgleichen üben wir beispiellose Nachsicht gegenüber den Lügen und Manipulationen der «Mächtigen». Der Zweck heiligt die Mittel. Aber bis zu welcher Grenze ist das hinnehmbar? Laufen wir auf diese Weise nicht Gefahr, uns selbst – aus Gleichgültigkeit – als Komplizen wiederzufinden und unsere Grenzen und Prinzipien zu verlieren? Toleranz setzt eindeutig definierte

Grenzen voraus. Nun besteht dieser Typus von Aggression aber gerade in einem Übergriff auf den psychischen Bereich des anderen. Der gegenwärtige sozio-kulturelle Kontext gestattet der Perversion, sich zu entfalten, weil sie dort toleriert wird. Unsere Epoche verweigert das Aufstellen von Normen. Eine Schranke aufzurichten, indem man eine Manipulation pervers nennt, wird mit «Zensur» gleichgesetzt. Wir haben die moralischen und religiösen Grenzen verloren, die eine Art Sittenkodex darstellten und die uns veranlassen konnten zu sagen: «Das tut man nicht!» Wir finden unsere Fähigkeit, uns zu entrüsten, erst wieder, wenn die Vorfälle sich auf der öffentlichen Bühne abspielen, aufgegriffen und ausgewalzt von den Medien. Die Staatsgewalt setzt keinen Rahmen und wälzt ihre Verantwortung ab auf diejenigen, die sie eigentlich zu führen oder zu unterstützen hätte.

Selbst die Psychiater zögern, die Perversion beim Namen zu nennen. Wenn sie es tun, so entweder, um ihre Ohnmacht einzugestehen, etwas dagegen zu unternehmen; oder aber, um ihre Neugier gegenüber der Geschicklichkeit des Manipulateurs erkennen zu lassen. Sogar die Definition «seelische Perversion» wird von einigen zurückgewiesen, die lieber von Psychopathie sprechen, eine geräumige Rumpelkammer, in die sie alles zu verbannen trachten, was sie nicht behandeln können. Die Perversität rührt aber nicht von einer psychiatrischen Störung her, sondern von einer kühlen Rationalität, verbunden mit der Unfähigkeit, die anderen als menschliche Wesen zu betrachten. Eine gewisse Anzahl dieser Perversen begeht strafbare Handlungen, für die sie abgeurteilt wird, doch die Mehrheit setzt auf Charme, gebraucht ihre Anpassungsfähigkeit, um sich einen Weg in der Gesellschaft zu bahnen, und läßt verletzte Menschen und ruinierte Leben kaltlächelnd hinter sich. Psychiater, Richter, Erzieher – wir alle sind Perversen in die Falle gegangen, denen es gelang, sich als Opfer darzustellen. Sie führten uns vor, was wir von ihnen erwarteten, um uns besser zu ködern, und wir haben ihnen neurotische Gefühle zuerkannt. Wenn sie danach ihr wahres Gesicht zeigten und ihr Machtstreben offen zur Schau stellten, haben wir uns hintergangen gefühlt, eingeseift, manchmal sogar gedemütigt. Dies erklärt die Vorsicht der Fachleute, sie zu entlarven. Die Psychiater sagen hinter vorgehaltener Hand: «Vorsicht, das ist ein Perverser!», was heißen soll: «Das ist gefährlich» und auch: «Da kann man nichts machen». So verzichtet man darauf, den Opfern zu helfen. Natürlich ist es etwas Ernstes, die Diagnose «Perversion» auszusprechen, man behält diesen Begriff meist Handlungen von großer Grausamkeit vor, unvorstellbar selbst für Psychiater – wie die Untaten von Serienmördern. Dennoch – ob man sich nun die subtilen Aggressionen vor Augen hält, von denen ich in diesem Buch berichten werde, oder ob man von Serienmördern spricht, es geht um «Beraubung», das heißt um einen Akt, der darin besteht, sich fremden Lebens zu bemächtigen. Das Wort «pervers» erregt Anstoß, stört. Es enthält ein Werturteil, und die Psychoanalytiker weigern sich, Werturteile auszusprechen. Müssen sie deshalb aber alles akzeptieren? Die Perversion nicht zu benennen, wiegt noch schwerer, denn es bedeutet, das Opfer im Stich zu lassen, wehrlos, auf Gnade und Ungnade weiteren Überfällen ausgeliefert.

In meiner klinischen Praxis als Psychotherapeutin habe ich das Leid der Opfer zu begreifen gelernt und ihr Unvermögen, sich zu wehren. Ich werde in diesem Buch zeigen, daß die erste Handlung dieser räuberischen Verfolger darin besteht, ihre Opfer zu lähmen, um sie daran zu hindern, sich zu verteidigen. Selbst wenn sie danach zu verstehen versuchen, was ihnen geschieht, fehlt ihnen das Handwerkszeug, es zu tun. Desgleichen werde ich versuchen, anhand der Analyse der perversen Beziehung den Vorgang zu veranschaulichen, der den Angreifer und den Angegriffenen verbindet, um den Opfern bzw. künftigen Opfern zu helfen, aus den Netzen ihrer Aggressoren herauszukommen. Wenn die Opfer sich helfen lassen wollen, hat man sie möglicherweise nicht verstanden. Es geschieht nicht selten, daß Analytiker den Opfern eines perversen Angriffs raten, erst einmal herauszufinden, inwieweit sie selbst verantwortlich sind für die erlittene Aggression, inwieweit sie diese, wenn auch unbewußt, durchaus gewollt haben. Denn die Psychoanalyse befaßt sich nur mit dem Innerpsychischen, das heißt mit dem, was sich im Kopf eines Individuums abspielt, und berücksichtigt nicht das Umfeld: Sie beachtet folglich nicht das Problem des Opfers, das sie als masochistischen Komplizen betrachtet. Wenn Therapeuten dennoch versucht haben, den Opfern zu helfen, so ist es möglich, daß sie durch ihr Zögern, einen Aggressor einen Aggressor und einen Angegriffenen einen Angegriffenen zu nennen, das Schuldgefühl des Opfers verstärkt und eben dadurch den Prozeß seiner Zerstörung verschärft haben. Ich habe den Eindruck, daß die klassischen Therapiemethoden nicht ausreichen, diesem Typus von Opfern zu helfen. Ich möchte deshalb Vorgehensweisen vorschlagen, die geeigneter sind und der Eigenart der perversen Aggression Rechnung tragen.

Es geht hier nicht darum, den Perversen den Prozeß zu machen – die verteidigen sich im übrigen recht gut allein –, sondern darum, ihre Schädlichkeit vor Augen zu führen, ihre Gefährlichkeit für andere, um es den Opfern bzw. künftigen Opfern zu erleichtern, sich gegen sie zu verteidigen. Selbst wenn man die Perversion, völlig zu Recht, als eine defensive Verhaltensweise betrachtet (Abwehr einer Psychose oder einer Depression), entschuldigt das die Perversen doch nicht. Es gibt harmlose Handlungen, die gerade nur eine Spur von Bitterkeit oder Scham darüber hinterlassen, an der Nase herumgeführt worden zu sein; aber es gibt auch viel schwerwiegendere Manipulationen, die an die Identität des Opfers rühren und wobei es um Leben und Tod geht. Man muß wissen, daß die Perversen unmittelbar gefährlich sind für ihre Opfer, aber auch mittelbar für die Umgebung, da sie dazu verleiten, Orientierungsmaßstäbe aufzugeben und zu glauben, man könne alles auch «lockerer» sehen – selbst wenn andere dabei auf der Strecke bleiben.

15

Ich werde in diesem Buch die Natur der Perversion nicht theoretisch diskutieren, sondern mich ganz bewußt, als Viktimologin, der angegriffenen Person zur Seite stellen. Die Viktimologie ist eine junge Disziplin, entstanden in den Vereinigten Staaten, und war zunächst nur ein Zweig der Kriminologie. Sie analysiert die Gründe, die jemanden zum Opfer werden lassen; die Verläufe der Viktimisierung; die Folgen, die sich daraus ergeben; und die Rechte, die daraus erwachsen. In Frankreich existiert eine Viktimologen-Ausbildung seit 1994, die zu einem Universitätsdiplom führt. Dieser Ausbildungsgang richtet sich an Notärzte, an Psychiater und Psychotherapeuten, an Juristen sowie an alle, zu deren Berufspflichten es gehört, den Opfern zu helfen. Eine Person, der seelische Gewalt widerfuhr, ist wirklich ein Opfer, da ihre seelische Struktur mehr oder weniger dauerhaft zerrüttet ist. Selbst da, wo ihre Art, auf die seelische Aggression zu reagieren, dazu beitragen kann, mit dem Aggressor eine Beziehung aufzubauen, die sich aus sich selbst erhält, und den Eindruck zu vermitteln, «symmetrisch» zu sein, darf man nicht vergessen, daß diese Person unter einer Situation leidet, für die sie nicht verantwortlich ist. Wenn es geschieht, daß die Opfer dieser schleichenden Gewalttätigkeit sich für eine individuelle Psychotherapie entscheiden, dann tun sie das eher wegen intellektueller Hemmungen, Mangel an Selbstvertrauen, an Durchsetzungsvermögen, oder wegen eines anhaltenden depressiven Zustandes, der sich resistent zeigt gegen Antidepressiva, oder sogar wegen eines offeneren depressiven Zustands, der zu Selbstmord führen kann. Wenn diese Opfer sich mitunter auch über ihre Partner oder ihre Umgebung beklagen, so sind sie sich selten der Existenz dieser furchtbaren geheimen Gewalt bewußt und wagen daher auch selten sich zu beschweren. Die psychische Verwirrung, die sich schon eingenistet hat, kann selbst den Psychotherapeuten vergessen lassen, daß es sich um eine Situation objektiver Gewalt handelt. Diesen Situationen ist das Moment der Unaussprechbarkeit gemeinsam:

Das Opfer, obwohl es sein Leiden eingesteht, wagt nicht, sich wirklich vorzustellen, daß Gewalttätigkeit und Aggression stattgefunden haben. Bisweilen bleibt ein Zweifel: «Bin nicht vielleicht ich es, der das alles erfindet, wie so manche mir nahelegen?» Wenn es wagt, sich über das, was geschieht, zu beschweren, hat es das Gefühl, es nur unvollkommen zu beschreiben und deshalb nicht verstanden zu werden.

Ich habe mich mit Bedacht dafür entschieden, die Begriffe «Angreifer» und «Angegriffener» zu gebrauchen; denn es handelt sich erwiesenermaßen um eine Gewalttat, selbst wenn sie im Verborgenen verübt wird. Sie zielt darauf ab, sich an die Identität des anderen heranzumachen und ihn jeder Individualität zu berauben. Es geht um einen wirklichen Prozeß seelischer Zerstörung, der zu Geisteskrankheit oder Selbstmord führen kann. Ich werde auch an der Bezeichnung «pervers» festhalten, weil sie deutlich hinweist auf den Begriff des Mißbrauchs, welcher bei allen Perversen im Spiel ist. Das beginnt bei einem Machtmißbrauch, setzt sich fort in einem narzißtischen Mißbrauch in dem Sinne, daß der andere alle Selbstachtung verliert, und kann manchmal sogar zu sexuellem Mißbrauch führen.

# I.

# Die perverse Gewalt im Alltag

Kleine perverse Handlungen sind so alltäglich, daß sie die Regel zu sein scheinen. Das beginnt mit einem einfachen Mangel an Respekt, mit Lüge oder Manipulation. Unerträglich finden wir das nur, wenn wir direkt betroffen sind. Falls die soziale Gruppe, in der dieses Verhalten sich zeigt, keinen Widerstand leistet, verwandelt es sich fortschreitend in unverhüllt perverse Verhaltensweisen, die schwere Folgen für die psychische Gesundheit der Opfer haben. Da sie nicht sicher sind, verstanden zu werden, schweigen die Opfer und leiden stumm.

Diese seelische Zerstörung gibt es seit jeher, in den Familien, wo sie verborgen bleibt, und im Betrieb, wo man sich damit abfand in Zeiten der Vollbeschäftigung, weil es den Opfern freistand zu kündigen. Heute klammern sie sich verzweifelt an ihren Arbeitsplatz, auf Kosten ihrer körperlichen wie auch seelischen Gesundheit. Einige haben aufbegehrt, haben mitunter Prozesse angestrengt. Das Phänomen beginnt das Interesse der Medien auf sich zu ziehen; und dies veranlaßt die Gesellschaft, sich Fragen zu stellen.

In unserer psychotherapeutischen Praxis werden wir tagtäglich Zeugen von Lebensgeschichten, bei denen es schwerfällt, zwischen äußerer Realität und psychischer Realität zu unterscheiden. Was aber auffällt in all diesen Leidensgeschichten, ist die Wiederholung: Was jeder für einzigartig hielt, teilen in Wahrheit viele andere mit ihm.

Die Schwierigkeit klinischer Beschreibungen wurzelt in dem Umstand, daß jedes Wort, jede Intonation, jede Anspielung von Bedeutung ist. Alle Einzelheiten erscheinen, für sich genommen, harmlos, doch in ihrer Gesamtheit setzen sie einen zerstörerischen Prozeß in Gang. Das Opfer wird hineingezogen in dieses demütigende Spiel und kann seinerseits im Gegenzug auf perverse Art und Weise reagieren; denn dieser Form von Beziehung kann sich jeder von uns zu seiner Verteidigung bedienen. Das ist es, was dazu verleitet, zu Unrecht von geheimem Einverständnis zwischen Opfer und Aggressor zu sprechen.

Ich hatte Gelegenheit, im Laufe meiner klinischen Praxis zu sehen, daß das perverse Individuum dazu neigt, sein zerstörerisches Verhalten in allen Lebensbereichen zu wiederholen: am Arbeitsplatz, gegenüber seinem Lebenspartner, mit seinen Kindern. Gerade diese Verhaltenskontinuität möchte ich hervorheben. So gibt es Individuen, die auf ihrer Bahn Leichen oder vielmehr lebende Leichname zurücklassen. Das hindert sie nicht, anderen Sand in die Augen zu streuen und gesellschaftlich völlig angepaßt zu erscheinen.

# 1. Die private Gewalt

## Die perverse Gewalt gegenüber dem Lebenspartner

Die perverse Gewalt gegenüber dem Partner wird häufig bestritten oder banalisiert, verkürzt auf ein einfaches Herrschaftsverhältnis. Eine psychoanalytische Vereinfachung besteht darin, den Partner als Komplizen oder sogar als verantwortlich für die perverse Beziehung hinzustellen. Das heißt, das Ausmaß des beherrschenden Einflusses zu leugnen, der das Opfer lähmt und es hindert, sich zur Wehr zu setzen; das heißt ferner, die Gewalt der Angriffe und das Gewicht der psychologischen Auswirkung des Quälens auf das Opfer zu leugnen. Die Aggressionen sind subtil, es gibt keine greifbaren Spuren, und die Zeugen neigen dazu, als schlichte konfliktbeladene oder leidenschaftliche Beziehung zwischen zwei Personen mit schwierigem Charakter zu deuten, was in Wahrheit ein gewalttätiger Versuch von seelischer, ja sogar körperlicher Vernichtung des anderen ist, der manchmal gelingt.

Ich werde mehrere Paare in verschiedenen Entwicklungsstadien perverser Gewalt beschreiben. Die unterschiedliche Länge meiner Berichte rührt von der Tatsache her, daß diese Beziehungen über Monate wenn nicht über Jahre hinweg heranreifen, und die Opfer erst im Laufe der Zeit lernen, den perversen Umgang zu erkennen, sich zu wehren und Beweise zusammenzutragen.

## Die Herrschsucht

Bei Paaren stellt sich die perverse Regung ein, wenn das Gefühl abflaut, oder aber wenn zu große Nähe besteht.

23

Zuviel Nähe kann angst machen, und eben deshalb wird zum Ziel der größten Gewalttätigkeit, was am vertrautesten ist. Ein narzißtisches Individuum zwingt seine Herrschaft auf, um den anderen festzuhalten, fürchtet aber zugleich, daß der andere zu nahe ist und es vereinnahmen könnte. Es geht also darum, ihn in einem Abhängigkeits- oder sogar Eigentumsverhältnis zu halten und damit die eigene Allmacht zu erproben. Der Partner, gefangen in Zweifel und Schuldgefühl, vermag keinen Widerstand zu leisten.

Die unausgesprochene Botschaft lautet: «Ich liebe Dich nicht!» Aber sie ist verdeckt, damit der andere nicht fortgeht, und sie wird auf indirekte Art vermittelt. Der Partner muß dableiben, um andauernd in seinen Erwartungen enttäuscht zu werden. Gleichzeitig muß er am Denken gehindert werden, damit er sich des Vorgangs nicht bewußt wird. Patricia Highsmith beschrieb es in einem Interview in der Zeitung *Le Monde:* «Es geschieht manchmal, daß die Leute, die uns am meisten anziehen oder in die wir verliebt sind, so effizient wie Isolationsmittel aus Kautschuk auf den Funken der Phantasie einwirken».

Der beherrschende Einfluß wird von einem narzißtischen Individuum ausgeübt, das seinen Partner lähmen will, indem es ihn in eine unbestimmte Lage, in Ungewißheit versetzt. Das erspart es ihm, sich in einer Paarbeziehung zu binden, die ihm angst macht. Durch dieses Vorgehen hält es den anderen auf Abstand, innerhalb von Grenzen, die ihm nicht gefährlich erscheinen. Wenn es auch selbst nicht von anderen vereinnahmt werden möchte, so läßt es doch den Partner erdulden, was es selbst nicht erdulden möchte, indem es ihm den Atem nimmt und ihn «zur Verfügung» bereithält. Bei einem Paar, das sich normal verhält, müßte es eine gegenseitige narzißtische Bestärkung geben, selbst wenn vereinzelte Elemente eines beherrschenden Einflusses vorkommen. Es mag geschehen, daß der eine versucht, den anderen zu «unterdrücken», um ganz sicher zu sein, im Paar in der dominierenden Position zu bleiben. Aber ein Paar, das von einem narzißtischen Perversen geleitet wird, wird zu einer tödlichen Verbindung: Verleumdung, heimliche Angriffe geschehen systematisch.

Diese Entwicklung ist nur möglich durch zu große Nachsicht des Partners. Diese Nachsicht wird sehr häufig von den Psychoanalytikern gedeutet als verbunden mit unbewußtem, seinem Wesen nach masochistischem Gewinn, den er aus einer solchen Verbindung ziehen könne. Wir werden sehen, daß diese Deutung nur teilweise gültig ist, denn manche dieser Partner hatten zuvor keinerlei Selbstbestrafungsneigungen gezeigt und werden auch danach keine zeigen. Und wir werden sehen, daß sie gefährlich ist; denn da sie das Schuldgefühl des Partners verstärkt, hilft sie ihm in keiner Weise, Wege zu finden, um aus dieser Zwangslage herauszukommen.

Der Ursprung dieser Nachsicht findet sich weit häufiger in einer Familientreue, die zum Beispiel darin besteht, das nachzuahmen, was ein Verwandter erlebt hat, oder auch in der Annahme der Rolle eines Heilers für den Narzißmus des anderen, eine Art Sendung, bei der sich die Person aufopfern muß.

*Benjamin und Annie sind sich vor zwei Jahren begegnet. Annie war damals liiert in einer frustrierenden Beziehung mit einem verheirateten Mann. Benjamin ist eifersüchtig auf diesen Mann. Verliebt fleht er sie an, diese Beziehung abzubrechen: Er möchte sie heiraten und Kinder mit ihr haben. Annie bricht die Beziehung ohne viel Zögern ab und lebt mit ihm, behält aber ihre eigene Wohnung bei.*

*Von diesem Zeitpunkt an ändert sich Benjamins Verhalten. Er geht auf Distanz, wird gleichgültig und zeigt Zärtlichkeit nur, wenn er sexuelles Verlangen hat. Annie fordert zunächst Erklärungen, aber Benjamin streitet ab, daß es eine Veränderung in seinem Verhalten gebe. Da sie Konflikte nicht mag, bemüht sie sich, heiter zu erscheinen, selbst auf die Gefahr hin, Spontaneität einzubüßen. Wenn sie sich aufregt, scheint er nicht zu verstehen und reagiert nicht. Nach und nach gleitet sie in einen Zustand der Depression.*

*Da die Beziehung sich nicht bessert und Annie sich über Benjamins Ablehnung immer wieder wundert, gibt er am Ende zu, daß etwas geschehen sei; er habe es einfach nicht ertragen, sie deprimiert zu sehen. Also beschließt sie, die Depression behandeln zu lassen, die die Ursache ihrer Schwierigkeiten als Paar zu sein scheint, und beginnt eine Psychotherapie. Annie und Benjamin haben denselben Beruf. Sie hat sehr viel mehr Erfahrung. Oft bittet er sie um Rat, weist aber jede Kritik zurück: «Das ist zu nichts nütze, ich habe die Nase voll, ich weiß nicht, wovon Du sprichst!» Wiederholt hat er sich ihre Einfälle angeeignet und dabei ihre Hilfe völlig geleugnet. Nie dankt er ihr.*

*Wenn sie ihn auf einen Irrtum aufmerksam macht, rechtfertigt er sich damit, daß er sagt, seine Sekretärin habe das vermutlich nicht richtig aufgezeichnet. Sie tut so, als glaube sie das, um einer Auseinandersetzung aus dem Weg zu gehen.*

*Er umgibt seinen Zeitplan stets mit der größten Geheimhaltung, ebenso sein Leben, seine Arbeit. Durch Zufall erfährt sie von Freunden, die sie dazu beglückwünschen, daß Benjamin soeben eine bedeutende Beförderung zugestanden wurde. Er belügt sie ständig, sagt, er komme von einer Geschäftsreise mit dem Zug zurück, während eine Fahrkarte, die er herumliegen läßt, beweist, daß das falsch ist.*

*In der Öffentlichkeit bleibt er sehr zurückhaltend. Eines Tages, bei einer Cocktailparty, kommt er auf sie zu und schüttelt ihr die Hand: «Fräulein X, Sie sind im Beruf X tätig, wie interessant!», läßt sie aber schnell alleine stehen. Als sie daraufhin eine Erklärung von ihm verlangt, stammelt er, er sei eben sehr beschäftigt.*

*Er macht ihr Vorhaltungen über das Geld, das sie ausgibt, obgleich sie ihren Lebensunterhalt selbst verdient. Ihm wäre am liebsten, daß sie fast nichts in ihren Schränken hätte und er zwingt sie, ihre Hausschuhe aufzuräumen, wie ein kleines Mädchen. Er macht sich öffentlich lustig über ihre Cremetöpfchen im Badezimmer: «Ich verstehe nicht, warum Du Dir all dieses Zeug ins Gesicht schmierst!»*

*Annie fragt sich, wieso sie zärtlich sein kann zu einem Mann, der alles berechnet: seine Gesten, seine Worte, sein Geld. Er erträgt es nicht, wenn man vom Paar spricht. «Das Wort Paar stammt aus der Mottenkiste.» Er weigert sich, sich ihr gegenüber zu binden. Eines Tages hält ein Clown sie auf der Straße an, will ihnen ein Kunststück zeigen, und sagt zu Benjamin: «Das ist Ihre Frau, nicht wahr?» Benjamin antwortet nichts und versucht, sich zu verdrücken. Für Annie bedeutet das: «Er konnte nichts erwidern, weil man dazu keine Meinung haben kann. Ich bin weder seine Frau, noch seine Verlobte, noch seine Freundin. Man kann nichts sagen zu diesem Thema, weil es zu ernsthaft ist.»*

*Wenn sie darauf besteht, über ihre Beziehung zu sprechen, antwortet er: «Meinst Du wirklich, es ist der richtige Moment, darüber zu reden?»*

*Auch andere Themen enden in Verletzungen, wie z. B. ihr Kinderwunsch. Wenn sie Freunde treffen, die Kinder haben, bemüht sie sich, nicht zuviel Begeisterung angesichts der Babys zu zeigen, was sonst Benjamin auf den Gedanken bringen könnte, sie wünsche sich ein Kind. Statt dessen nimmt sie eine neutrale Haltung ein, als bedeute ihr das nichts.*

*Benjamin möchte Annie beherrschen. Sie soll eine unabhängige Frau sein, die finanziell nicht auf ihn zählt; aber gleichzeitig möchte er sie unterwürfig, andernfalls ängstigt er sich und weist sie ab.*

*Wenn sie bei Essenseinladungen redet, verdreht er mißbilligend die Augen gen Himmel. Anfangs sagte sie sich: «Das ist sicher Blödsinn, was ich gesagt habe!» und in zunehmendem Maße hat sie sich kontrolliert.*

*Trotzdem hat sie seit Beginn ihrer Psychotherapie gelernt, nicht mehr hinzunehmen, daß er a priori alles kritisiert, was sie sagt – auch wenn das zu Spannungen führt.*

*Zwischen ihnen gibt es keine Aussprachen, nur Streit, wenn sie genug hat, wenn ein Tropfen das Faß zum Überlaufen bringt. Dann regt nur sie allein sich auf. Benjamin setzt eine erstaunte Miene auf und sagt: «Du willst mir schon wieder Vorwürfe machen. Klar, für Dich bin ich an allem Schuld!» Sie sucht sich zu rechtfertigen: «Ich sage nicht, daß Du Schuld hast, ich hätte nur gern, daß wir über das reden, was nicht klappt!» Er scheint nicht zu verstehen und schafft es immer, Selbstzweifel in ihr aufkommen zu lassen und sie dahin zu bringen, sich Schuldgefühle einzureden. Sich zu fragen, was zwischen ihnen nicht stimmt, bedeutet für ihn: «Das ist Deine Schuld.» Er will sie nicht anhören und beendet die Diskussion; oder vielmehr, er versucht, ihr mit einer Pirouette zu entkommen, noch bevor sie begonnen hat.*

*«Wenn er mir doch nur sagte, was ihm an mir mißfällt; das würde eine Diskussion ermöglichen.»*

*Nach und nach haben sie aufgehört, über Politik zu sprechen; denn wenn sie Schlußfolgerungen zog, beklagte er sich, daß sie nicht seiner Meinung sei. Ebenso hörten sie auf, über Annies berufliche Erfolge zu sprechen. Benjamin ertrug alles schlecht, was ihn in den Schatten stellen konnte.*

*Annie ist sich bewußt, auf ihr eigenes Denken verzichtet zu haben, auf ihre Individualität, weil sie fürchtet, daß es sonst nur noch schlimmer würde. Das führt dazu, daß sie ständig Anstrengungen unternimmt, damit der Alltag erträglich bleibt.*

*Ab und zu widersetzt sie sich und droht zu gehen. Er hält sie zurück mit einer zweifachen Begründung. «Ich möchte, daß unsere Beziehung weitergeht. Ich kann Dir im Augenblick nicht mehr geben.»*

*Ihre Erwartungen sind dermaßen auf ihn gerichtet, daß sie beim geringsten Zeichen einer Annäherung wieder Hoffnung schöpft.*

*Annie spürt sehr wohl, daß diese Beziehung nicht normal ist. Aber da sie jede Orientierung verloren hat, fühlt sie sich verpflichtet, Benjamin zu schützen und zu entschuldigen, egal, was er tut. Sie weiß, daß er sich nicht ändern wird: «Entweder ich passe mich an, oder ich gehe!»*

*Auf sexuellem Gebiet steht es nicht besser, weil Benjamin*

*keine Lust mehr hat, mit ihr zu schlafen. Bisweilen versucht*
*sie, darüber zu sprechen:*

*«So können wir doch nicht weiterleben!»*

*«So ist das nun mal, man kann nicht auf Kommando mit*
*jemandem ins Bett gehen.»*

*«Was können wir tun? Was kann ich tun?»*

*«Es gibt nicht für alles eine Lösung! Du willst alles schul-*
*meistern!»*

*Wenn sie sich ihm nähert, um ihn liebevoll zu umarmen,*
*leckt er ihre Nase. Wenn sie protestiert, macht er sie darauf*
*aufmerksam, daß sie wahrhaftig keinerlei Sinn für Humor*
*habe.*

*Was hält Annie zurück?*

*Wäre Benjamin ein reines Ungeheuer, so wäre alles ein-*
*facher; aber er ist ein zärtlicher Liebhaber gewesen. Wenn*
*er jetzt so ist, so heißt das, daß es ihm schlecht geht. Er kann*
*sich also ändern. Sie lauert auf diese Änderung. Sie hegt die*
*Hoffnung, daß eines Tages das Knäuel sich entwirrt und*
*daß sie endlich miteinander reden könnten.*

*Sie fühlt sich für die Veränderung Benjamins verant-*
*wortlich: Er hatte nicht ertragen, daß sie deprimiert war.*
*Ebenso fühlt sie sich schuldig, nicht reizvoll genug zu sein*
*(er hatte sich eines Tages vor Freunden lustig gemacht über*
*Annies unattraktive Kleidung), nicht gut genug (sie sei nicht*
*großzügig), um Benjamin glücklich zu machen.*

*Sie sagt sich auch, es sei wohl weniger schwer, diese un-*
*befriedigende Paarbeziehung fortzusetzen, als sich allein*
*wiederzufinden; denn Benjamin hatte ja gesagt: «Wenn wir*
*uns trennen, würde ich sofort wieder jemanden finden, aber*
*Du mit deinem Hang zur Zurückgezogenheit, Du wirst*
*mutterseelenallein bleiben!» Und sie hatte es geglaubt. Auch*
*wenn sie weiß, daß sie viel geselliger ist als Benjamin, bildet*
*sie sich ein, allein wäre sie nur wieder deprimiert und würde*
*alles ewig bereuen.*

*Sie weiß außerdem, daß ihre Eltern ebenfalls in einer un-*
*befriedigenden Partnerbeziehung stecken, aber aus Pflicht-*

*gefühl zusammengeblieben sind. Bei ihr zu Hause war die*
*Gewalt stets gegenwärtig, aber verschleiert; denn es han-*
*delte sich um eine Familie, in der man die Dinge nicht beim*
*Namen nannte.*

## Die Gewalt

Die perverse Gewalt kommt in Krisenmomenten zum Vorschein, wo ein Individuum mit perversen Verteidigungsme-
chanismen nicht imstande ist, die Verantwortung für eine
schwierige Wahl auf sich zu nehmen. Sie zeigt sich in diesem
Fall indirekt, vor allem in der Nichtachtung des anderen.

*Monique und Lucien sind seit dreißig Jahren verheiratet.*
*Lucien hat seit sechs Monaten ein Verhältnis. Als er es Mo-*
*nique gesteht, sagt er, er könne sich nicht entscheiden. Er*
*möchte mit ihr zusammenbleiben, aber parallel dazu die*
*neue Beziehung fortführen. Monique lehnt mit Entschie-*
*denheit ab. Ihr Mann verläßt sie.*
   *Monique ist am Boden zerstört. Sie weint die ganze Zeit,*
*schläft nicht mehr, ißt nicht mehr. Sie weist psychosomati-*
*sche Zeichen von Angst auf. Gefühle von kaltem Schweiß,*
*Kloß im Magen, Tachykardie... Sie ist zornig, aber nicht*
*über ihren Mann, der sie leiden läßt, sondern über sich*
*selbst, die es nicht versteht, ihn zu halten. Könnte Monique*
*Zorn gegenüber ihrem Mann empfinden, fiele es ihr leichter,*
*sich zu wehren. Aber um Zorn zu empfinden, muß man*
*schon bereit sein zuzugeben, daß der andere aggressiv ist*
*und gewalttätig, was dazu führen kann, seine Rückkehr*
*nicht mehr zu wünschen. Wenn man sich in einem Schock-*
*zustand befindet wie Monique, so ist es leichter, die Wirk-*
*lichkeit der Fakten zu leugnen und zu hoffen; selbst wenn*
*diese Hoffnung aus Schmerzen gefügt ist.*
   *Lucien bittet Monique, weiter regelmäßig mit ihm zu*
*frühstücken, um die Bindung aufrecht zu erhalten; andern-*
*falls bestünde die Gefahr, daß er für immer fortginge. Wenn*

*sie sich entfernt, vergißt er sie. Wenn sie sich deprimiert*
*zeigt, hat er keine Lust mehr, mit ihr zusammenzubleiben.*
*Auf Anraten seines Psychoanalytikers schlug er Monique*
*sogar vor, seine Freundin zu treffen, um miteinander «ins*
*Gespräch zu kommen»!*
   *Nicht für einen Moment hat man den Eindruck, daß er*
*sich je gefragt hat, was er seiner Frau antut. Er sagt nur, er*
*habe genug, sie mit dieser Leichenbittermiene herumlaufen*
*zu sehen. Indem er seiner Frau Schuldgefühle einredet, weil*
*sie nicht tut, was nötig wäre, um ihn zu halten, entlastet sich*
*Lucien von der Verantwortung für die Trennungsentschei-*
*dung.*

Die Weigerung, die Verantwortung für das Scheitern der Ehe
auf sich zu nehmen, steht oft am Anfang eines perversen
Umkippens. Jemand, der ein hohes Idealbild von der Ehe
hat, pflegt scheinbar normale Beziehungen zu seinem Partner, bis zu dem Tag, wo er die Wahl treffen muß zwischen
dieser Beziehung und einer neuen Bekanntschaft. Die perverse Gewalt wird um so stärker sein, je großartiger die Ide-
alvorstellung vom Paar war. Es ist unmöglich, diese Verantwortung anzuerkennen, die ganz und gar vom anderen
getragen werden muß. Wenn die Liebe schwindet, wird der
Partner dafür verantwortlich gemacht, wegen eines Fehlers,
den er begangen haben soll, der aber nicht benannt wird.
Dieses Schwinden der Liebe wird zumeist wortreich geleugnet, während es seine Wirkung längst schon getan hat.
   Das Bewußtwerden der Manipulation kann das Opfer
nur in einen furchtbaren Angstzustand versetzen, den es
nicht loszuwerden vermag, weil ihm der Gesprächspartner
fehlt. Zusätzlich zum Zorn empfinden die Opfer in diesem
Stadium auch noch Schmach: die Schmach, nicht geliebt
worden zu sein, die Schmach, diese Demütigungen geduldet
zu haben, die Schmach, sich gefügt zu haben.
   Mitunter handelt es sich nicht um eine vorübergehende
perverse Anwandlung, sondern um das Zutagetreten einer

bis dahin verborgenen Perversität. Der Haß, der versteckt war, kommt ans Licht, nahe verwandt einem Verfolgungswahn. So sind die Rollen vertauscht, der Aggressor wird der Angegriffene, und die Schuld bleibt immer auf derselben Seite. Damit das glaubwürdig ist, muß man den anderen herabsetzen, indem man ihn zu einem tadelnswerten Benehmen treibt.

*Anna und Paul, beide Architekten, begegnen sich bei der Arbeit. Sehr rasch trifft Paul die Entscheidung, sich bei ihr häuslich niederzulassen, aber er achtet darauf, gefühlsmäßig Abstand zu wahren, um sich nicht wirklich zu binden. In der Öffentlichkeit verweigert er liebevolle Worte, zärtliche Gesten und mokiert sich über Verliebte, die Händchen halten.*

*Paul hat große Schwierigkeiten, etwas Persönliches auszudrücken. Er erweckt den Eindruck, sich pausenlos lustig zu machen, äußert bissige Bemerkungen über alles, zieht alles ins Lächerliche. Diese Strategie erlaubt ihm, sich zu verstecken und sich auf nichts einzulassen.*

*Er schwingt auch extrem frauenfeindliche Reden: «Die Frauen berauben die Männer ihrer Kraft, sind oberflächlich, unausstehlich, aber man kommt nicht ohne sie aus!»*

*Anna hält die Gefühllosigkeit Pauls für Feingefühl, seine Starrköpfigkeit für Kraft, seine heimlichen Vorbehalte für Wissen. Sie glaubt, Liebe werde ihn erweichen, er werde sich weniger hartherzig zeigen, wenn ihm das Leben in der Paarbeziehung erst einmal Mut eingeflößt habe.*

*Zwischen Paul und Anna bürgert sich die stillschweigende Regel ein, man dürfe nicht zuviel Intimität zur Schau stellen. Anna akzeptiert diese Regel, rechtfertigt sie und heißt sie gut. Da ihr Wunsch nach einer engeren Beziehung stärker ist als der Pauls, ist es an ihr, die nötigen Anstrengungen zu unternehmen, damit die Beziehung andauert. Paul begründet seine Härte mit einer schwierigen Kindheit, umgibt sich mit der Aura des Geheimnisvollen, indem er nur*

*Teilauskünfte beibringt, die sich auch noch widersprechen:*
*«Niemand hat sich um mich gekümmert, als ich klein war.*
*Wenn da nicht meine Großmutter gewesen wäre, die mich*
*aufnahm ...». «Mein Vater ist womöglich gar nicht mein*
*Vater!»*

*Indem er sich sofort als Opfer darstellt, bringt er Anna*
*dazu, ihn zu bemitleiden und ihm mehr Anteilnahme bezie-*
*hungsweise Nachsicht entgegenzubringen. Sie, die es der-*
*maßen drängte, sich heilend zu betätigen, ist sogleich gefan-*
*gengenommen von diesem kleinen Jungen, den es zu trösten*
*gilt.*

*Er gehört zu jenen Menschen, die «Bescheid wissen». Er*
*hat ausgeprägte Meinungen zu allem: der Politik, der Zu-*
*kunft der Welt, wer ein Blödmann ist und wer nicht, was*
*man tun muß und was nicht ... Meistens gibt er nur zu ver-*
*stehen, daß er Bescheid weiß, indem er einen Satz anfängt,*
*den er in der Schwebe läßt, oder indem er nur schweigend*
*mit dem Kopf nickt.*

*Mit sehr großer Geschicklichkeit dient er Annas Unsi-*
*cherheit als Spiegel. Anna ist jemand, der zweifelt. Da sie ih-*
*rer selbst nicht sicher ist, urteilt sie nicht über andere, son-*
*dern findet für sie im Gegenteil mildernde Umstände, egal,*
*was sie tun. Sie versucht immer, ihre Meinung nuanciert*
*vorzubringen, was für Paul nur heißt, sich das Leben schwer*
*zu machen. In Gegenwart Pauls glättet Anna ihre eigenen*
*Ecken und Kanten, um stärker mit dem übereinzustimmen,*
*was er von ihr erwartet, oder eher: mit dem, wovon sie*
*glaubt, daß er es erwartet. Sie vermeidet es, auf etwas zu be-*
*harren und ändert ihre Gewohnheiten.*

*Ihre Begegnung entwickelt sich also nach dem Muster:*
*Er weiß – sie zweifelt. Sie findet es beruhigend, sich an die*
*Gewißheiten eines anderen anzulehnen. Er spürt, daß sie*
*fügsam ist und bereit, seine Gewißheiten anzunehmen.*

*Von Anfang an hat Paul sich stets sehr kritisch gegen-*
*über Anna gezeigt. Er geht vor mit kleinen destabilisierenden*
*Seitenhieben, mit Vorliebe in der Öffentlichkeit, bei einer*

*Gelegenheit, wo sie nichts entgegnen kann. Wenn sie versucht, später wieder darauf zurückzukommen, sagt er kühl, sie sei nachtragend und mache wegen jeder Kleinigkeit Theater. Das geht von einer Nichtigkeit aus, selbst einer intimen, die Paul mit Übertreibung schildert, wobei er sich bisweilen in Gesellschaft einen Verbündeten sucht: «Finden Sie nicht, daß Anna vorsintflutliche Musik hört?» «Sie wußten wohl nicht, daß sie Geld ausgibt, um sich Cremes zu kaufen zur Straffung von Brüsten, die praktisch nicht vorhanden sind!» «Sie hat das nicht begriffen! Dabei versteht das doch jeder!»*

*Wenn sie zum Wochenende mit Freunden wegfahren, zeigt er Annas Tasche vor und sagt: «Sie hält mich für einen Möbelspediteur! Warum nicht auch noch die Badewanne?»*

*Wenn Anna protestiert: «Was kann Dir das ausmachen, ich trage meine Tasche selbst!» erwidert Paul: «Ja, aber wenn Du müde wirst, wäre ich genötigt, sie zu tragen, wenn ich nicht wie ein Flegel dastehen will. Du brauchst nicht drei Lippenstifte und zwei Kleider zum Wechseln!»*

*Anschließend folgen Verallgemeinerungen über die Hinterhältigkeit der Frauen, die die Männer immer irgendwie dazu bringen, ihnen zu helfen.*

*Ihm kommt es darauf an, Anna in Verlegenheit zu bringen. Sie nimmt die Feindseligkeit wahr, ist sich aber nicht sicher, denn Paul sagt das alles in scherzhaftem Ton, als spaße er. Die Feindseligkeit wird von der Umgebung nicht zwangsläufig wahrgenommen, und Anna kann nicht widersprechen, ohne als humorlos zu erscheinen.*

*Paul ist um so kritischer, wenn Anna in einer überlegenen Position ist, zum Beispiel, wenn ihr jemand ein Kompliment macht. Sie weiß sehr genau, daß er Komplexe hat angesichts ihrer Ungezwungenheit in Gesellschaft und auch wegen der Tatsache, daß sie beruflich erfolgreicher ist und mehr verdient als er. Wenn er sie kritisiert, setzt er hinzu: «Das ist kein Vorwurf, nur eine simple Feststellung.»*

*Die Gewalt tritt offen zutage, als Paul beschließt, sich*

freiberuflich niederzulassen mit einer jungen Teilhaberin. Seine strategischen Machenschaften, um Anna zu destabilisieren, werden unverhohlener.

Das zeigt sich zunächst in ständiger schlechter Laune, die er mit Organisationsproblemen und finanziellen Sorgen begründet. Meist kommt er abends kurz vor Anna nach Hause und macht es sich mit einem Glas vor dem Fernsehapparat bequem. Wenn Anna heimkehrt, antwortet er nicht auf ihr «Guten Tag!» sondern fragt, ohne den Kopf zu wenden: «Was gibt's zu essen?» (Ein klassisches Manöver, die schlechte Laune auf den anderen zu übertragen!)

Er macht keine direkten Vorwürfe, sondern läßt nur einen kleinen, harmlosen Satz fallen, den man dann deuten muß; denn er ist in vorwurfsvollem Ton gesprochen. Versucht Anna, klar auszudrücken, was gesagt wurde, entzieht er sich und streitet jegliche aggressive Absicht ab.

Er beginnt, sie «Oma» zu nennen. Als sie sich darüber beschwert, ändert er den Spitznamen in «dicke Oma» und bemerkt: «Da Du nicht dick bist, kannst Du es nicht auf Dich beziehen!»

Wenn sie versucht, über ihr Leid zu sprechen, stößt Anna auf eine Mauer. Er blockt ab, sie beharrt, er wird noch hartherziger. Irgendwann fährt sie aus der Haut, und nun kann Paul ihr nachweisen, daß sie eine aggressive, keifende Alte ist. Es gelingt ihr nie, hinreichend Abstand zu gewinnen, um eine Gewaltsamkeit zu entschärfen, die sie nicht begreift.

Im Unterschied zum klassischen Ehekrach findet nicht wirklich ein Zusammenstoß statt, aber es gibt auch keine mögliche Versöhnung.

Paul wird nie laut. Er legt nur frostige Feindseligkeit an den Tag, die er in Abrede stellt, wenn man ihn darauf aufmerksam macht. Angesichts dieser Unmöglichkeit, miteinander einen Dialog zu führen, regt Anna sich auf und schreit. Dann macht er sich lustig über ihre Wut: «Beruhige Dich, mein armer Liebling!», und sie fühlt sich lächerlich.

*Das Wesentliche spielt sich in ihren Blicken ab. Blicke voller Haß bei Paul, Blicke voller Furcht und Vorwurf von Anna.*

*Das einzige konkrete Faktum ist die sexuelle Verweigerung Pauls. Wenn sie ihn bittet, darüber zu sprechen, ist es nie der geeignete Moment. Abends ist er todmüde, am Morgen hat er es eilig, tagsüber hat er zu tun. Sie beschließt, ihn zu stellen, indem sie ihn ins Restaurant einlädt. Dort beginnt sie, über ihren Kummer zu sprechen. Paul unterbricht sie sofort; eisig und wütend sagt er: «Du wirst mir ja wohl keine Szene machen hier im Restaurant! Vor allem über ein derartiges Thema! Du hast wirklich kein Benehmen!»*

*Anna beginnt zu weinen, was Paul in Rage versetzt: «Du bist nichts als eine depressive Person, die unaufhörlich meckert!»*

*Später dann rechtfertigt er sich anders: «Wie soll man mit dir schlafen, Du bist ein Graus, eine kastrationsversessene Megäre!»*

*Später geht er sogar so weit, ihr den Terminkalender zu entwenden, der für ihre Buchführung wichtig ist. Anna sucht zunächst, fragt dann Paul, ob er ihn gesehen habe: niemand sonst hat den Raum betreten, sie ist sicher, daß sie den Kalender dort gelassen hat. Paul antwortet, daß er ihn nicht gesehen habe und daß sie ihren Kram eben besser aufräumen müsse. Sein Blick ist derart haßerfüllt, daß sie sich starr fühlt vor Furcht, wie vom Blitz getroffen. Sie begreift, daß es tatsächlich er ist, der ihn weggenommen hat, aber sie hat zuviel Furcht vor der nun offensichtlichen Gewalt, die ja ausbrechen könnte, wenn sie nicht einen Rückzieher macht.*

*Das Schlimmste ist, daß sie nicht versteht. Sie sucht nach Erklärungen: Will er ihr nur offen schaden, sie in Schwierigkeiten bringen? Ist es Neid? Das Bedürfnis zu kontrollieren, ob sie mehr arbeitet als er? Oder hofft er, in diesem Notizbuch einen Schnitzer zu finden, den er bei geeigneter Gelegenheit gegen sie ausspielen kann?*

*Was sie aber fühlt – und daran besteht kein Zweifel –, ist die böse Absicht. Dieser Gedanke ist so furchtbar, daß sie ihn verjagt, sich weigert, daran zu glauben. Und nun wird aus der Furcht physische Angst, die sie jedesmal wieder überkommt, wenn sie diesem Blick begegnet.*

*Während dieses Stadiums spürt Anna ganz deutlich, daß Paul sie vernichten will. Anstatt ihr wohldosiert Arsen in den Kaffee zu tun, wie in den englischen Kriminalromanen, versucht er, sie psychologisch zu zerbrechen.*

*Um Annas Leid von sich fernzuhalten, hat er sie in eine Sache verwandelt. Er betrachtet sie kühl, ohne Gemütsregung. Unter diesen Umständen erscheinen ihre Tränen natürlich lächerlich. Anna spürt deutlich, daß sie für Paul nicht existiert. Ihr Schmerz und ihre Tränen werden nicht verstanden, besser gesagt: sie existieren nicht. Das ewige Scheitern von Gesprächen löst bei ihr Wutanfälle aus, die sich, weil sie sich nicht entladen können, in Ängste umwandeln. Sie versucht zu sagen, daß sie diesem täglichen Leiden eine Trennung vorziehe, aber dieses Thema kann sie ja nur in den Krisenmomenten anschneiden, in denen sie, ganz gleich, was sie sagen mag, ohnehin kein Gehör findet. Die übrige Zeit hält sie sich zurück, um nicht ausgerechnet die wenigen Augenblicke, in denen das Leben noch erträglich ist, mit zusätzlicher Spannung aufzuladen.*

*Nun versucht sie es mit Briefen. Sie sucht ihm den Schmerz, den diese Situation ihr bereitet, verständlich zu machen und ihren Wunsch, eine Lösung zu finden. Beim ersten Mal, nachdem sie den Brief auf Pauls Schreibtisch gelegt hat, wartet sie, daß er mit ihr darüber spricht. Da er nichts sagt, wagt sie ihn zu fragen, was er davon hält. Er antwortet kühl: «Dazu habe ich nichts zu sagen!» Anna sagt sich, daß sie wohl nicht hinreichend deutlich gewesen sei. Sie schreibt ihm einen längeren Brief, den sie am nächsten Tag im Papierkorb wiederfindet. Erregt versucht sie, eine Erklärung zu erhalten. Er schleudert ihr entgegen, einer Zicke brauche er nicht zu antworten.*

*Egal, was sie unternimmt, man schenkt ihr kein Gehör. Ist ihre Ausdrucksweise nicht die richtige? Von diesem Tag an fertigt sie Photokopien der Briefe, die sie an ihn richtet.*

*Paul ist unempfindlich für Annas Leid, er nimmt es nicht einmal wahr. Dies ist unerträglich für Anna, die, verängstigt, noch ungeschickter wird. Ihre Versehen werden als Fehler gedeutet, die man korrigieren muß, was Gewalt rechtfertigt. Sie ist einfach gefährlich für ihn! Also muß sie «gebrochen» werden.*

*Angesichts dieser wechselseitigen Gewalt besteht Pauls Reaktion im Ausweichen, die Annas in stereotypem Gesprächsversuch.*

*Nun faßt sie den Entschluß, sich von Paul zu trennen.*

*«Wenn ich recht verstehe, setzt Du mich ohne einen Pfennig vor die Tür!»*

*«Ich setze Dich nicht vor die Tür, ich sage, daß ich diese Situation nicht mehr ertragen kann. Du bist nicht ohne einen Pfennig, Du arbeitest wie ich, und wenn wir die Aufteilung unserer Habe vornehmen, bekommst Du die Hälfte.»*

*«Wohin soll ich gehen? Ich hab's ja immer gesagt: Du bist boshaft! Wegen dir werde ich gezwungen sein, in einem Loch zu hausen!»*

*Anna redet sich Schuldgefühle ein und sagt sich, daß Paul so heftig ist, weil er darunter leidet, sich von seinen Kindern zu trennen.*

*Nach der Trennung trifft Anna die Kinder bei der Rückkehr vom ersten Wochenende mit dem Vater auf der Straße. Sie erzählen, daß sie einen schönen Tag mit Sheila, der Teilhaberin ihres Vaters, verbracht hätten. In diesem Augenblick bemerkt sie ein triumphierendes Lächeln auf Pauls Gesicht, das sie nicht gleich versteht.*

*Zu Hause wollen die Kinder ihr erzählen, wie verliebt Papa ist. Den ganzen Tag habe er Sheila immer wieder auf den Mund geküßt und ihr die Brüste und den Hintern gestreichelt. Weil er nicht den Mut aufbringt, Anna offen zu erklären, daß er eine Freundin hat, fährt er fort, ihr auf mit-*

telbare Weise Nachrichten zukommen zu lassen, indem er sich der Kinder bedient. Weil er ihnen etwas von seiner Vertrautheit mit Sheila vorgeführt hat, weiß er, daß er Annas Eifersucht wecken wird, aber er wird weit weg sein und keine Vorwürfe zu fürchten haben, die Anna ihm nun mit Recht machen kann. Er rückt die Kinder in den Vordergrund. Sie sollen die Trauer oder den Groll ihrer Mutter auffangen. Paul zeigt keinerlei Respekt, weder gegenüber der Mutter noch gegenüber den Kindern.

Anna verliert den Halt. Je mehr sie sich abmüht, um so tiefer versinkt sie. Sie schwankt zwischen Angst und Wut. Da sie nichts tun und nichts sagen kann, fürchtet sie, irgendeine Dummheit anzustellen. Das Ausmaß ihres Schmerzes ist so groß, daß sie nicht mehr kämpft; sie läßt sich treiben, überwältigen.

Freunden und seiner Familie teilt Paul mit, daß Anna ihn hinausgeworfen habe und daß die Lage in materieller und finanzieller Hinsicht schwierig für ihn sei. Anna weist diese Rolle der Bösen, die er ihr zuweisen möchte, von sich und sucht sich zu rechtfertigen. Dabei greift sie auf eine Methode zurück, die schon nicht funktioniert hat, als sie noch zusammen waren: ihm zu schreiben und ihm zu erklären, was sie empfindet. Weil sie zuviel Angst hat, Paul direkt anzugreifen, schiebt sie seiner Geliebten die Schuld zu, dieser Sheila, die die Gelegenheit genutzt habe, einen wehrlosen Mann, der in einer Ehekrise steckte, zu verführen.

Mit dieser Deutung geht sie Paul in die Falle. Er versucht nach wie vor, sich fernzuhalten von Wut und Haß. Er weicht aus und stellt die beiden Rivalinnen einander gegenüber, anstatt die Verantwortung für die Lage auf sich zu nehmen. Anna bleibt immer noch fügsam und beschirmend und bietet Paul nicht die Stirn.

Ein einziges Mal wagt sie es, ihn unmittelbar anzugreifen. Sie geht zu ihm, läßt sich nicht abwimmeln und sagt alles, was zu sagen sie nie Gelegenheit hatte. Das ist ihr einziger wirklicher Ehekrach, die einzige Konfrontation mit Paul.

*«Du bist verrückt, Anna, mit Verrückten redet man nicht!»
Als Paul sie mit Gewalt hinauswerfen will, ohrfeigt sie ihn
und rennt weinend davon. Mit dieser Szene hat sie Paul einen
Trumpf in die Hand gespielt. Sie erhält einen Verweis von
seinem Rechtsanwalt. Darauf verkündet Paul überall, Anna
sei verrückt und gewalttätig. Pauls Mutter macht ihr Vorwürfe: «Meine kleine Anna, Sie müssen sich beruhigen, Ihr
Benehmen ist unstatthaft!»*

*Annas und Pauls Rechtsanwälte verhandeln, um die Auf-
teilung der gemeinsamen Gegenstände abzuwickeln. Anna
wählt sich einen Anwalt, von dem sie weiß, daß er nicht po-
lemisch ist, und dem bewußt ist, daß man vor allem Paul besänftigen muß, damit es nicht ein endloses Verfahren wird.
In ihrem Wunsch, sich versöhnlich zu zeigen, diskutiert sie
nicht lange, erscheint dadurch aber allmächtig, folglich
noch bedrohlicher.*

*Nun, da man übereingekommen war, daß eine Bestands-
aufnahme gemacht werden solle, erfährt Anna ganz zufällig,
kurz vor den Ferien, daß Paul das Landhaus ausgeräumt
hat. Er hat lediglich einige Möbel zurückgelassen, die Annas
Familie gehören, und die Kinderbetten. Sie hält wieder still,
da sie denkt, Paul werde aufhören, sie anzugreifen, wenn
erst die materiellen Fragen geregelt seien. Aber das war ein
Irrtum, er machte weiter.*

*Im Briefwechsel, der die Kinder betrifft, findet sie An-
spielungen, die ihre Redlichkeit in Zweifel ziehen. Am Anfang rechtfertigt sie sich, erklärt, alles sei von den Anwälten
ausgehandelt worden und notariell ausgefertigt. Dann begreift sie, daß das alles nichts nützt, daß sie sich für ihn
irgendeiner Sache schuldig gemacht haben muß. Eines Tages sagt eines ihrer Kinder zu ihr: «Papa erzählt aller Welt,
daß Du ihm alles genommen hast. Vielleicht ist das wahr.
Was beweist uns, daß Du nicht unehrlich bist?»*

In diesem Fall aus der Praxis kann man sehen, daß Paul nicht
in der Lage ist, die Verantwortung für die Trennung zu über-

nehmen. Er richtet es so ein, daß Anna die Initiative ergreift, daß sie ihn «verjagt» und so für das Scheitern der Paarbeziehung verantwortlich ist. Auf alle Fälle ist sie an allem schuld, sie ist der Sündenbock, der es Paul erspart, sich in Frage zu stellen. Anna hätte heftig reagieren können auf diesen Verrat. Dann aber wäre sie als gewalttätig bezeichnet worden. Also gibt sie nach und wird als verrückt angesehen, als depressiv. Auf alle Fälle ist sie schuldig. Weil sie sich nun einmal nicht schuldig macht durch übertriebene Reaktionen, bleiben nur Verdächtigungen und Verleumdungen, um sie kleinzukriegen.

Man muß Anna dazu bringen, allmählich zu erkennen, daß sie – was auch immer sie tut – stets ein Ziel des Hasses für Paul bleiben wird, zu erkennen, daß sie nichts tun kann, um dieses Verhältnis zu ändern; sie muß ihre Ohnmacht erkennen. Folglich genügt es, wenn sie ein hinreichend gutes Selbstbild gewinnt, damit Pauls Aggressionen ihre Identität nicht mehr in Frage stellen können. Wenn sie aufhört, Angst vor ihrem Aggressor zu haben, scheidet sie aus dem Spiel aus und kann möglicherweise die Aggression entschärfen.

Bei Paul spielt sich alles so ab, als müsse er, um jemanden lieben zu können, jemand anderen hassen. Bei jedem von uns gibt es einen zerstörerischen Trieb. Eines der Mittel, um sich von diesem inneren Todestrieb zu befreien, besteht darin, ihn nach außen auf jemand anderen zu projizieren. Gewisse Personen betreiben so eine Aufspaltung in «Gute» und «Böse». Es sieht nicht gut aus, zum Lager der Bösen zu gehören.

Um ein neues Liebesobjekt idealisieren zu können und die Liebesbeziehung aufrecht zu erhalten, muß ein Perverser alles, was schlecht ist, auf den vorigen Partner projizieren, der zum Sündenbock geworden ist. Alles, was einer neuen Liebesbeziehung hinderlich ist, muß vernichtet werden wie ein störender Gegenstand. So muß es, damit es Liebe geben kann, irgendwo Haß geben. Die neue Liebesbeziehung entwickelt sich auf dem Fundament des Hasses gegen den früheren Partner.

Bei Trennungen ist dieser Vorgang nicht selten, aber meistens verfliegt der Haß nach und nach, und zwar in gleichem Maß wie die Idealisierung des neuen Partners sich abschwächt. Doch Paul, der ein stark idealisiertes Bild von der Paarbeziehung und der Familie hat, verstärkt diesen Vorgang in der Absicht, seine neue Familie zu schützen. Sheila spürt, bewußt oder unbewußt, daß dieser Haß ihre Beziehung mit Paul schützt, und tut nichts, um ihm ein Ende zu setzen. Möglicherweise aktiviert sie ganz bewußt diesen Schutzmechanismus.

Anna glaubt, aus einer Art natürlicher Naivität heraus, daß verliebt sein und Liebe genüge, um glücklich, großzügig, «besser» zu machen. Sie begreift folglich nicht, daß Paul anderweitig lieben kann. Wenn Paul sie derart zurückweist, dann deshalb, so glaubt sie, weil sie nicht «gut» genug ist, das heißt: in Übereinstimmung mit dem, was er erwartet. Doch bei den Perversen muß die Liebe gespalten sein und umgeben von Haß.

## Die Trennung

Die perversen Methoden sind gang und gäbe bei Scheidungen oder Trennungen. Es handelt sich in diesen Fällen um ein defensives Verhalten, das man nicht ohne weiteres als pathologisch betrachten kann. Erst die ständige Wiederholung und die Einseitigkeit führen zu der zerstörenden Wirkung.

Bei Trennungen werden die perversen Anwandlungen, die bis dahin unter der Oberfläche lagen, deutlicher, die heimtückische Gewalt bricht aus; denn der narzißtische Perverse erkennt, daß seine Beute ihm entgleitet. Die Trennung unterbricht nicht die Gewalt; sie setzt sich fort durch die spärlichen Verbindungen, die noch bestehen können, und wenn Kinder da sind, wird sie über diese weitergegeben. Für J.-G. Lemaire «lassen sich gewisse rachsüchtige Verhaltensweisen nach Trennung oder Scheidung dahingehend verstehen, als ob der eine – um sich nicht selbst zu hassen – es

nötig hätte, seinen ganzen Haß über den anderen auszu-
gießen, der ehemals zu ihm gehört hat.»[1] Das ist es, was die
Amerikaner *stalking*, das Quälen, nennen. Quälen ist die
Art früherer Liebhaber oder Ehegatten, die ihre Beute nicht
loslassen wollen, ihre «Ehemaligen» mit ihrer Gewalt über-
fallen, sie beim Verlassen der Arbeitsstelle abpassen, Tag
und Nacht anrufen, mit verschiedensten Drohungen.

Das *stalking* wurde von gewissen Staaten ernst genommen, die *protective orders* (Zivilschutzvorschriften) vorse-
hen, wie z. B. gegen offene eheliche Gewalttätigkeit; denn es
wurde nachgewiesen, daß dieses Quälen, wenn das Opfer
sich auch nur im geringsten widersetzt, zu körperlichen Gewalttätigkeiten führen kann.

Scheidungen von einem narzißtischen Perversen, egal,
von wem die Trennung ausgeht, sind fast immer von Gewalt
und Schikanen geprägt. Die Perversen halten die Verbindung aufrecht auf dem Umweg über Einschreibebriefe, An-
wälte, Justiz. In den Verfahren spricht man weiterhin vom
«Paar», das längst nicht mehr existiert. Je stärker der
Machttrieb, desto größer der heimliche Groll und die Wut.
Die Opfer verteidigen sich ungeschickt, vor allem, wenn sie
glauben, die Initiative zur Trennung sei von ihnen ausge-
gangen, was häufig der Fall ist. Ihr Schuldgefühl verleitet
sie, sich großmütig zu zeigen in der Hoffnung, so ihrem Verfolger zu entgehen.

Selten verstehen es die Opfer, sich des Rechts zu bedienen, während der Aggressor, dessen psychische Struktur
paranoide Züge aufweist, die notwendigen gerichtlichen
Schritte zu unternehmen weiß. In Frankreich kann der Begriff einer «Scheidung wegen Verschuldens» theoretisch
aufrecht erhalten bleiben, wenn eine perverse Handlung eines der Ehegatten vorliegt. Aber wie wertet man listige Machenschaften, die auf die Schuld des anderen abzielen? Im

[1] J.-G. Lemaire, Leben als Paar: Strukturen, Krisen, therapeutische Hilfen,
Olten 1990.

43

Scheidungsverfahren muß der Antragsteller die Tatsachen beweisen, die er geltend macht zur Unterstützung seiner Klage. Wie eine perverse Manipulation beweisen?

Es geschieht nicht selten, daß der Perverse, der seinen Partner zu einem Fehlverhalten getrieben hat, sich danach dieser «Tat» bedient, um die Scheidung zu seinen Gunsten zu erreichen. Im Prinzip kann die Scheidung aus alleinigem Verschulden eines Ehepartners nicht ausgesprochen werden, wenn die Fehler des einen mit dem Verhalten des anderen entschuldigt werden können. In Wirklichkeit lassen die Richter Vorsicht walten aus Furcht, ihrerseits manipuliert zu werden, und weil sie nicht durchschauen, wer wen manipuliert. Somit können diese Situationen perverser Gewalt andauern.

Ziel einer perversen Machenschaft ist es, den anderen zu destabilisieren und ihn an sich selbst und den anderen zweifeln zu lassen. Zu diesem Zweck ist jedes Mittel recht: hinterhältige Anspielungen, Lügen, Ungeheuerlichkeiten. Um davon unbeeindruckt zu bleiben, darf der Partner nicht die geringsten Zweifel hegen, weder über sich selbst noch über die zu treffenden Entscheidungen, und er darf keinerlei Aufhebens machen von der Aggression. Das zwingt dazu, pausenlos auf der Hut zu sein im Umgang mit dem Ex-Ehegatten.

*Eliane und Pierre trennen sich nach zehn Jahren Ehe und mit drei Kindern. Die Scheidung beantragt Eliane, die sich über die Gewalt ihres Mannes beschwert. Vor dem Richter spricht Pierre aus, was die kommenden Jahre bestimmen wird: «Von jetzt an wird es mein einziges Ziel sein, Eliane das Leben zur Hölle zu machen!»*

*Von diesem Tag an verweigert er jede direkte Kommunikation mit ihr. Mitteilungen erfolgen per Einschreibebrief oder über zwischengeschaltete Rechtsanwälte. Wenn er seine Kinder anruft und seine Frau am Apparat ist, sagt er nur: «Gib mir die Kinder!» Wenn sie sich zufällig auf der Straße begegnen, ignoriert er nicht nur ihren Gruß, er* schaut gleichsam durch sie hindurch, als wäre sie transparent. Durch diese Blickverweigerung gibt er Eliane ohne ein Wort zu verstehen, daß sie nicht vorhanden, daß sie nichts ist.

Wie es häufig der Fall ist bei geschiedenen Paaren dieses Typs, etabliert sich die hinterhältige Quälerei auf dem Weg über den Austausch von Nachrichten, die die Kinder betreffen: die Gestaltung der Ferien, ihre Gesundheit, schulische Fragen. Jeder Brief von Pierre ist eine kleine Aggression, scheinbar harmlos, aber destabilisierend.

Auf einen Brief von Eliane, der die jährliche Neufestsetzung der Unterhaltszahlungen ankündigt, antwortet er: «Angesichts Deiner üblichen Unredlichkeit wirst Du gestatten, daß ich darüber erst mit meinem Anwalt spreche!» Wenn sie einen eingeschriebenen Brief schickt (andernfalls antwortet er nicht): «Man muß verrückt und/oder unanständig sein, um alle acht Tage einen Einschreibebrief zu schicken!»

Auf einen Brief, in dem sie anfragt wegen der Aufteilung der Wochenenden im Mai, antwortet er: «Das Wochenende vom 7. und 8. Mai ist ja das erste Maiwochenende. In Anbetracht dessen, was schon passiert ist, hat mein Anwalt mir geraten, Dich offiziell zu warnen, daß ich gezwungen wäre, Klage einzureichen wegen Nichtüberlassens der Kinder, falls Du Dich nicht an die Terminabsprachen hältst!»

Diese Briefe veranlassen Eliane jedesmal von neuem zu der Frage: «Was habe ich bloß verbrochen?» Selbst wenn sie glaubt, sich nichts vorwerfen zu müssen, sucht sie nach Vorfällen, die sie nicht bemerkt, die aber Pierre falsch verstanden haben könnte. Anfangs rechtfertigt sie sich, dann macht sie sich klar, daß sie um so schuldiger erscheint, je mehr sie sich rechtfertigt.

Auf all diese mittelbaren Aggressionen reagiert Eliane mit Heftigkeit, aber da Pierre außer Reichweite ist, spielt sich das vor den Kindern ab, die sie wie eine Verrückte weinen oder schreien sehen.

*Eliane will untadelig sein. Aber für Pierre ist sie schuldig, an allem, egal, woran. Sie ist zum Sündenbock geworden, verantwortlich für die Trennung und alle ihre Folgen. Ihre Rechtfertigungen sind nichts als erbärmliche und nutzlose Anstrengungen.*

*Es ist Eliane unmöglich, auf alle Verdächtigungen Pierres zu antworten, weil sie nicht weiß, worauf er sich bezieht. Rechtfertigung ist nicht möglich. Sie ist einer Sache schuldig, die unausgesprochen bleibt, von der aber angenommen wird, sie sei beiden bekannt. Wenn sie über diesen gehässigen Meinungsaustausch mit ihrer Familie oder mit Freunden spricht, bekommt sie nur Gemeinplätze zu hören: «Er wird sich schon beruhigen, das ist nicht weiter schlimm!»*

*Pierre verweigert jede unmittelbare Kommunikation mit Eliane. Wenn sie ihm schreibt, um ihn von einer wichtigen Angelegenheit zu unterrichten, die die Kinder betrifft, antwortet er nicht. Entscheidet sie sich, ihn anzurufen, legt er entweder auf: «Ich möchte nicht mit Dir reden!» oder er beschimpft sie in einem frostigen Ton. Trifft sie dagegen Entscheidungen, ohne ihn zu informieren, tut er unverzüglich per Einschreiben oder über seinen Anwalt kund, daß er mit dieser Entscheidung nicht einverstanden sei, und er findet Mittel und Wege, die Maßnahme scheitern zu lassen, indem er bei den Kindern Druck ausübt. Auf diese Weise lähmt Pierre Eliane in ihren Entscheidungen bezüglich der Kinder. Es genügt ihm nicht zu zeigen, daß sie eine schlechte Frau ist, er muß auch noch zeigen, daß sie eine schlechte Mutter ist. Daß er damit auch seine Kinder destabilisiert, kümmert ihn kaum.*

*Bei jeder wichtigen Entscheidung, die die Kinder angeht, ist sich Eliane unschlüssig über die Art und Weise, Pierre um seine Meinung zu fragen, ohne daß dies eine Auseinandersetzung nach sich zieht. Sie schickt am Ende einen Brief, in dem sie jedes Wort reiflich überlegt hat. Er antwortet nicht. Sie trifft die Entscheidung allein. Dann kommt ein eingeschriebener Brief: «Das wurde auf Dein Betreiben in die Wege ge-*

leitet, ohne daß ich um meine Meinung gefragt oder von dem Vorhaben in Kenntnis gesetzt worden wäre. Es ist angebracht, Dir in Erinnerung zu rufen, daß ich die Erziehung für unsere drei Kinder gemeinsam mit Dir ausübe und Du folglich keine Entscheidungen fällen kannst, ohne mich zu Rate zu ziehen.» Die gleiche Rede wird den Kindern gehalten, die nicht mehr wissen, wer für sie entscheidet. In der Regel fallen die auf diese Art vorgeschlagenen Pläne ins Wasser.

Einige Jahre nach der Trennung muß Eliane eine wichtige Entscheidung für eines der Kinder treffen. Sie schreibt und erhält, wie üblich, keine Antwort. Sie beschließt also anzurufen. Sofort weiß sie, daß sich nichts geändert hat.

«Hast Du meinen Brief gelesen? Bist Du einverstanden?»

«Mit einer Mutter wie Dir kann man nichts machen, es lohnt nicht den Versuch, Du wirst es so einrichten, daß es läuft, wie Du es willst, Du machst immer, was Du willst, und die Kinder tun immer alles, was Du willst. Du bist unverbesserlich, Du bist eine Diebin und eine Lügnerin, die ihre Zeit damit zubringt, andere zu beleidigen, das ist das einzige, was Dich interessiert, das einzige, was Du kannst.»

«Aber in diesem Fall beleidige ich Dich doch nicht, ich frage Dich ganz ruhig, ob wir gemeinsam etwas tun können. Es betrifft doch die Kinder!»

«Du hast es noch nicht getan, weil Du noch keine Gelegenheit dazu hattest, aber das wird nicht mehr lange dauern, Du änderst Dich nicht, Du wirst Dich nie ändern, Du bist ein Idiot, ja, ein Idiot, was soll's, so ist es nun mal, es gibt keinen anderen Ausdruck.»

«Jetzt bist Du es, der mich beleidigt!»

«Ich sage Dir nur die Wahrheit: daß Du nicht fähig bist, auch mal an Dir selbst zu zweifeln. Es kommt nicht in Frage, daß ich Deine Entscheidung akzeptiere. Ich bin absolut nicht einverstanden. Übrigens mißbillige ich die Art und Weise, wie die Kinder erzogen worden sind, ich mißbillige die Leute, die sie erziehen, ich mißbillige die Art, wie sie gekleidet sind.»

«*Was immer Du über mich denkst, es geht um unsere Kinder. Was schlägst Du also vor?*»

«*Ich schlage gar nichts vor, weil es bei Dir nichts vorzuschlagen gibt; nichts wird sich ändern, weil Du Dich nicht änderst. Ich denke, es ist wichtig, mit den Leuten zu reden, aber nicht mit Dir, weil Du unverbesserlich bist. Du bist nicht einmal fähig zu begreifen, was Du redest, Du quasselst unaufhörlich dummes Zeug!*»

«*Aber wir müssen eine Entscheidung treffen für die Kinder!*»

«*Na, dann wende Dich an Gott, man muß mit seinesgleichen sprechen! Ich habe seine Adresse nicht, weil ich nicht gewohnt bin, mit ihm zu telephonieren. Ich habe Dir nichts mehr zu sagen. Ich werde nachdenken und Dir vielleicht eine Antwort zukommen lassen. Aber das lohnt sowieso nicht, weil es nicht das ist, was Du willst, und Du tust ja immer nur, was Du willst. So wird es jedenfalls nicht gehen!*»

«*Aber Du weist immer alles im voraus von der Hand!*»

«*Ja, weil mit Dir nichts funktionieren kann. Und im übrigen will ich nicht mir Dir Diskutieren. Du interessierst mich nicht; was Du zu sagen hast, interessiert mich nicht. Auf Wiedersehen, Madame!*»

*Da sie merkt, welche Wendung das Gespräch nimmt, zeichnet Eliane alles auf Band auf. Sie glaubt, ihren Ohren nicht trauen zu können und bringt die Bandaufnahme mit in die Therapie. Es gelingt ihr nicht, sich klar zu werden, ob sie verrückt ist, wenn sie da eine derartige Gewalt herausspürt, oder ob Pierre, fünf Jahre nach der Trennung, noch immer dasselbe Verlangen hat, sie zu vernichten.*

Eliane hat recht daran getan, das Gespräch auf Band aufzunehmen. Dadurch hat sie Abstand gewonnen. Wie alle Opfer eines solchen Quälens kann sie nicht fassen, daß man sie dermaßen hassen kann, ohne einsichtigen Grund. Man sieht deutlich, daß Pierre jedes Mittel recht ist – Beleidigungen,

Sarkasmen –, um die Situation zu blockieren. Er versucht, die Bedeutungslosigkeit Elianes zu zeigen, indem er ihr im voraus die Verantwortung zuschiebt für das Scheitern jeglicher Maßnahme. Gerade dadurch blockiert er jede Veränderung, auch für seine Kinder; und zwar, weil die Veränderung ihn selbst destabilisieren könnte. Was ebenfalls auffällt, ist der Neid. Pierre beneidet Eliane, weil er sich sie auf kindische Art vorstellt in der Allmacht der Mütter (die Kinder tun alles, was Du willst). Eine Mutter, so mächtig, daß sie in der Nähe der Götter wandelt; und wenn er das sagt, dann handelt es sich dabei nicht um eine rhetorische Metapher, sondern um die Äußerung eines Wahns.

Als ich diese heftigen Worte hörte, gesprochen in eisigem Ton, konnte ich Eliane nur zur Vorsicht raten, da ich wußte, daß dieser Haß nie aufhören würde. Es handelt sich um einen selbständigen Vorgang, der, einmal eingeleitet, im Register der wahnhaften Überzeugungen fortbesteht. Vernunft und Einwände werden nichts ändern. Einzig das Gesetz kann die Reichweite der Gewalt begrenzen; denn der narzißtische Perverse hält darauf, einen Schein von Rechtmäßigkeit zu wahren. Selbstverständlich hat eine Tonbandaufzeichnung keinerlei juristischen Wert, weil es untersagt ist, private Unterhaltungen aufzunehmen ohne Einverständnis des Beteiligten. Das ist äußerst bedauerlich; denn die perverse Gewalt äußert sich ganz besonders am Telephon. Ohne Augenzeugen kann der Aggressor seine Lieblingswaffe einsetzen: das Wort, das verletzt, ohne Spuren zu hinterlassen.

Die Verweigerung der unmittelbaren Kommunikation ist die bevorzugte Waffe der Perversen. Der Partner sieht sich gezwungen, Gesuche einzureichen und Antworten zu geben, und begeht, da er sich ohne Deckung vorwagt, natürlicherweise Irrtümer, die der Aggressor sofort aufgreift, um sein Opfer zum Versager, zu einer Null abzustempeln.

Die Zufluchtnahme zu Einschreibebriefen, die aggressiv sind durch Nichtausgesprochenes oder Andeutungen, ist ein

49

geschickter Kunstgriff, um ohne Spuren zu destabilisieren. Ein Außenstehender (Psychologe, Richter) kann anhand dieser Schriftstücke nichts weiter als einen alltäglichen, bissigen Meinungsaustausch zwischen Ex-Gatten vermuten. Nun handelt es sich aber nicht um Austausch, sondern um eine einseitige Aggression, bei der der Angegriffene gehindert wird, Widerstand zu leisten und sich zu verteidigen.

Diese perversen Aggressionen bringen auch die Familien aus dem Gleichgewicht. Die Kinder, die Zeugen, können sich nicht vorstellen, daß diese feindliche Gesinnung unbegründet sein soll. Das Opfer muß notgedrungen etwas damit zu tun haben. In Elianes Fall hat jeder Brief Spannungen oder Aggressivität im Gefolge, obwohl sie ausgezeichnete Beziehungen zu ihren Kindern unterhält: «Es kotzt uns an, daß Du immer schlechte Laune hast, wenn Du ein Einschreiben von Papa bekommst!» Gleichzeitig beobachten sie selbst aufmerksam jede Situation, die geeignet scheint, einen Einschreibebrief nach sich zu ziehen, eine Art Paketbombe, die kommt, um aus der Entfernung Gewalt zu säen. Der Aggressor kann sagen, er habe damit nichts zu tun, er wasche seine Hände in Unschuld. Es sei die Schuld seiner Ex-Frau, die verrückt ist, die weder sich selbst zu beherrschen noch die Kinder zu erziehen vermag.

Im Augenblick der Niederschrift dieses Buches ist die Geschichte von Eliane und Pierre bis hierher gediehen. Aber es ist eine Geschichte ohne Ende; denn ein wahrer Perverser läßt seine Beute nie los. Er ist überzeugt, daß er recht hat, kennt weder Zweifel noch Gewissensbisse. Die Menschen, die einmal zur Zielscheibe geworden sind, müssen auf Dauer untadelig sein, dürfen sich keinen Schnitzer leisten – sonst kommt sofort der nächste perverse Angriff.

Eliane hat lange gebraucht, um zu verstehen, daß diese Situation nicht aus Mißverständnissen nach einer affektgeladenen Trennung entstanden ist, sondern aus einem pathologischen Verhalten Pierres, das bei ihr ein pathologisches Verhalten auslöst. Da es zwischen ihnen keine Möglichkeit eines Dialogs gibt, wurden sie, der eine wie der andere, in einen Teufelskreis hineingerissen, der zerstörerisch ist für alle, auch für die Kinder. In diesem Stadium bedarf es eines Eingreifens von außen, um dem Prozeß Einhalt zu gebieten.

Eliane hat sich über lange Zeit diese Frage gestellt: «Womit bin ich verantwortlich für seine Haltung – mit meinem Verhalten oder mit dem, was ich bin?» Jetzt begreift sie, daß Pierre nur nachahmt, was er selbst in seiner Kindheit durchgemacht, was er in seiner eigenen Familie erlebt hat und daß es auch ihr schwergefallen war, aus der Heilerrolle herauszufinden, die man ihr zugewiesen hatte, als sie Kind war. Pierre, der «unglückliche kleine Junge, den man trösten muß», hatte sie angezogen und fasziniert. Sie sitzt nun gefangen in der Falle eben dessen, was sie bezaubert hatte.

## Die seelische Gewalt in den Familien

Die perverse Gewalt in den Familien stellt eine höllische Verwicklung dar, die einzudämmen schwierig ist, weil sie die Neigung hat, sich von einer Generation auf die andere zu übertragen. Man stößt da auf das Kapitel der psychologischen Mißhandlung, die häufig der Wachsamkeit der Umgebung entgeht, aber mehr und mehr Schäden anrichtet.

Bisweilen verkleidet sich diese Mißhandlung als Erziehung. Alice Miller[2], die von «schwarzer Pädagogik» spricht, hat deutlich die schlimmen Folgen der traditionellen Erziehung aufgezeigt, die zum Zweck hat, den Willen des Kindes zu brechen, um aus ihm ein fügsames und gehorsames Wesen zu machen. Die Kinder können sich nicht widersetzen, denn «die überwältigende Kraft und Autorität des Erwachsenen macht sie stumm, ja beraubt sie oft der Sinne»[3].

[2] A. Miller, Am Anfang war Erziehung, Frankfurt/Main 1980.
[3] S. Ferenczi, Sprachverwirrung zwischen den Erwachsenen und dem Kind. Die Sprache der Zärtlichkeit und der Leidenschaft (1933), in: ders., Schriften zur Psychoanalyse Bd. 2, hg. von Michael Balint, Frankfurt a. M. 1972, S. 303–313, hier S. 308.

Die internationale Kinderrechtskonvention betrachtet als
für Kinder schädliche psychologische Behandlung:
- verbale Gewalt,
- sadistische und abwertende Verhaltensweisen,
- Ablehnung von Gefühlen,
- Anforderungen, die im Vergleich zum Alter des Kindes
  übertrieben oder unverhältnismäßig sind,
- widersprüchliche oder unmögliche Verhaltensmaßregeln und erzieherische Imprägnationen.

Diese Gewalt, die niemals unschädlich ist, kann mittelbar
sein und die Kinder durch indirektes Einwirken oder unangenehme Folgen erreichen, oder aber sie kann ein Kind, das
sie aus dem Weg zu räumen trachtet, direkt aufs Korn nehmen.

## Die mittelbare Gewalt

Diese Gewalt zielt meistens auf den Ehegatten, den sie zu
unterdrücken sucht, und wenn das nicht geht, erstreckt sie
sich auf die Kinder. Die Kinder werden zu Opfern, weil sie
da sind und weil sie sich weigern, die Solidarität mit dem angegriffenen Elternteil aufzugeben. Sie werden angegriffen
als Kinder des anderen. Zu Zeugen angerufen in diesem
Konflikt, der sie nichts angeht, bekommen sie die ganze Böswilligkeit zu spüren, die für den anderen Elternteil bestimmt
ist. Gleichzeitig überschüttet der verletzte Partner, dem es
nicht gelingt, sich mit seinem Aggressor auszusprechen,
seine Kinder ebenfalls mit all der Aggressivität, die er anderswo nicht hat ablassen können. Angesichts der ständigen
Verleumdung des einen Elternteils durch den anderen haben
die Kinder keine Wahl, als sich abzusondern. Dabei verlieren sie jede Möglichkeit der Individuation oder die, zu eigenständigem Denken zu finden.

Jedes von ihnen trägt in der Folge einen Anteil Leid, den
es anderswo wieder hervorbringen wird, wenn es keine Lösung in sich selbst findet. Es kommt zu einer Verlagerung

des Hasses und der Zerstörungswut. Der Aggressor kann seine Krankhaftigkeit nicht zügeln. Der Haß verlagert sich vom verabscheuten Ex-Ehegatten auf die Kinder, die dann zum zerstörenswerten Ziel werden.

*Bis zu ihrer Scheidung hatten Nadias Eltern sich angewöhnt, ihre Kinder gegeneinander aufzuhetzen, wozu sie sich einer heimlichen Gewalt bedienten. In dieser Familie wäscht man seine schmutzige Wäsche in der Öffentlichkeit, aber auf die hinterhältige Art. Die Mutter versteht es besser als irgendwer, sich gehässiger Redensarten und Verdächtigungen zu bedienen. Ihre indirekten giftigen Angriffe hinterlassen Spuren im Gedächtnis der Kinder.*

*Seit dem Weggang ihres Mannes lebt sie allein mit ihrer jüngsten Tochter Lea und verdächtigt ihre anderen Kinder, Komplizen ihres Vaters zu sein. Sie fühlt sich als Opfer einer gigantischen Verschwörung, deren Mittelpunkt Lea ist und gleichzeitig auch ein Teil ihrer selbst. Wenn Nadia Lea ein Geburtstagsgeschenk schickt, antwortet ihr die Mutter: «Deine Schwester und ich danken Dir!» Sie teilt Lea ihren Groll und ihr Mißtrauen mit, isoliert sie vom Rest der Familie, bis das Kind sich schließlich entrüstet, daß die Geschwister weiterhin den Vater besuchen.*

*Pausenlos beklagt sich diese Mutter über ihre Kinder. Sie macht ein Kompliment und nimmt sogleich zurück, was sie gerade gesagt hatte. Sie spinnt ohne Unterlaß ihr Netz, um allen zu zeigen, daß sie doch Siegerin bleiben wird. Sie errichtet ein System von verborgener Schuldzuschreibung, das je nach Kind mehr oder weniger gut funktioniert.*

*Als Nadia ihr zu Weihnachten ein Halstuch schenkt, antwortet sie: «Danke für Dein Halstuch, das mit seiner genau passenden Länge die anderen, die ich schon habe, ergänzt!» Oder aber: «Dein Geschenk ist bis heute das erste, das ich von meinen Kindern bekommen habe!» Als ihr Schwiegersohn Selbstmord begeht: «Er war ohnehin schwach, es war besser, daß er ging!»*

*Nadia glaubt zu träumen, wenn sie ihre Mutter sieht oder hört. Jede Aggression wird wahrgenommen wie unbefugtes Eindringen. Sie spürt, daß sie sich schützen muß, um ihre Unversehrtheit zu wahren. Bei jedem neuen Angriff wächst ihre eigene Gewaltbereitschaft, das Verlangen, ihre Mutter zu Boden zu drücken, damit sie aufhört, allmächtig zu sein und aller Welt Schuldgefühle einzureden. Das führt bei ihr zu Magenschmerzen und Darmkrämpfen. Selbst aus der Entfernung, in Briefen oder Telephongesprächen, verspürt sie einen «teleskopischen Arm», der sie bei sich daheim packt, um ihr weh zu tun.*

Was auch immer die Gründe für dieses Verhalten sein mögen, es ist unannehmbar und unentschuldbar, denn die perverse Manipulation verursacht bei Kindern wie Erwachsenen ernsthafte Störungen. Wie soll man vernünftig denken, wenn ein Elternteil sagt, daß man auf eine bestimmte Art und Weise denken müsse, und der andere Elternteil sagt genau das Gegenteil. Wird diese Verwirrung nicht behoben mit Hilfe von Worten, die von gesundem Menschenverstand zeugen und die von anderen Erwachsenen stammen, so kann sie das Kind oder den Jugendlichen in eine unheilvolle Selbstzerstörung treiben. Sehr häufig stellt man bei Erwachsenen, die als Kind Opfer der Perversion eines Elternteils gewesen sind, Anorexie oder Bulimie oder andere suchthafte Verhaltensweisen in wechselnder Folge fest, so wie bei den Opfern von Inzest.

Die perversen Anspielungen und Bemerkungen sind eine negative Konditionierung, eine Gehirnwäsche. Die Kinder beklagen sich nicht über die schlechte Behandlung, sondern sind unentwegt auf der Suche nach – unwahrscheinlicher – Anerkennung durch den abwesenden Elternteil. Sie haben das negative Bild von sich verinnerlicht (ich bin eine Null!) und nehmen es an, als hätten sie es verdient.

*Stéphane wird sich bewußt, daß er sich, lange vor seinem de-*
*pressiven Zustand, leer fühlte, unfähig, etwas zu tun ohne einen*
*sehr starken äußeren Anreiz. Insbesondere ist er außerstande,*
*die beruflichen Fähigkeiten, über die er tatsächlich verfügt, zu*
*nutzen. Um diese Leere und diesen Überdruß zu verschleiern,*
*nimmt er regelmäßig Drogen, wobei er sagt, daß dies ihn noch*
*nicht einmal in einen angenehmen Zustand versetze.*

*Bis zur Pubertät ist Stéphane ein geschwätziges Kind, dy-*
*namisch, ein Spaßvogel, fröhlich, ein guter Schüler. Er ver-*
*liert seine Spontaneität nach der Scheidung seiner Eltern, als*
*er zehn Jahre alt ist. Zu diesem Zeitpunkt hat er das Gefühl,*
*in keinem der beiden Haushalte akzeptiert zu werden. Da*
*sein Bruder sich entschieden hat, bei seiner Mutter zu blei-*
*ben, fühlt sich Stéphane verpflichtet, bei seinem Vater zu le-*
*ben. Er ist Geisel dieser Scheidung.*

*Sein Vater ist kalt, nie zufrieden, immer abgespannt, hat*
*nie eine Geste der Zuneigung für ihn, ist aber gewandt im*
*Umgang mit Ironie, Sarkasmen und verletzenden Worten.*
*Er hat keinen Spaß am Leben und läßt auch die anderen kei-*
*nen haben. Stéphane erzählt ihm niemals von seinen Plänen.*
*Bei seinem Vater ist er nur ein Schatten seiner selbst, und*
*wenn er ihn verläßt, sagt er sich: «Ich fühle mich erleichtert,*
*das ist noch einmal gut gegangen.»*

*Noch als Erwachsener hat Stéphane Angst vor dem Zorn*
*seines Vaters: «Wenn ich der einzige wäre, der auf seine Ge-*
*genwart so reagiert, würde ich mir sagen, daß ich spinne.*
*Aber ihm gegenüber zieht es ja jeder vor, nicht mehr zu dis-*
*kutieren oder einfach irgendwas Beliebiges zu erzählen, um*
*dem Konflikt aus dem Weg zu gehen.» Er ist immer in Ver-*
*teidigungsstellung; denn wenn sein Vater einmal zu weit*
*geht mit seinen Beschimpfungen, könnte bei ihm selbst «die*
*Sicherung durchbrennen».*

*Er gibt zu, daß er im allgemeinen sich Autoritäten zu*
*leicht unterwirft, weil er keine Konflikte erträgt. Er weiß,*
*daß es, selbst in seinem Alter, den Bruch bedeutete, wenn er*
*aufhörte, sich seinem Vater zu unterwerfen und zwar einen*

*gewaltsamen Bruch. Im Augenblick fühlt er sich noch nicht
Manns genug, ihm die Stirn zu bieten.*

Der Elternteil hat ein lebendes Objekt zur Hand, verfügbar
und manipulierbar, das er die Demütigungen erleiden lassen
kann, die er selbst zuvor erlitten hat oder noch weiter erleidet. Jede Freude des Kindes ist unerträglich. Man schika-
niert es, egal, was es tut, was es sagt. Es besteht eine Art
Notwendigkeit, es für das Leid bezahlen zu lassen, das man
selbst erlebt hat.

*Daniels Mutter erträgt es nicht, daß ihre Kinder sich fröh-
lich geben, während sie in ihrer Paarbeziehung nicht glücklich ist. Jedem, der es hören will, wiederholt sie: «Das Leben
ist ein Butterbrot voll Sch..., von dem man jeden Tag ein wenig essen muß!» Sie erklärt, Kinder zu haben hindere einen
am Leben, damit habe sie nichts am Hut, sei aber gezwungen, sich für sie zu opfern.*

*Sie ist ständig schlechter Laune und wirft jedem kleine
verletzende Sätze hin. Sie hat ein Familienspiel erfunden, das
dazu bestimmt ist, ihre Kinder abzuhärten, und das darin
besteht, sich während der Mahlzeiten systematisch über jemanden lustig zu machen. Derjenige, der ins Gebet genommen wird, muß Haltung bewahren. Das verursacht wieder-
holte schmerzhafte Kränkungen, aber nicht hinreichend
schwere, um Aufhebens davon zu machen. Übrigens sind
die Kinder nicht sicher, daß all diese kleinen Verletzungen
absichtlich zugefügt werden; vielleicht handelt es sich nur
um Ungeschicklichkeit.*

*Sie verbringt ihre Zeit damit, Schlechtes über den einen
oder anderen zu sagen, auf mittelbare, verschleierte Art, und
hält pausenlos einem ihrer Kinder geringschätzige Reden
über die Schwester oder den Bruder, womit sie Rivalität
oder Unstimmigkeiten schürt.*

*Von Daniel behauptet sie mit bestürzter Miene, daß er
ein Taugenichts sei, daß er es niemals im Leben zu etwas*

*bringen werde. Sie findet bissige und keine Widerrede dul-*
*dende Worte, mit denen sie ihn anfährt, wenn er eine An-*
*sicht äußert. Im Erwachsenenalter fürchtet Daniel immer*
*noch die Worte, die seine Mutter äußern könnte. Ihr ge-*
*genüber weiß er sich nicht zu wehren: «Man kann nicht ag-*
*gressiv sein gegen seine Mutter!» Er hält sich schadlos in ei-*
*nem immer wiederkehrenden Traum, in dem er sie an den*
*Schultern packt und rüttelt und sie dabei fragt: «Warum bist*
*Du so gemein zu mir?»*

Es ist sehr leicht, Kinder zu manipulieren. Diese suchen immer nach Entschuldigungen für die, die sie lieben. Ihre
Nachsicht ist grenzenlos, sie sind bereit, ihren Eltern alles zu
verzeihen, die Schuld auf sich zu nehmen, zu verstehen, den
Versuch zu machen zu begreifen, weshalb einer ihrer Eltern
unzufrieden ist. Ein häufig eingesetztes Mittel, um ein Kind
zu manipulieren, ist die Erpressung mit Leid.

*Céline sagt ihrem Vater, daß sie vergewaltigt worden ist und*
*daß sie Klage eingereicht hat. Da der Täter dank Célines*
*Kaltblütigkeit ergriffen worden ist, wird ein Prozeß stattfin-*
*den. Die erste Reaktion des Vaters ist: «Du tätest besser*
*daran, mit Deiner Mutter nicht darüber zu sprechen. Die*
*Arme, sie soll ja nicht noch mehr Sorgen haben!»*
    *Victoire klagt ohne Unterlaß über Bauchweh, das ihr den*
*Vorwand liefert, einen großen Teil des Tages im Bett zu*
*bleiben und zugleich jedem sexuellen Kontakt mit ihrem*
*Mann aus dem Weg zu gehen. Als Erklärung für seine Ein-*
*samkeit sagt sie zu ihrem Sohn: «Du warst ein großes Baby,*
*Du hast mir die Eingeweide zerrissen!»*

Der Ehepartner des Aggressors, seinerseits unter dessen
Machteinfluß, vermag nur selten, seinen Kindern zu helfen;
er vermag nicht, ihr Leiden anzuhören, ohne den anderen zu
rechtfertigen, ohne sich zu seinem Anwalt zu machen. Die
Kinder nehmen sehr früh die perverse Kommunikation

wahr, aber da sie von ihren Eltern abhängig sind, können sie sie nicht beim Namen nennen. Diese Situation wird verschlimmert, wenn der andere Elternteil, im Bestreben, sich zu schützen, weggeht und die Kindern ohne Beistand der Mißachtung oder Ablehnung aussetzt.

*Agathes Mutter hat die Angewohnheit, ihre Kinder für all ihre Mißgeschicke verantwortlich zu machen. Gleichzeitig wäscht sie sich rein und löscht jede Spur von Schuld. Sie sagt die Dinge auf ruhige Art, und es ist, als wäre die Aggression einzig die Frucht der Einbildung der Kinder. Nichts wird ausgesprochen in diesem Familienmagma: «Aber nein, es war doch gar nichts, Du bist es, der sich das alles einbildet!»*

*Die Gewaltakte verschwinden aus dem Gedächtnis, es bleibt nur eine unbestimmte Erinnerung. Wenn die Dinge gesagt werden, geschieht das niemals direkt. Agathes Mutter gibt sich keine Mühe zu sprechen, sie weicht geschickt aus. Sie überredet ihre Kinder ihr beizupflichten, wenn sie sich über ihren Mann beschwert, der sie verlassen hat. Agathe ist destabilisiert und deshalb im Zweifel darüber, was sie selbst empfindet.*

*Die Kinder wissen, daß ihre Mutter eine Schachtel voller Photos aus ihrer frühen Kindheit unter ihrem Bett verwahrt. Sie hatte behauptet, sie weggeworfen zu haben. Eines Tages wagt Agathe zu fragen, was aus dieser Schachtel geworden sei. Von dieser Schachtel zu sprechen, ist ein Versuch, dem beherrschenden Einfluß zu entkommen, die von ihrer Mutter aufgezwungenen Wahrheiten in Zweifel zu ziehen. Diese antwortet: «Ich weiß nicht, ich werde nachschauen ... vielleicht!»*

*Agathe fühlt sich als Waise. Sie hat zwei Menschen, die ihre Eltern sind, aber mit denen sich nichts abspielt. Sie kennt keine liebevolle Schulter, an der sie sich ausruhen könnte. Sie muß sich ununterbrochen schützen vor zukünftigen Schlägen und deshalb sich ständig rechtfertigen.*

Die unmittelbare Gewalt ist das Kennzeichen einer bewußten oder unbewußten Ablehnung des Kindes durch einen Elternteil. Dieser rechtfertigt sich, indem er erklärt, daß er im Interesse des Kindes handle, zu einem erzieherischen Zweck. Aber die Realität ist, daß dieses Kind ihn einengt und er sein Inneres zerstören muß, um sich zu schützen.

Niemand außer dem Opfer kann es wahrnehmen, aber die Zerstörung ist real. Das Kind ist unglücklich, aber es gibt objektiv nichts, worüber es sich beklagen könnte. Wenn es sich beschwert, dann über alltägliche Gesten oder Worte. Man sagt nur, das Kind fühle sich nicht wohl in seiner Haut. Dabei besteht der bewußte Wille, es zu vernichten.

Das mißhandelte Kind wird als Quälgeist abgestempelt. Man sagt, es sei enttäuschend, verantwortlich für die Schwierigkeiten der Eltern: «Dieses Kind ist schwierig, es läßt keine Gelegenheit aus, es macht alles kaputt, es stellt nur dummes Zeug an, sobald ich ihm den Rücken gekehrt habe!» Dieses enttäuschende Kind läßt sich nicht einpassen in das Bild elterlicher Wunschträume.

Es stört, weil es einen besonderen Platz in der elterlichen Problemlage einnimmt (nicht gewünschtes Kind zum Beispiel, verantwortlich dafür, daß es nun ein Paar gibt, das gar kein Paar hatte werden wollen) oder weil es eine Anomalie aufweist (Gebrechen oder schulisches Zurückbleiben). Seine schlichte Gegenwart bezeugt den elterlichen Konflikt und läßt ihn wieder aufleben. Es ist ein Kind, das als Zielscheibe dient, dessen Mängel man korrigieren muß, damit es den rechten Weg einschlägt.

Bernard Lempert[4] beschreibt sehr gut diese Ablehnung, die mitunter einem unschuldigen Opfer entgegenschlägt: «Der ‚Désamour‘, der Liebesentzug,[5] ist ein Vernichtungs-

---

4 B. Lempert, Désamour, Paris 1994.
5 Kunstwort, gebildet aus dem Präfix „dé-" (nicht-, ent-) und „amour" (Liebe).

system, das in gewissen Familien auf ein Kind niederprasselt und es umbringen soll; es ist nicht *einfach* das Fehlen von Liebe, sondern eine Struktur beständiger Gewalt anstelle der Liebe. Das Kind erleidet sie nicht nur, sondern verinnerlicht sie auch noch in dem Maße, daß nun zwei Dinge ineinandergreifen: Das Opfer wehrt sich gegen diese ausgeübte Gewalt mit Hilfe selbstzerstörerischer Verhaltensweisen.»

Wir sind gefangen in einer absurden Spirale: Man putzt das Kind herunter, weil es ungeschickt ist oder nicht «comme il faut»; es wird immer ungeschickter und entfernt sich immer weiter von dem Wunschbild der Eltern. Nicht weil es ungeschickt wäre, wertet man das Kind ab; es ist ungeschickt geworden, weil man es abgewertet hat. Der ablehnende Elternteil sucht und findet zwangsläufig (Bettnässen, schlechte Schulnoten) eine Rechtfertigung für die Gewaltbereitschaft, die er empfindet; aber es ist die Existenz des Kindes und nicht sein Verhalten, was diese Gewalt auslöst.

Eine sehr alltägliche Form, diese Gewalt auf perverse Weise auszudrücken, besteht darin, das Kind mit einem lächerlichen Spitznamen zu schmücken. Noch fünfzehn Jahre danach kann Sarah nicht vergessen, daß ihre Eltern sie, als sie Kind war, «Mülleimer» nannten, weil sie einen gewaltigen Appetit besaß und immer alle Schüsseln ausleckte. Wegen ihres Übergewichts entsprach sie nicht dem Kind, von dem die Eltern geträumt hatten. Statt ihr zu helfen, ihren Appetit im Zaum zu halten, hatte man versucht, sie noch weiter kaputtzumachen.

Es geschieht auch, daß ein Kind etwas zuviel hat im Verhältnis zu seinem Vater oder seiner Mutter. Es ist zu begabt, zu empfindsam, zu wissensdurstig. Man löscht aus, was das Kind an Bestem in sich hat, um seine eigenen Mängel nicht sehen zu müssen. Die Behauptungen nehmen die Gestalt von Eigenschaften an: «Du bist ein Nichtsnutz!» Das Kind wird am Ende unausstehlich, stellt sich blöd, wird bockig, so daß der Elternteil guten Grund hat, ihm eine Abreibung zu erteilen. Unter dem Vorwand von Erziehung löscht man bei seinem eigenen Kind genau den Lebensfunken aus, der einem selbst mangelt. Man bricht den Willen des Kindes, man zerstört seinen kritischen Geist und richtet es so ein, daß es über seinen Elternteil nicht urteilen kann.

In allen Fällen empfinden die Kinder sehr wohl, daß sie den Wünschen ihrer Eltern nicht entsprechen oder ganz einfach nicht erwünscht waren. Sie sind schuldig, weil sie die Eltern enttäuschen, ihnen Schande machen, nicht gut genug sind für sie. Sie entschuldigen sich dafür, denn sie möchten den Narzißmus ihrer Eltern heilen. Vergebliche Liebesmüh.

*Arielle fehlt jedes Selbstvertrauen, selbst wenn sie weiß, daß sie in ihrem Beruf talentiert ist. Außerdem hat sie Anfälle von Unwohlsein mit Schwindel und Tachykardie, die sie bereitwillig Angstgefühlen zuschreibt.*

*Es ist ihr immer sehr schwergefallen, sich mit ihren Eltern auszutauschen, besonders mit ihrer Mutter Hélène, zu der sie ein schwieriges Verhältnis hat. Diese vermittelt ihr den Eindruck, sie nicht zu lieben, aber Arielle entschuldigt sie und führt die Tatsache, daß sie immer schon Mutters Sündenbock war, auf ihre Stellung als Älteste zurück.*

*Ihr Verhältnis zur Mutter charakterisiert Arielle als paradox: Sie bekomme von ihr Mitteilungen, die sie nicht versteht, und sie wisse nicht, wie sie sich schützen soll. Jemand hat ihr einmal gesagt, sie sei die Ursache der Uneinigkeit ihrer Eltern; danach hat sie sich schuldig gefühlt und ihren Eltern sogar geschrieben, um sich zu rechtfertigen.*

*Ständig hat sie den Eindruck, daß ihre Mutter sie negativ konditioniert, wie eine Gehirnwäsche, die dazu bestimmt ist, sie herabzuwürdigen. Dank einer den Sinn verfälschenden Ausdrucksweise birgt jedes Wort der Mutter den Anlaß für ein Mißverständnis, das dann zur Gelegenheit wird, der Tochter einen Strick zu drehen. Hélène versteht sich darauf, Dritte zu benützen wie einen Bumerang, um die Konflikte auszulösen oder geschickt die Verhältnisse umzukehren, indem sie ironische Bemerkungen macht. Sie sagt die Dinge, als sei sie die einzige, die Bescheid wüßte, und bringt mittels kaum verhohlener Anspielungen Arielle immer wieder dazu, sich schuldig zu fühlen. Die ist ständig auf der Hut und fragt sich, ob sie wohl das Nötige tut, um nicht das Mißfallen ihrer Mutter zu erregen.*

*Eines Tages entdeckt Arielle, an die Wand gepiekt auf der Toilette ihrer Mutter, eine Karte, die sie ihr zum Geburtstag geschickt hatte. Das Datum ist unterstrichen und daneben angemerkt: «Mit einem Tag Verspätung angekommen!» Daraufhin folgert sie: «Was ich auch tue, ich bin schuldig.»*

Die Perversion richtet beträchtliche Schäden an in den Familien. Sie zerstört die Bindungen und zerbricht jede Individualität, ohne daß man sich dessen bewußt wird. Die Perversen verstehen ihre Gewalt dermaßen gut zu verfälschen, daß es ihnen häufig gelingt, ein sehr vorteilhaftes Bild von sich selbst zu vermitteln. Das herabwürdigende Vorgehen kann sich in einer noch perverseren Art einstellen, indem es einen Dritten handeln läßt, im allgemeinen den anderen Elternteil, der selbst, ohne es zu wissen, unter der Einwirkung des anderen steht.

*Arthur ist ein Kind, das seine Mutter Chantal sich gewünscht hat, aber nicht unbedingt sein Vater Vincent. Der läßt seine Frau das Baby versorgen: «Das ist die Rolle der Frauen!» Wenn sie zuviel Zeit damit zubringt, sich um ihren Sohn zu kümmern, bemerkt er ironisch: «Man schmust mit seinem Balg!» Dieser offenbar harmlose Satz ist in einem Ton gesagt, daß Chantal sich bei einem Fehler ertappt fühlt, selbst wenn sie erwidert, das sei vollkommen normal.*

*Ein anderes Mal, als sie Arthurs Windeln wechselt und ihm dabei ein Lied vorsingt und ihn auf den Bauch küßt, erklärt ihr Vincent, der an der Türschwelle steht, daß viele Mütter ein inzestuöses Benehmen gegenüber ihren Söhnen an den Tag legt und sie von der Wiege an sinnlich erregt. Chantal antwortet scherzhaft, diese Bemerkung sei un-*

*passend, aber von diesem Tag an verliert sie ein wenig von ihrer Spontaneität im Umgang mit ihrem Sohn, wenn sie weiß, daß Vincent in der Nähe ist.*

*Vincents Erziehungsprinzipien sind sehr streng: Man darf nicht auf alle Launen der Kinder eingehen; wenn sie ordnungsgemäß ernährt und neu gewickelt wurden, muß man sie weinen lassen. Man braucht nicht seine Umgebung zu verändern wegen eines Kindes, dies hat zu lernen, nichts anzufassen. Dafür reicht ein ordentlicher Klaps auf die Finger. Der kleine Arthur, der ein fügsames und leicht erziehbares Kind ist, wird oft hart angefaßt.*

*Da Arthur ein schönes, pausbäckiges Baby geworden ist, nennt sein Vater ihn «Fettsack». Das versetzt Chantal in Wut. All ihrem Bitten und Flehen zum Trotz nennt er ihn weiterhin so, selbst um ihm freundliche Dinge zu sagen: «Du bist es, die das geniert, schau, ihn stört das nicht, er lächelt!» Andere Personen, Familienangehörige oder Freunde, protestieren, aber dieser Spitzname bürgert sich ein auf Vincents Lippen.*

*In der Folge hat Arthur gewisse Schwierigkeiten beim Sauberwerden. Er pinkelt in die Hose bis zum Kindergartenalter, bleibt noch längere Zeit nächtlicher Bettnässer. Das regt Vincent auf, er läßt seine Wut an ihm aus, versohlt ihm den Hintern. Aber er äußert seine Verbitterung vor allem gegenüber Chantal, die, weil sie Vincents kalte Wut fürchtet, die Sache in die Hand nimmt und sich ihrerseits über ihren Sohn aufregt. Schließlich ist sie es, die ihm am Ende eine Tracht Prügel verpaßt. Danach fühlt sie sich schuldig und wirft Vincent vor, zu streng zu sein mit Arthur. Der entgegnet ihr sehr kühl: «Aber Du hast doch dieses Kind geschlagen, Du bist es, die gewalttätig ist!» Chantal läuft ins Zimmer ihres Sohnes, nimmt ihn in die Arme und tröstet ihn – und damit zugleich sich selbst.*

Da man das Kind nicht tatsächlich körperlich töten kann, richtet man es so ein, daß es nichts gilt, man löscht es psychisch aus. Auf diese Weise kann man sich eine weiße Weste bewahren, selbst wenn das Kind, ganz nebenbei, jedes Bewußtsein seines eigenen Wertes verliert. «Wenn die Tyrannei im Hause ist und die Verzweiflung individuell, erreicht der Tod sein Ziel: das Gefühl, ein Nichts zu sein. Da einem die Gesellschaft nicht gestattet, das Kind körperlich zu töten, und da man ja einen legalen Deckmantel braucht – um ein einwandfreies Selbstbild zu bewahren, was der Gipfel der Scheinheiligkeit ist –, setzt man einen psychischen Mord ins Werk: alles so einrichten, daß das Kind nichts ist. Wir treffen hier eine Konstante wieder: keine Spuren, kein Blut, kein Leichnam. Der Tote ist lebendig, und alles ist normal.»[6]

Selbst wenn die elterliche Gewaltsamkeit noch augenscheinlicher ist, kann man sie noch lange nicht zur Anzeige bringen, weil sie nicht immer erkannt wird.

*Obwohl vorgeblich von ihren beiden Eltern gewollt, war auf Anhieb deutlich, daß Juliette nicht leben sollte. Sie stört, man will sie nicht. Seit ihrer Geburt ist sie schuld an allem, was nicht klappt: Ist sie nicht brav, ist es ihr Fehler; ist die Haushaltsführung schwierig, ist es auch ihr Fehler. Was sie auch tut, man putzt sie runter. Wenn sie weint, wirft man ihr ihre Tränen vor und gibt ihr eine Ohrfeige: «So, jetzt weißt Du wenigstens, weshalb Du weinst!» Und wenn sie nicht reagiert: «Man hat den Eindruck, es ist Dir völlig gleich, was man Dir sagt!»*

*Ihr Vater wünschte so sehr, sie sei nicht da, daß er Juliette, als sie neun Jahre alt war, nach einem Picknick im Wald «vergaß». Bauern lasen sie auf und benachrichtigten die Polizei. Der Vater sagte zu seiner Rechtfertigung: «Was wollen Sie, dieser Schlingel ist unmöglich, sie hat nichts anderes im Kopf, als auszureißen!»*

*Juliette wird nicht offen geschlagen. Sie wird ordentlich gekleidet und ernährt; andernfalls hätte die öffentliche Für-*

6 B. Lempert, L'enfant et le désamour, Auray 1989.

*sorge sich ihrer angenommen. Trotzdem ist offensichtlich,*
*daß sie nicht dasein sollte. Ihre Mutter, einem allmächtigen*
*Ehemann unterworfen, versucht auszugleichen, die Tochter*
*zu schützen. Sie widersteht, soweit sie kann, und droht auch*
*manchmal, mit ihr wegzugehen, aber da sie nicht arbeitet,*
*hat sie keine Einnahmequellen und bleibt an diesen schwie-*
*rigen Mann gebunden.*

*Trotz der erlittenen Gewalt liebt Juliette ihren Vater, und*
*wenn man sie fragt, wie es zu Hause geht, sagt sie bisweilen:*
*«Mama macht immer Theater, sie sagt, sie will fortgehen!»*

Die Kinder, die Opfer von perversen Aggressionen sind, haben keine andere Zuflucht als schützende Spaltmechanis-
men und tragen einen toten psychischen Kern in sich. Alles,
was während der Kindheit nicht verarbeitet wurde, findet
sich wiederholt in fortwährenden Aktionen im Erwachsenenalter.

Auch wenn nicht alle mißhandelten Kinder mißhan-
delnde Eltern werden, ist eine Spirale der Zerstörung in
Gang gesetzt. Jeder von uns kann dahin kommen, seine innere Gewaltsamkeit an einem anderen zu wiederholen. Alice
Miller[7] zeigt uns, daß die Kinder oder die Opfer beherrschenden Einflusses mit der Zeit die erlittene Gewalt vergessen – es genügt, ihnen den Wissensdurst zu nehmen –,
aber sie wiederholen später diese Gewalt an sich selbst oder
an anderen.

Die Eltern geben an ihre Kinder nicht nur positive Eigenschaften wie Redlichkeit oder die Achtung vor anderen weiter, sie können sie auch Mißtrauen und das Umgehen von
Gesetzen und Regeln unter dem Deckmantel des «Sich-
durchwurschtelns» lehren. Das ist das Gesetz des Gewitz-
ten. In Familien, in denen die Perversion die Regel ist, stößt
man nicht selten auf einen Vorfahren, der die Gesetze zu
übertreten pflegte, was, wiewohl verborgen, allgemein be-

7  A. Miller, Der gemiedene Schlüssel, Frankfurt/Main 1988.

kannt war, und der als Heldengestalt galt dank seiner Ge-
rissenheit. Wenn man sich seiner schämt, so nicht, weil er
das Gesetz verletzte, sondern weil er nicht geschickt genug
war, sich nicht erwischen zu lassen.

## Der latente Inzest

Neben der perversen Gewalt, die darin besteht, die Individualität eines Kindes zu zerstören, treffen wir auf Familien,
in denen eine ungesunde Atmosphäre herrscht, erzeugt aus
zweideutigen Blicken, zufälligen Berührungen, sexuellen Anspielungen. In diesen Familien sind die Schranken zwischen
den Generationen nicht deutlich gezogen; es gibt keine
Grenzen zwischen dem üblichen und dem speziell Sexuellen.
Es handelt sich strenggenommen nicht um Inzest, sondern
um das, was der Psychoanalytiker P.-C. Racamier das Inzesthafte (l'incestuel) genannt hat:[8] «Das Inzesthafte, das ist
ein Klima: ein Klima, wo der Wind des Inzests weht, ohne
daß Inzest stattfände.» Das ist es, was ich den soften Inzest
nennen würde. Es gibt nichts juristisch Angreifbares, aber
die perverse Gewalt ist da, ohne sichtbare Merkmale.

*Da ist eine Mutter, die ihrer zwölfjährigen Tochter vom se-
xuellen Versagen ihres Mannes erzählt und seine Eigenschaften mit denen ihrer Liebhaber vergleicht.*

*Da ist ein Vater, der seine Tochter regelmäßig bittet, ihm
als Alibi zu dienen, ihn zu begleiten und im Auto auf ihn zu
warten, wenn er seine Geliebten besucht.*

*Da ist eine Mutter, die ihre vierzehnjährige Tochter bit-
tet, ihre Genitalien zu untersuchen und nachzusehen, ob sie
nicht rote Flecken habe: «Schließlich kennen wir uns, wir
sind unter Frauen!»*

*Da ist ein Vater, der die Kameradinnen seiner achtzehn-
jährigen Tochter verführt und sie in ihrer Gegenwart liebkost.*

---

[8] P.-C. Racamier, L'Inceste et l'Incestuel, Paris 1995.

Diese Verhaltensweisen führen zu einem gefährlichen Klima geheimen Einverständnisses. Die Schranken zwischen den Generationen werden dabei nicht respektiert, die Kinder werden nicht an ihrem Platz als Kinder belassen, sondern einbezogen als Zeugen des Sexuallebens der Erwachsenen. Dieser Exhibitionismus wird oft dargestellt als eine Art und Weise, modern zu sein, «in». Das Opfer kann sich nicht wehren; wenn es revoltierte, würde man sich lustig machen: «Was bist Du verklemmt!» Es ist also gezwungen, sich selbst zu verleugnen und, will es nicht verrückt werden, Prinzipien zu akzeptieren, die es zunächst als unsittlich empfunden hat. Auf paradoxe Weise kann es geschehen, daß diese großzügige Haltung mit anderen, strengen Erziehungsgrundsätzen koexistiert, zum Beispiel der Bewahrung der Jungfräulichkeit der Tochter. Die Herrschaft des perversen Einflusses hindert das Opfer, die Dinge deutlich zu erfassen und ihnen ein Ende machen zu können.

## 2. Die Gewalt am Arbeitsplatz

Die perverse Beziehung kann für ein Paar grundlegend sein, da die Partner einander gewählt haben. Sie kann nicht gleichermaßen das Fundament einer Beziehung im Beruf, im Unternehmen sein. Dennoch: selbst wenn die Gesamtumstände verschieden sind, so handelt es sich doch um eine ähnliche Wirkungsweise. Man kann sich also des Musters, das sich beim Paar zeigt, bedienen, um gewisse Verhaltensweisen zu verstehen, die im Berufsleben zum Vorschein kommen.

Im Betrieb erwachsen die Gewalt und das Quälen aus dem Zusammentreffen von Machtlust und Perversität. Man trifft dort sehr viel weniger auf große zerstörerische Perversionen, aber die kleinen, gewöhnlichen Perversionen sind hier an der Tagesordnung.

In der Arbeitswelt, in den Universitäten und den Lehranstalten sind die Verfahren des Quälens sehr viel stereotyper als in der privaten Sphäre. Sie sind deswegen nicht weniger zerstörerisch, selbst wenn die Opfer ihnen weniger lang ausgesetzt sind insoweit, als sie sich, um ihres Überlebens willen, meistens dafür entscheiden wegzugehen (Urlaub wegen Krankheit oder Ausscheiden). Im öffentlichen Bereich (Arbeitswelt, Politik, Verbände) gelang es erstmals, diese Vorgänge anzuprangern. Opfer taten sich zusammen, wie die Arbeiterinnen von Maryflo, um klarzustellen, daß das was sie durchmachten, unerträglich war.

# Worum geht es?

Unter Mobbing am Arbeitsplatz ist jede Verhaltensweise zu verstehen, die durch das bewußte Überschreiten von Grenzen – in Benehmen, Handlungen, Gesten, mündlichen oder schriftlichen Äußerungen – die Persönlichkeit, die Würde oder die physische bzw. psychische Unversehrtheit einer Person beeinträchtigen, deren Anstellung gefährden oder das Arbeitsklima verschlechtern kann.

Obgleich diese Form von Machtmißbrauch so alt ist wie die Arbeit selbst, wurde sie doch erst zu Beginn dieses Jahrzehnts als ein Phänomen erkannt, das nicht nur die Arbeitsatmosphäre ruiniert und die Produktivität mindert, sondern vermehrt zu Arbeitsausfall führt durch die psychologischen Schäden, die es hinterläßt. Dieses Phänomen wurde vor allem in den angelsächsischen und den nordischen Ländern untersucht, wo es die Bezeichnung *mobbing* erhielt, abgeleitet von *mob*: Masse, Haufen, Pöbel; daher die Vorstellung des Belästigens. Heinz Leymann[9], der auf dem Gebiet der Arbeitspsychologie forscht und in Schweden arbeitet, führt seit etwa zehn Jahren bei verschiedenen Berufsgruppen Untersuchungen zu diesem Vorgang durch, den er *Psychoterror* genannt hat. Mittlerweile beginnen in zahlreichen Ländern die Gewerkschaften, Arbeitsmediziner und Krankenkassen, sich für dieses Thema zu interessieren.

In Frankreich und Deutschland war in den letzten Jahren – in den Betrieben wie in den Medien – vor allem von sexueller Belästigung die Rede. Die französische Gesetzgebung tritt einzig dieser Form der Belästigung entgegen, obgleich sie damit nur eine der Möglichkeiten dieses Quälens trifft.

[9] H. Leymann, Mobbing. Psychoterror am Arbeitsplatz und wie man sich dagegen wehren kann, Reinbek bei Hamburg 1993.

Der psychologische Krieg am Arbeitsplatz kennt zwei Erscheinungsformen:

- den Machtmißbrauch, der sehr rasch entlarvt und von den Arbeitnehmern nicht unbedingt hingenommen wird;
- die perverse Manipulation, die viel hinterhältiger ist und deshalb um so mehr Schaden anrichtet.

Das Quälen entsteht auf harmlose Weise, breitet sich aber heimtückisch aus. Anfangs wollen die Betroffenen einfach kein Theater machen und nehmen Sticheleien und Schikanen auf die leichte Schulter. Daraufhin mehren sich diese Angriffe, und das Opfer wird regelmäßig in die Enge, in eine Position der Unterlegenheit getrieben, immer länger feindseligen und entwürdigenden Machenschaften ausgesetzt.

An all diesen Aggressionen stirbt man zwar nicht unmittelbar, aber man verliert einen Teil seiner selbst. Allabendlich kommt man verbraucht, gedemütigt, kaputt heim. Und sich davon zu erholen, ist schwierig.

Es ist normal, daß in einer Gruppe Konflikte auftreten. Eine verletzende Bemerkung in einem Augenblick von Erregung oder schlechter Laune hat nichts zu bedeuten, erst recht nicht, wenn Entschuldigungen folgen. Doch die Wiederholung der Schikanen, der Demütigungen, ohne das geringste Bemühen, sie zu nuancieren, ist das Zerstörerische.

Dieses Mobbing ist wie eine Maschine, die sich in Gang setzt und alles zermalmen kann. Es ist schreckenerregend, weil unmenschlich, gefühl- und mitleidlos. Die Berufskollegen ziehen es aus Feigheit, Egoismus oder Furcht vor, «sich herauszuhalten». Hat sich dieser Typus asymmetrischer und zerstörerischer Interaktion erst einmal etabliert, wird er sich stetig ausweiten, falls nicht jemand von außen energisch eingreift. Denn in einem Krisenmoment neigt man dazu, das Verhaltensmuster, in dem man sich bewegt, auch noch zu akzentuieren: Strenge Führung im Betrieb wird noch strenger, ein depressiver Angestellter wird noch depressiver, ein aggressiver noch aggressiver etc. Man verstärkt, was man ist. Eine Krisensituation kann zwar stimulieren und jemanden dazu bringen, sein Bestes zu geben, um Lösungen zu finden. Aber eine Situation perverser Gewalt hat die Tendenz, das Opfer zu betäuben, so daß es sich von da an nur noch von seiner schlechtesten Seite zeigt.

Es handelt sich um ein kreisförmiges Phänomen. Es nützt also nichts, danach zu suchen, was am Anfang des Konflikts steht. Man vergißt sogar seine Ursachen. Eine Folge überlegter Verhaltensweisen seitens des Aggressors soll die Angst des Opfers auslösen, die bei ihm eine abwehrende Haltung hervorruft, die ihrerseits neue Aggressionen erzeugt. Entwickelt sich der Konflikt weiter, treten Phänomene wechselseitiger Phobie auf: Allein schon der Anblick der gehaßten Person ruft kalte Wut bei dem einen hervor, die des Peinigers löst beim Opfer ein Phänomen der Furcht aus. Es ist ein aggressiv oder defensiv konditionierter Reflex. Die Furcht hat beim Opfer pathologische Verhaltensweisen zur Folge, die als Alibi dienen, die Aggression rückwirkend zu rechtfertigen. Es reagiert meist heftig und verwirrt. Was es auch unternehmen, was es auch tun mag, alles wird ihm von seinen Verfolgern angelastet. Ziel derartiger Machenschaften ist es, den anderen aus der Fassung zu bringen, in totale Verwirrung zu treiben, so daß er Fehler macht.

Selbst wenn das Quälen sich auf einer gleichrangigen Ebene abspielt (ein Kollege greift einen anderen Kollegen an), schreitet die Unternehmensleitung nicht ein. Sie weigert sich hinzusehen oder läßt alles laufen. Manchmal wird sie sich des Problems erst bewußt, wenn das Opfer zu spektakulär reagiert (Nervenkrise, Tränen ...) oder zu oft wegen Krankheit fehlt. Der Konflikt artet aus, weil das Unternehmen es ablehnt, sich einzumischen: «Sie sind erwachsen genug, Ihre Probleme selbst zu regeln!» Das Opfer fühlt sich schutzlos, mitunter fühlt es sich sogar mißbraucht von denen, die dieser Aggression beiwohnen, ohne einzugreifen; denn die Unternehmensführung bietet selten eine sofortige Lösung an. Eher: «Warten wir's ab!» Die vorgeschlagene Lösung ist bestenfalls eine Versetzung auf eine andere Stelle, ohne daß man den Betroffenen um seine Zustimmung gebeten hätte. Würde aber irgend jemand in einem bestimmten Moment des Geschehens vernünftig reagieren, käme alles zum Stillstand.

## Wer wird aufs Korn genommen?

Im Gegensatz zu dem, was die Aggressoren glauben machen wollen, sind die Opfer anfangs keineswegs von Krankheit befallene oder besonders schwache Personen. Im Gegenteil, sehr häufig tritt das Quälen dann auf, wenn ein Opfer der Herrschsucht seines Chefs widersteht und sich weigert, sich unterjochen zu lassen. Es ist gerade seine Fähigkeit, allen Pressionen zum Trotz, der Autorität Widerstand zu leisten, die es dazu bestimmt, Zielscheibe zu werden.

Das Quälen wird möglich gemacht, weil eine Herabwürdigung des Opfers durch den Perversen vorausgeht, die von der Abteilung hingenommen, dann abgesichert wird. Diese Abwertung liefert eine nachträgliche Rechtfertigung für die ausgeübte Grausamkeit und verleitet zur Auffassung, das Opfer habe verdient, was ihm geschieht.

Dabei sind diese Opfer keine Drückeberger; im Gegenteil, man findet unter ihnen viele, die alles peinlich genau nehmen, die sich durch ein «pathologisches Immer-zur-Stelle-Sein» auszeichnen. Diese perfektionistischen Arbeitnehmer, ganz hingegeben an ihre Arbeit, möchten untadelig sein. Sie bleiben bis spät abends im Büro, zögern nicht, auch am Wochenende zu kommen, und gehen sogar zur Arbeit, wenn sie krank sind. Die Amerikaner verwenden den Ausdruck *workaholic*, um deutlich zu machen, daß es sich um eine Sucht handelt. Diese Sucht ist nicht allein an eine Charakteranlage des Opfers geknüpft: Sie ist vor allem die Folge des Einflusses, den der Betrieb auf seine Arbeitnehmer ausübt.

Als widernatürliche Folge der Arbeitsschutzbedingungen – eine schwangere Frau kann nicht entlassen werden – beginnt das Quälen häufig genau dann, wenn eine Angestellte, die bis dahin völlig in ihrer Arbeit aufging, ihre Schwangerschaft anzeigt. Für den Arbeitgeber bedeutet das: Mutterschaftsurlaub, früherer Arbeitsschluß am Abend, um das Kind abzuholen, Fehlen wegen Krankheit des Babys ... Kurz, er befürchtet, daß diese vorbildliche Angestellte ihm nicht mehr voll zur Verfügung stehen wird.

Wenn der Prozeß des Quälens in Gang gekommen ist, wird das Opfer stigmatisiert: Mit ihm sei schwer auszukommen, es habe einen schlechten Charakter, oder sogar, es sei verrückt. Man rechnet seiner Persönlichkeit an, was Folge des Konflikts ist, und man vergißt, was es vorher war oder was es in einem anderen Zusammenhang ist. Zur Weißglut getrieben, geschieht es nicht selten, daß es das wird, was man aus ihm machen will. Eine gequälte Person kann nicht im Vollbesitz ihrer Möglichkeiten sein. Sie ist unaufmerksam, bringt nichts zustande und bietet der Kritik Blößen, was die Qualität ihrer Arbeit betrifft. Es ist folglich leicht, sich von ihr zu trennen: wegen Unfähigkeit oder beruflichen Fehlern.

Die Sonderfälle kleiner Paranoiker, die sich als Opfer ausgeben, dürfen nicht die Existenz echter Opfer verdecken. Die Erstgenannten sind tyrannische und starrköpfige Personen, die leicht in Konflikt mit ihrer Umgebung geraten, keinerlei Kritik annehmen und sich schnell nicht hinreichend anerkannt fühlen. Sie sind alles andere als Opfer, sind vielmehr potentielle Aggressoren, zu erkennen an ihrer charakterlichen Starrköpfigkeit und jeglichem Fehlen von Schuldgefühl.

## Wer greift wen an?

Das Verhalten einer Gruppe ist nicht die Summe des Verhaltens der Individuen, die sie bilden; die Gruppe ist ein neues Wesen mit eigenen Verhaltensweisen. Freud räumt die

Auflösung der Individualität in der Menge ein und sieht darin eine doppelte Identifizierung: horizontal im Verhältnis zur Horde (Gruppe) und vertikal im Verhältnis zum Anführer.

## Ein Kollege greift einen anderen Kollegen an

Gruppen neigen dazu, die Individuen zu nivellieren, und ertragen nur schlecht Abweichungen (Frauen in einer Männergruppe, Männer in einer Frauengruppe, Homosexualität, rassische, religiöse oder soziale Unterschiede ...). In gewissen traditionell den Männern vorbehaltenen Berufen fällt es einer Frau zu Anfang nicht leicht, sich Achtung zu verschaffen. Da gibt es grobe Scherze, obszöne Gesten, die Geringschätzung gegenüber allem, was sie sagt, die Weigerung, ihre Arbeit zu beachten. Das erscheint wie «Studentenulk», jeder lacht, einschließlich der anwesenden Frauen. Die haben keine andere Wahl.

*Cathy wird Polizeiinspektorin, nach einer externen Prüfung. Auch wenn Frauen nur ein Siebentel des Personals bei der Polizei stellen, hofft sie doch, Anerkennung zu finden, um dann in der Abteilung «Minderjährige» arbeiten zu können. Schon bei der ersten Meinungsverschiedenheit mit einem Kollegen beendet dieser die Diskussion mit den Worten: «Du bist nur ein Loch auf Stelzen!» Das bringt die anderen Kollegen zum Lachen, die Ähnliches beisteuern. Sie läßt sich nichts gefallen, ärgert sich und protestiert. Zur Vergeltung isoliert man sie und versucht, sie im Vergleich mit den anderen Inspektorinnen abzuwerten: «Das sind kompetente Frauen, die spielen nicht die Zierpuppen, die!» Findet ein Einsatz statt, setzen sich alle in Bewegung, aber ihr gibt man nicht einmal eine Erklärung. Sie stellt Fragen: «Wo, wann, wie, in welchem juristischen Rahmen?» Man antwortet ihr nicht: «Du verstehst sowieso nichts davon! Du bleibst hier und kochst Kaffee!»*

*Es gelingt ihr nicht, einen Termin zu bekommen, um die Angelegenheit mit ihrem Vorgesetzten zu erörtern. Wie etwas zur Sprache bringen, was niemand hören will? Sie muß sich der Gruppe unterwerfen oder sich widersetzen. Da sie sich aufregt, heißt es, sie sei cholerisch. Dieses Etikett wird zu einem Klotz am Bein, den sie bei all ihren Versetzungen künftig mit sich schleppt.*

*Eines Abends, nach dem Dienst, läßt sie wie gewöhnlich ihre Waffe in einer abgeschlossenen Schublade. Am anderen Morgen findet sie die Schublade offen. Man macht sie darauf aufmerksam, daß das eine Verfehlung sei. Cathy weiß, daß nur eine einzige Person ihre Schublade geöffnet haben kann. Sie verlangt, den Kommissar zu sprechen, um die Dinge klarzustellen. Der lädt sie mit dem verdächtigten Kollegen vor und spricht von einer Disziplinarstrafe. Bei dem Gespräch «vergißt» der Kommissar, über das Problem zu sprechen, um dessentwillen sie zusammengekommen sind, und äußert unbestimmte Kritik an ihrer Arbeit. In der Folge ist der Bericht «unauffindbar».*

*Als sie einige Monate später ihren Teampartner und Freund auffindet, der sich eine Kugel in den Kopf geschossen hat, kommt niemand, um sie zu trösten. Man spottet über ihre Schwäche, als sie ein paar Tage Urlaub nimmt: «Wir sind hier in einer Welt von Kerlen!»*

Zahlreiche Betriebe erweisen sich als unfähig, die Achtung vor den Minimalrechten jedes Menschen durchzusetzen, und lassen es somit zu, daß sich in ihren Mauern Rassismus und Sexismus ausbreiten.

Bisweilen wird das Quälen geweckt vom Neidgefühl gegenüber jemandem, der etwas besitzt, was die anderen nicht haben (Schönheit, Jugend, Reichtum, Kontaktfreudigkeit). Dies ist auch der Fall bei jenen jungen Überqualifizierten, die in ihrer Stellung einen Vorgesetzen haben, der nicht dasselbe Ausbildungsniveau besitzt.

*Cécile ist eine große und schöne Frau von fünfundvierzig Jahren, verheiratet mit einem Architekten und Mutter von drei Kindern. Berufliche Schwierigkeiten ihres Mannes haben sie genötigt, eine Stellung zu suchen, um die Kosten für die Wohnung zu bestreiten. Von ihrer bürgerlichen Erziehung sind ihr der «Chic», sich zu kleiden, gute Umgangsformen und eine gepflegte Ausdrucksweise geblieben. Weil sie keinerlei Diplom besitzt, muß sie nun eine sehr einfache Tätigkeit ausüben, Sortierarbeiten von geringem Anspruch. Seit ihrer Ankunft wird sie von ihren Kollegen kaltgestellt, die immer häufiger kleine unfreundliche Bemerkungen machen: «Mit Deinem Lohn kannst Du Dir doch solche Kleider nicht leisten?» Das Auftreten einer neuen Vorgesetzten, einer schroffen, mißgünstigen Frau, führt zur Beschleunigung dieses Prozesses. Man entzieht ihr nun auch noch die letzten Aufgaben, die von gewissem Interesse waren, und sie wird zum allgemeinen «Handlanger». Als sie versucht zu protestieren, weist man sie zurück: «Madame stellt Ansprüche, sie möchte nicht die niederen Arbeiten verrichten!» Cécile, die ohnehin nie Selbstvertrauen besaß, ist sich nicht ganz sicher, was da gespielt wird. Sie bemüht sich zunächst, ihren guten Willen zu zeigen, und übernimmt die undankbarsten Aufgaben. Dann gibt sie sich selbst die Schuld: «Es ist mein Fehler, ich habe mich wohl dumm angestellt!» Die seltenen Male, da sie in Zorn gerät, wird sie von ihrer Vorgesetzten abgekanzelt, sie sei nichts als eine Person mit einem cholerischen Charakter.*

*Nun schweigt Cécile und wird depressiv. Zu Hause versteht ihr Mann ihre Klagen nicht, da ihre Arbeit nur ein bescheidenes Zusatzeinkommen bedeutet. Ihr Arzt, dem sie ihre Abgespanntheit schildert, ihre Entmutigung, ihre Interesselosigkeit, schafft das Problem rasch aus der Welt, indem er ihr Prozac verschreibt. Später wundert er sich über die Wirkungslosigkeit seines Rezepts und verweist sie, weil er nicht weiter weiß, an einen Psychiater.*

Die Aggressionen zwischen Kollegen können ihren Ursprung auch in persönlichen Abneigungen haben, die mit der Geschichte jedes der Protagonisten verknüpft sind, oder aber in Konkurrenzkämpfen, wenn einer versucht, sich auf Kosten des anderen ins rechte Licht zu rücken.

*Seit mehreren Jahren hat Denise ein schlechtes Verhältnis zu einer Arbeitskollegin, die die Geliebte ihres Ex-Mannes war. Diese unangenehme Situation ist Ursache ihrer ersten Depression. Um dieser Begegnung zu entgehen, bittet sie um eine andere Stelle. Diese Bitte bleibt ohne Erfolg.*

*Drei Jahre später, nach einer Versetzung innerhalb des Betriebs, sieht sich Denise unmittelbar dem Befehl dieser Person unterstellt. Diese demütigt sie täglich, setzt ihre Arbeit herab und macht sich über ihre Versehen lustig. Sie zieht ihre Fähigkeit zu schreiben in Zweifel, zu rechnen, sich eines Computers zu bedienen. Denise wagt ihr gegenüber nicht, sich zu verteidigen, und reagiert, indem sie sich auf sich selbst zurückzieht, während sich ihre Fehler häufen. Das gefährdet am Ende ihre Stellung. Sie versucht, sich mit dem Vorgesetzten ihrer Chefin in Verbindung zu setzen, um ihre Versetzung zu erreichen. Man sagt ihr, das Nötige werde veranlaßt. Nichts ändert sich.*

*Deprimiert, verängstigt, wird sie krank geschrieben. Außerhalb des Arbeitsbereiches bessert sich ihr Zustand, aber sobald eine Wiederaufnahme der Arbeit ins Auge gefaßt wird, erleidet sie einen Rückfall. So pendelt sie schon seit zwei Jahren zwischen Krankgeschriebenwerden und Rückfall. Der Arbeitsmediziner, mit dem man Fühlung aufgenommen hat, tut alles, was in seinen Kräften steht, um die blockierte Situation zu entkrampfen, aber der Vorstand will davon nichts wissen. Wegen ihrer Klagen und ihrer häufigen Abwesenheit durch Krankheit betrachtet man sie als «psychologisch gestört». Es gibt keine Lösung für sie. Denises Krankenurlaub könnte so weitergehen, bis zur Erwerbsunfähigkeit, aber nach Begutachtung beurteilt der Vertrauensarzt der staatlichen Krankenversicherung sie als «arbeitsfähig».*

*Um nicht in das Büro zurückkehren, wo es ihr so schlecht geht, zieht Denise in Betracht, ihre Entlassung einzureichen. Aber was tun mit fünfundvierzig Jahren und ohne Qualifikation? Mittlerweile spricht sie von Selbstmord.*

Konflikte zwischen Kollegen sind schwer zu beherrschen für die Unternehmen. Darin sind sie ungeschickt. Es kommt vor, daß Rückendeckung durch einen Vorgesetzten dazu führt, den Vorgang noch zu verstärken: Schnell spricht man da von Günstlingswirtschaft oder von sexuellen Gunstbezeugungen!

Meist wird der Prozeß verstärkt durch die Unfähigkeit der «kleinen Chefs». Denn die meisten verantwortlichen Vorgesetzten sind keine Manager. In einer Belegschaft bestimmt man als Verantwortlichen den, der der Fachkundigste auf beruflichem Gebiet ist, und nicht den, der am besten zu führen versteht. Selbst wenn sie sonst sehr fähig sind, wissen viele Verantwortliche nicht, was es heißt, eine Belegschaft zusammenzuschweißen, und sie sind sich der menschlichen Probleme nicht bewußt, die ihre Verantwortlichkeit impliziert. Wenn es ihnen aber bewußt wird, haben sie Angst davor, weil sie nicht wissen, wie sie vermitteln sollen. Diese Unfähigkeit ist ein zusätzlicher Faktor bei der Entfaltung des Quälens; denn wenn die Quälenden Kollegen sind, müßte der erste Rettungsanker der verantwortliche Vorgesetzte sein oder die nächsthöhere Instanz. Wenn kein Klima des Vertrauens herrscht, ist es unmöglich, seinen Vorgesetzten um Hilfe zu bitten. Jeder versucht, sich hinter den anderen zu verschanzen, entweder aus Unfähigkeit oder aus Gleichgültigkeit oder Feigheit.

### Ein Vorgesetzter wird von Untergebenen angegriffen

Das ist ein sehr viel seltenerer Fall. Es kann sich um jemanden handeln, der von außerhalb kommt, dessen Stil oder Methoden die Abteilung nicht schätzt und der keinen Versuch macht, sich anzupassen oder durchzusetzen. Es kann aber auch ein ehemaliger Kollege sein, der befördert wurde, ohne daß die Abteilung konsultiert worden wäre. Jedenfalls hat der Vorstand die Meinung derer, mit denen dieser «Vorgesetzte» nun zusammenarbeiten soll, nicht hinreichend berücksichtigt.

Noch komplizierter wird es, wenn nicht vorher eine genaue Beschreibung der Zielsetzung festgelegt wurde und wenn Aufgaben des Beförderten sich überschneiden mit denen eines seiner Untergebenen.

*Muriel war zunächst Assistenzsekretärin des Leiters einer großen Abteilung. Durch zähes Arbeiten und Abendkurse während mehrerer Jahre erhält sie eine verantwortliche Stellung in dieser Abteilung.*

*Als sie ihren Dienst antritt, sieht sie sich sogleich der Feindseligkeit der Sekretärinnen ausgesetzt, mit denen sie einige Jahre zuvor gearbeitet hatte. Sie lassen ihr die Post nicht zugehen, sie verlegen die Akten, leiten Nachrichten nicht weiter ... Muriel beschwert sich bei der Leitung, wo man ihr entgegnet, wenn sie sich bei den Sekretärinnen keinen Respekt verschaffe, habe sie nicht das Kaliber, Vorgesetzte zu sein. Man legt ihr die Versetzung auf eine andere Stelle mit geringerer Verantwortung nahe.*

## Ein Untergebener wird von einem Vorgesetzen angegriffen

Diese Konstellation trifft man zur Zeit äußerst häufig angesichts einer Situation, in der man die Arbeitnehmer glauben macht, sie müßten bereit sein, alles hinzunehmen, um eine Arbeit zu behalten. Das Unternehmen läßt einen einzelnen seine Untergebenen auf tyrannische oder perverse Art führen, weil ihm das recht ist oder ohne Bedeutung scheint. Die Folgen für den Untergebenen sind äußerst schwerwiegend.

• Es kann einfach um Machtmißbrauch gehen: Ein Vorgesetzter nutzt seine leitende Stellung unmäßig aus und quält seine Untergebenen aus Furcht, die Kontrolle zu verlieren. Das ist die Macht der «kleinen Chefs».

• Es kann sich ebenso um perverse Machenschaften eines Menschen handeln, der es nötig hat, die anderen zu Boden zu drücken, um sich Geltung zu verschaffen; oder ein ausgewähltes Opfer als Sündenbock zu vernichten, um «jemand zu sein». Wir werden sehen, wie man durch perverse Verfahren einen Arbeitnehmer in eine Falle tappen lassen kann.

## Wie man ein Opfer daran hindert zu reagieren

Die Angst vor der Arbeitslosigkeit erklärt noch nicht die Unterwürfigkeit der Opfer. In der Absicht, sich ihre Allmacht zu beweisen, bedienen sich die quälenden Arbeitgeber und kleinen Chefs, bewußt oder unbewußt, seelisch perverser Methoden, die die Opfer psychologisch fesseln und sie hindern zu reagieren. Diese gleichen Methoden, die Fallstricken ähneln, wurden übrigens in verschärfter Form in den Konzentrationslagern benutzt und sind immer noch gang und gäbe in totalitären Regimen.

Um an der Macht zu bleiben und um den anderen zu kontrollieren, bedient man sich anfangs harmloser Machenschaften, die immer gewaltsamer werden, wenn der Arbeitnehmer Widerstand leistet. Zuerst nimmt man ihm jedes kritische Urteilsvermögen, bis er nicht mehr weiß, wer recht und wer unrecht hat. Man «streßt» ihn, man putzt ihn herunter, man überwacht ihn, man stoppt die Zeit, die er für etwas braucht, damit er sich ständig genötigt fühlt, auf der Hut zu sein, und vor allem sagt man ihm nichts, was ihm gestatten könnte zu begreifen, was hier vorgeht. Der Arbeitnehmer wird in die Enge getrieben. Er nimmt immer mehr hin und traut sich nicht zu sagen, daß es unerträglich ist. Was auch der Ausgangspunkt sei und wer auch immer die Aggressoren seien, die Verfahren sind die gleichen: Man benennt das Problem nicht, sondern handelt auf hinterhältige Art und Weise, um die Person zu beseitigen, anstatt sich der

Lösung des Problems zuzuwenden. Dieser Vorgang wird ausgedehnt auf die ganze Abteilung, die zum Zeugen genommen wird oder sogar aktiv teilnimmt.

Das Quälen im Unternehmen durchläuft nun verschiedene Entwicklungsstufen, denen eines gemeinsam ist: die Gesprächsverweigerung.

## Das Verweigern unmittelbarer Kommunikation

Der Konflikt wird nicht benannt, aber er findet täglich statt durch herabsetzendes Verhalten. Der Aggressor weigert sich, seine Einstellung zu erklären. Diese Weigerung lähmt das Opfer, das sich auf diese Weise nicht verteidigen kann, was die Fortsetzung der Aggression möglich macht. Indem er sich weigert, den Konflikt beim Namen zu nennen, zu diskutieren, verhindert der Aggressor eine Auseinandersetzung, die es ermöglichen könnte, eine Lösung zu finden. Gemäß dem Repertoire perversen Kommunikationsverhaltens muß man den anderen daran hindern nachzudenken, zu verstehen, zu widerstehen.

Sich dem Dialog zu entziehen ist eine geschickte Art, den Konflikt zu verschärfen und ihn dabei dem anderen in die Schuhe zu schieben. Eine Methode, um zum Ausdruck zu bringen, ohne es in Worte zu kleiden, daß der andere einen nicht interessiert, oder sogar, daß er nicht existiert. Da nichts ausgesprochen wurde, kann jedweder Vorwurf gemeint sein.

Das verschlimmert sich noch, wenn das Opfer dazu neigt, sich schuldig zu fühlen: «Was habe ich ihm getan? Was hat er mir vorzuwerfen?»

Werden Vorwürfe gemacht, sind sie verschwommen oder ungenau, lassen Raum für alle Deutungen und alle Mißverständnisse. So manches Mal folgen sie, um jeder Widerrede auszuweichen, dem paradoxen Muster: «Mein liebes Fräulein, ich schätze Sie sehr, aber Sie sind eine Null!»

Alle Versuche einer Auseinandersetzung führen nur zu unbestimmten Vorwürfen.

## Herabwürdigen

Die Aggression geschieht nicht offen, was dem Opfer ja gestatten könnte, Einwände zu erheben. Sie vollzieht sich untergründig, nach dem Muster nonverbaler Kommunikation. Ungeduldige Seufzer, Achselzucken, mißbilligende Blicke, oder aber Nichtausgesprochenes, Hintergedanken, destabilisierende oder gehässige Andeutungen, unfreundliche Bemerkungen ... Man kann auf diese Weise nach und nach Zweifel entstehen lassen an den beruflichen Fähigkeiten eines Arbeitnehmers, indem man alles, was er sagt oder tut, in Frage stellt.

So lange diese Aggressionen indirekt sind, ist es schwierig, sich zu verteidigen. Wie einen Blick voller Haß beschreiben? Wie Hintergedanken und Nichtausgesprochenes zitieren? Das Opfer selbst zweifelt manchmal an seinen eigenen Wahrnehmungen, ist nicht sicher, ob die Gefühle «normal» sind, die es hat. Man bringt es dazu, an sich selbst zu zweifeln. Trifft der Angriff auf einen Arbeitnehmer, dessen innere Stabilität gering ist, so verliert dieser jegliches Selbstvertrauen und verzichtet darauf, sich zu verteidigen.

Die Herabwürdigung besteht auch darin, jemanden nicht anzusehen, nicht guten Tag zu sagen, von der Person wie von einem Ding zu sprechen (zu Sachen spricht man nicht!), zu einem anderen in Gegenwart des Opfers zu sagen: «Hast Du gesehen, man muß wirklich von vorgestern sein, um solche Kleider zu tragen!» Das bedeutet, die Anwesenheit des Opfers zu leugnen: Man spricht nicht mehr mit ihm oder nutzt den Umstand, daß es für fünf Minuten von seinem Schreibtisch abwesend ist, um ihm ein Aktenbündel mit einem Vermerkaufkleber hinzulegen, anstatt direkt um Erledigung zu bitten.

Herabwürdigung – das ist auch indirekte Kritik, versteckt in einem Scherz, Spötteleien, Sarkasmen. Nachher kann man sagen: «Das war nur ein Scherz, daran ist noch nie jemand gestorben!» Die Sprache ist pervertiert. Jedes Wort birgt ein Mißverständnis, das sich gegen das aufs Korn genommene Opfer kehrt.

## Diskreditieren

Dazu genügt es, den Zweifel in die Köpfe der anderen einsickern zu lassen. «Glaubst Du nicht, daß ...» Nachher kann man durch falsche Reden, zusammengeschustert aus einer Montage von Hintergedanken, von Nichtausgesprochenem, ein Mißverständnis aufbauen, um es dann zum eigenen Vorteil auszubeuten.

Um den anderen zu zerschlagen, macht man ihn lächerlich, demütigt ihn, überzieht ihn mit Sarkasmen, bis er jegliches Selbstvertrauen verliert. Man saugt sich einen lächerlichen Spitznamen für ihn aus den Fingern, man macht sich lustig über ein Gebrechen oder einen Schwächeanfall. Man bedient sich auch der Verleumdung, der Lügen und böswilligen Mißverständnisse. Man richtet es so ein, daß das Opfer es erfährt, ohne daß es sich dagegen wehren könnte.

Diese Machenschaften kommen von mißgünstigen Kollegen, die es einfacher finden, die Schuld auf einen anderen zu schieben, um sich einer schwierigen Situation zu entziehen, oder von leitenden Persönlichkeiten, die glauben, ihre Arbeitnehmer anzuspornen, indem sie sie ohne Unterlaß tadeln und demütigen.

Wenn das Opfer zusammenzubrechen droht, sich erregt oder deprimiert wird, erhält die Quälerei ihre Rechtfertigung: «Das wundert mich nicht, der Kerl war verrückt.»

## Isolieren

Wenn man beschlossen hat, einen Arbeitnehmer psychisch zu zerstören, muß man ihn zunächst isolieren, indem man mögliche Bündnisse zerschlägt, damit er sich nicht wehren kann. Allein ist es sehr viel schwieriger, sich aufzulehnen, besonders wenn man das Gefühl bekommt, man habe nur Feinde um sich.

Durch Anspielungen oder plakative Bevorzugungen löst man Eifersucht aus, bringt die Leute gegeneinander auf, sät Zwietracht. Die Arbeit des Destabilisierens wird dann automatisch von mißgünstigen Kollegen geleistet, und der wahre Aggressor kann sagen, er habe damit nichts zu tun.

Wenn das Kaltgestelltwerden von Kollegen ausgeht, heißt das, allein in der Kantine essen zu müssen, nicht eingeladen zu werden, wenn es einen Umtrunk gibt ...

Kommt die Aggression von der Führungsebene, wird das erwählte Opfer nach und nach von allen Informationen abgeschnitten. Es wird isoliert, nicht mehr zu Versammlungen geladen. Was im Betrieb mit ihm werden soll, erfährt es aus Dienstanweisungen. Später erfolgt dann die Absonderung, es wird aufs Abstellgleis geschoben. Man gibt ihm keine Arbeit, während seine Kollegen überlastet sind, aber deswegen erhält es noch lange nicht die Erlaubnis, seine Zeitung zu lesen oder früher Feierabend zu machen.

In einem großen verstaatlichten Unternehmen brachte man ohne Verwarnung einen leitenden Angestellten, von dem man sich trennen wollte, in einem schönen, abseits gelegenen Büro unter, ohne Aufgabe, ohne Kontakt, mit einem Telephon, das nirgendwo angeschlossen war. Nachdem diese Verhältnisse eine gewisse Zeit angedauert hatten, zog dieser Mann es vor, sich umzubringen.

Die Absonderung bewirkt viel mehr Streß als Arbeitsüberlastung und wird sehr schnell zerstörerisch. Die Unternehmensleiter finden es bequem, sich dieses Kniffs zu bedienen, um jemanden, der nicht mehr benötigt wird, zum Rücktritt zu bewegen.

## Schikanieren

Dies besteht darin, daß man das Opfer mit nutzlosen oder entwürdigenden Aufgaben betraut. So mußte zum Beispiel Sonia, Inhaberin eines Universitätsdiploms, sich damit abfinden, in einem winzigen, ungelüfteten Raum Briefumschläge zu kleben.

Schikanieren kann auch darin bestehen, unerreichbare Ziele zu setzen, die dazu zwingen, bis spät am Abend dazubleiben, am Wochenende zu kommen – um anschließend diese so dringlich geforderten Früchte der Arbeit im Papierkorb landen zu sehen.

Es kann auch in körperlichen Aggressionen bestehen, allerdings nicht in unmittelbaren, vielmehr in Nachlässigkeiten, die Unfälle verursachen: schwere Gegenstände, die wie zufällig dem Opfer auf die Füße fallen.

## Den anderen zu einem Fehler verleiten

Ein sehr gerissenes Mittel, einen anderen zu disqualifizieren, besteht darin, ihn zum Begehen eines Fehlers zu verleiten, um ihn dann zu tadeln oder herabzusetzen; aber auch, um ihm ein schlechtes Bild von sich selbst zu vermitteln. Es ist sehr leicht, jemanden, der impulsiv ist, durch ein Verhalten, das Geringschätzung oder Herausforderung ausdrückt, zum Zorn zu reizen oder zu aggressivem Verhalten, das alle bemerken. Danach kann man sagen: «Sie haben es gesehen, dieser Mensch ist vollkommen verrückt, er stört das Arbeitsklima!»

## Sexuelle Belästigung

Die sexuelle Belästigung ist nur ein weiterer Schritt beim seelischen Quälen. Es betrifft beide Geschlechter, doch die meisten der geschilderten oder gerichtlich verfolgten Fälle betreffen Frauen, die von Männern angegriffen wurden, meist von ihren Vorgesetzten.

Es geht nicht so sehr darum, sexuell befriedigt zu werden, sondern darum, seine Macht zu beweisen; die Frau als (sexuelles) Objekt zu betrachten. Eine sexuell belästigte Frau wird von ihrem Aggressor als «verfügbar» betrachtet. Sie soll es hinnehmen, sollte sich sogar geschmeichelt, sich herausgehoben fühlen, «erwählt» worden zu sein. Der Quälende rechnet nicht einmal damit, sie könnte nein sagen. Wenn sie es tut, muß sie sich noch zusätzliche Demütigungen und Aggressionen gefallen lassen. Nicht selten behauptet der Aggressor, daß sie es gewesen sei, die ihn verführt habe; daß sie zugestimmt oder darum gebeten habe.

Unterschiedliche Typen von Quälenden wurden beschrieben – allen gemeinsam ist das Ideal einer dominanten männlichen Rolle sowie negative Einstellungen gegenüber der Frau und dem Feminismus. Auch unterschiedliche Arten von sexueller Belästigung wurden festgestellt:[10]

- Belästigung auf Grund des Geschlechts, die darin besteht, eine Frau anders zu behandeln, weil sie eine Frau ist, mit sexistischen Bemerkungen oder Verhaltensweisen;
- Verführungsverhalten;
- sexuelle Erpressung;
- nicht erwünschte sexuelle Aufmerksamkeit;
- sexuelle Berührungen;
- sexueller Angriff.

Seit 1976 erkennt das amerikanische Rechtssystem die sexuelle Belästigung als sexuelle Diskriminierung an, während sie in Frankreich nur als strafbare Handlung gilt, wenn sie eine ausdrückliche Erpressung mittels Entlassungsdrohung einschließt.

In einer in den USA veranstalteten Umfrage[11] berichten 25 bis 30 % der Studenten, sie seien an der Universität we-

---

[10] Fitzgerald, «Sexual Harassment: the Definition and Measurement of a Construct», in: M. A. Paludi (ed.), Ivory Power: Sexual Harassment on Campus, 1990.

nigstens einmal Opfer einer sexuellen Belästigung (sexistische Kommentare, aufreizende Blicke, Berührungen oder unangemessene sexuelle Bemerkungen) seitens der Professoren gewesen.

## Der Ansatzpunkt des Quälens

Wenn die wahrhaft Perversen in den Betrieben auch selten sind, so sind sie dort doch furchterregend wegen ihrer Anziehungskraft und wegen ihrer Fähigkeit, den anderen über seine Grenzen hinaus mitzureißen.

Ein Machtkampf ist legitim zwischen rivalisierenden Individuen, wenn es sich um eine Konkurrenz handelt, bei der jeder seine Chance hat. Gewisse Kämpfe sind indessen von Anfang an ungleich. Das ist der Fall bei einem höherrangigen Vorgesetzten oder wenn jemand sein Opfer in eine Stellung der Ohnmacht nötigt, um es dann völlig ungestraft anzugreifen, ohne daß es zurückschlagen könnte.

### Der Machtmißbrauch

Hier ist die Aggression eindeutig. Es geht um einen Vorgesetzten, der seine Untergebenen mit seiner Macht erdrückt. Meistens ist es das Mittel für einen kleinen Chef, sich aufzuwerten. Um seine Identitätsschwäche zu kompensieren, muß er herrschen, und er schafft das um so leichter, als der Untergebene in seiner Furcht vor Entlassung keine andere Wahl hat, als es hinzunehmen. Das vorgebliche Gedeihen des Unternehmens rechtfertigt alles: dehnbare Arbeitszeiten, über die man nicht verhandeln kann; Überlastung mit Arbeit im Dringlichkeitsfall; zusammenhanglose Anforderungen.

[11] Mackinney und Maroules, 1991, zitiert bei G.-F. Pinard, in: Criminalité et psychiatrie, Paris 1997.

Trotzdem ist es ein ineffizienter und wenig rentabler Managementstil, die Untergebenen in systematischer Weise unter Druck zu setzen, weil die Streßüberlastung berufliche Irrtümer verursachen und zu Krankschreibungen führen kann. Nichtsdestoweniger halten der kleine Chef oder sogar der Vorstand an der Illusion fest, daß sie so ein Maximum an Rentabilität erzielen.

Im Prinzip richtet sich der Machtmißbrauch nicht speziell gegen einen einzelnen. Es geht darum, alles zu erdrücken, was schwächer ist als man selbst. Er kann sich in den Unternehmen kaskadenartig übertragen, von der obersten Hierarchiestufe bis zum kleinen Chef.

Den Machtmißbrauch der Chefs hat es immer gegeben, aber heutzutage wird er sehr oft verschleiert. Die Direktoren sprechen zu ihren Arbeitnehmern von Autonomie und Unternehmergeist, aber verlangen nach wie vor Unterwerfung und Gehorsam. Die Arbeitnehmer machen mit, weil ihnen die Gefahren für das Überleben des Unternehmens, die Aussicht auf Entlassung und der unaufhörliche Appell an ihre Verantwortung, also an ihre mögliche Schuld, nicht aus dem Sinn gehen.

*Eve arbeitet seit einem Jahr in einem Familienbetrieb als Repräsentantin. Der Arbeitsrhythmus dort ist schnell, und die Überstunden werden nicht angerechnet. Wenn am Wochenende Warenmessen stattfinden, erwartet man trotzdem von den Angestellten, daß sie am Montagmorgen um acht Uhr im Büro sind.*

*Der Chef ist tyrannisch, niemals zufrieden. Jedermann muß aufs Wort gehorchen. Wenn das Personal nicht vollkommen leistungsfähig ist, fängt er an zu schreien. Es gibt kein Mittel, sich zu verteidigen: «Wenn Du nicht zufrieden bist, hau ab!» Diese verbalen Aggressionen lähmen Eve. Jedesmal fühlt sie sich einer Ohnmacht nahe, muß sich Magenumschläge machen und Beruhigungsmittel nehmen. Erschöpft versucht sie, sich zu erholen, indem sie die Wochen-*

*enden nichts anderes tut als zu schlafen, aber ihr Schlaf ist
unruhig und wenig stärkend.*

*Nach einem beruflich stark mit Arbeit überladenen Zeit-
abschnitt hat sie immer öfter Angstzustände; sie bricht wegen jeder Kleinigkeit in Tränen aus, schläft nicht mehr, ißt
nicht mehr. Ihr Arzt schreibt sie krank wegen Depression.
Nach zwei Monaten Pause ist sie endlich imstande, die Arbeit wieder aufzunehmen. Bei ihrer Rückkehr wird sie von
ihren Kollegen kühl empfangen, die die Echtheit ihrer
Krankheit bezweifeln. Sie findet weder ihr Büro noch ihren
Computer wieder. Das ist die Atmosphäre des Schreckens,
die sie kannte: ungerechte Vorwürfe, Anraunzer, angesichts
des Niveaus ihrer Fähigkeiten demütigende Arbeit, systema-
tisches Tadeln der geleisteten Arbeit.*

*Sie wagt nicht, etwas zu sagen, und zieht sich auf die Toi-
lette zurück, um zu weinen. Abends ist sie erschöpft. Am
Morgen, sobald sie an ihrem Arbeitsplatz ist, fühlt sie sich
schuldig, auch wenn sie nicht schuldig ist; denn jeder in diesem Betrieb paßt auf und belauert sie.*

*Eve beschreibt ihre Arbeit als eine Streßfabrik. Alle ihre
Kollegen klagen über psychosomatische Symptome: Kopfweh, Rückenschmerzen, Darmkatarrh, Ekzeme; aber wie
verängstigte Kinder wagen sie es nicht, sich direkt über den
Chef zu beschweren, dem das ohnehin völlig «wurst» ist.*

*Sechs Monate nachdem sie krankgeschrieben war, erhält
sie eine Ladung zu einem Gespräch, wie es einer Entlassung
vorausgeht. Das geschieht genau nach einer eintägigen Abwesenheit anläßlich einer Messe, auf der sie ein Unwohlsein
befallen hatte. Dieser Brief löst etwas bei ihr aus. Zum ersten Mal fühlt sie Zorn. Sie empfindet die Ungerechtigkeit
und Böswilligkeit ihres Chefs, und sie ist fest entschlossen,
sich nichts gefallen zu lassen. Trotz ihres Schuldgefühls –
«Ich frage mich, inwieweit ich das nicht herausgefordert
habe» – handelt sie.*

*Sie holt sich Rat und geht zu dem Gespräch, zu dem sie
geladen ist, in Begleitung eines nicht dem Betrieb an-*

*gehörenden Arbeitnehmerberaters. Als offiziell angegebenes Motiv für die Entlassung gilt der Vertrauensverlust auf Grund ihrer mehrfachen Abwesenheit wegen Krankheit, ohne den Arbeitgeber sogleich zu benachrichtigen. Der Berater weist darauf hin, daß sie zuletzt abwesend gewesen sei während einer Messe am Wochenende und daß der Chef unerreichbar gewesen sei. Nichts von dem, was der Chef vorbringe, bilde einen ernsthaften Entlassungsgrund. Der sagt, er werde darüber nachdenken, er habe ja Zeit genug, den Brief abzusenden.*

*Um sich wirkungsvoll zu verteidigen, muß man überzeugt sein von seinem Recht. Eve hat sich über ihre Rechte erkundigt. Sie kennt auch die Irrtümer, die man nicht begehen darf. Wäre sie bei besagtem Gespräch alleine gewesen, hätte ihr Chef sie terrorisiert, wie er es immer zu tun verstand, bevor er ihr in patriarchalischer Haltung «nochmal eine Chance» gegeben hätte.*

*Eve erwartet ihr Entlassungsschreiben, das nicht kommt. Sie macht weiterhin ihre Arbeit mit einem gewissen Vergnügen, aber der Streß, der sie umgibt, ist derart stark, daß sie aufs neue nicht schläft und sich erschöpft fühlt. Seit der Unterredung ist ihre Lage noch unbehaglicher. Täglich erhält sie Faxe mit kleinen Vorwürfen. Ihre Kollegen sagen ihr: «Du hättest das nicht tun dürfen, Du hast seinen Zorn gereizt!» Sie muß sich ständig rechtfertigen und fertigt, vorausschauend, Photokopien von jedem wichtigen Schriftstück. Sie muß auf der Hut sein, darf keinen Irrtum begehen, sich bei keinem Versehen ertappen lassen. Zur Essenszeit nimmt sie ihre persönlichen Notizen mit sich, auch wenn ihre Kollegen sich lustig machen über ihren Verfolgungswahn: «Du ziehst zum Essen los mit Deiner Schulmappe wie eine Schülerin!» Manche von ihnen werfen ihr die Akten auf ihren Schreibtisch, ohne das Wort an sie zu richten. Wenn sie protestiert, sagt man: «Hast Du ein Problem?» Eve macht sich ganz klein, um keine Spötteleien auf sich zu ziehen. Der Chef meidet sie und übermittelt ihr seine Anweisungen per Zettel.*

*Einen Monat später beginnt er von neuem ein Entlas-*
*sungsverfahren, weil, wie er sagt, Eves Haltung sich nicht*
*geändert habe. Da diesmal klar zutage tritt, daß er keine*
*anderen Entlassungsgründe hat als die Tatsache, daß er*
*sie nicht mehr erträgt, handelt der Arbeitnehmerberater*
*eine wirtschaftlich vorteilhafte Entlassung für sie aus. Der*
*Chef fürchtet, Eve könnte vors Arbeitsgericht gehen, und*
*unterzeichnet deshalb eine Einverständniserklärung.*

*Nach ihrem Ausscheiden erfährt Eve, daß fünf ihrer Kol-*
*legen, drei davon in Führungspositionen, ebenfalls gehen*
*werden. Einer hat seine Entlassung eingereicht, weil er wo-*
*anders etwas Besseres gefunden hat; aber die anderen vier*
*haben einfach aufgegeben und gehen weg ohne irgendeinen*
*Vorteil.*

## Die perversen Machenschaften

Wenn ein perverses Individuum in eine Gruppe kommt, ist
es sein Ziel, durch Charme die fügsamen Gruppenmitglieder
um sich zu sammeln. Wenn ein einzelner sich nicht anwer-
ben läßt, wird er von der Gruppe abgelehnt und zum Sündenbock gemacht. So entsteht eine soziale Bindung zwischen den Gruppenmitgliedern in der gemeinsamen Kritik
an der isolierten Person, durch Geschwätz und Klatsch. Die
Gruppe steht dann unter dem Einfluß des seelisch Perversen
und folgt ihm in Zynismus und Respektlosigkeit. Nicht jeder hat deshalb schon jegliches Moralgefühl verloren, aber
da sie abhängen von einem Menschen ohne Skrupel, verlieren sie jedes kritische Urteilsvermögen.

Der amerikanische Psychosoziologe Stanley Milgram hat
zwischen 1950 und 1963 das Phänomen der Autoritäts-
gläubigkeit untersucht.[12] Seine Methode war die folgende:
«Eine Person kommt in ein psychologisches Laboratorium,

---

[12] St. Milgram, Das Milgram-Experiment. Zur Gehorsamsbereitschaft gegenüber Autorität, Reinbek bei Hamburg 1992.

91

wo man sie bittet, eine Reihe von Handlungen vorzunehmen, die zunehmend in Konflikt geraten werden mit ihrem Gewissen. Die Frage ist herauszufinden, bis zu welchem Punkt sie den Anweisungen des Experimentators folgen wird, bevor sie sich weigert, die vorgegebenen Handlungen auszuführen.» In seiner Schlußfolgerung geht er so weit zu meinen, daß «ganz gewöhnliche Leute, ohne jede Feindseligkeit, Agenten eines entsetzlichen Vernichtungsprozesses werden können, indem sie lediglich ihre Aufgabe erfüllen». Diese Feststellung wird wieder aufgenommen von Christophe Dejours[13], der von der «sozialen Banalisierung des Bösen» spricht. Es gibt tatsächlich Menschen, die eine überlegene Autorität brauchen, um zu einem gewissen Gleichgewicht zu gelangen. Die Perversen nutzen diese Fügsamkeit zu ihrem Vorteil aus und bedienen sich ihrer, um anderen Leid zuzufügen.

Das Ziel eines Perversen ist es, zur Macht zu gelangen oder sich dort zu halten, egal mit welchen Mitteln, oder auch seine eigene Unfähigkeit zu verschleiern. Zu diesem Zweck muß er sich jeden vom Halse schaffen, der ein Hindernis für seinen Aufstieg darstellt oder zu hellsichtig sein könnte, was die Methoden seines Vorgehens angeht. Man begnügt sich nicht damit, jemanden anzugreifen, der geschwächt ist, wie es beim Machtmißbrauch der Fall ist, sondern man erzeugt die Schwäche, um den anderen dann zu hindern, sich zu wehren.

Furcht erzeugt Verhaltensformen der Unterordnung, sogar der Unterwerfung, bei der aufs Korn genommenen Person, aber auch bei den Kollegen, die gewähren lassen und nicht sehen wollen, was um sie herum geschieht. Das ist die Herrschaft des Individualismus, des «jeder für sich». Die Umgebung fürchtet, angeprangert zu werden, wenn sie sich solidarisch zeigt, und bei der nächsten Entlassungswelle dabeizusein. In einem Betrieb soll man keinen Staub aufwir-

---

[13] C. Dejours, Souffrance en France, Paris 1998.

beln. Man muß den «Geist des Hauses» mittragen, sich nicht zu abweichend zeigen.

Der amerikanische Film *Swimming With Sharks* (Unter Haien in Hollywood) von George Huang (1995) faßt all die Demütigungen und geistigen Qualen zusammen, die ein egozentrischer und sadistischer Chef einen ehrgeizigen Angestellten erdulden lassen kann, der bereit ist, alles hinzunehmen, um Erfolg zu haben. Man sieht ihn sein Personal beschimpfen, ohne Skrupel lügen, zusammenhanglose Anordnungen geben, einen Angestellten sich Tag und Nacht zu seiner Verfügung bereithalten lassen, die Vorschriften ändern, um diesen zu ständigem Auf-der-Hut-Sein zu zwingen. Das Personal weiß Bescheid: «Unter die Gürtellinie zu schlagen, ist nicht nur angeraten, sondern wird belohnt!» All das, während er fortfährt, seinen neuen Mitarbeiter zu verlocken und zu betören, indem er ihm eine Beförderung vorgaukelt: «Sei nett. Halt die Klappe, hör zu und halt die Augen offen. Du hast kein Hirn. Deine persönlichen Ansichten zählen nicht. Was Du denkst, interessiert mich nicht. Was Du empfindest, interessiert mich nicht. Du bist bei mir angestellt. Du bist da, um meine Interessen zu vertreten und meinen Bedürfnissen zu entsprechen ... Ich will dich nicht quälen. Ich möchte dir nur helfen; denn wenn Du Deine Arbeit gut machst, wenn Du Augen und Ohren aufsperrst, dann kannst Du bei mir alles erreichen, was du Dir erträumst.»

Ein seelisch Perverser kann um so besser agieren, wenn ein Betrieb ungeordnet, schlecht strukturiert, «deprimiert» ist. Er braucht nur den Riß zu finden, den er vertiefen wird, um seinen Machthunger zu stillen.

Die Methode ist immer die gleiche: Man nutzt die Schwächen des anderen und bringt ihn so weit, bis er an sich selbst zweifelt, um dann seine Abwehr zu zerstören. Durch dieses hinterhältige Herabsetzen verliert das Opfer zunehmend an Selbstvertrauen und gerät manchmal in derartige Verwirrung, daß es seinem Aggressor eigentlich nur recht geben kann: «Ich bin eine Null, ich schaffe es nicht, ich bin der Sache nicht gewachsen!» So vollzieht sich die Zerstörung auf extrem subtile Art und Weise, bis das Opfer sich schließlich selbst ins Unrecht setzt.

*Myriam ist Designerin bei einem bestens eingeführten Werbeunternehmen. Grundsätzlich ist sie allein verantwortlich für ihre Kreationen, aber alles wird koordiniert von einem Direktor, der unmittelbaren Zugang hat zum Generaldirektor. Verantwortlich für ihre Arbeit, setzt sie sich mit aller Kraft ein, arbeitet sogar am Wochenende und auch Nächte hindurch, die ihr nicht bezahlt werden. Doch sobald sie ihre Selbständigkeit allzu offen zeigt und sich Gedanken macht über das, was aus ihren Entwürfen wird, weist man sie zurecht.*

*Wenn sie einen Entwurf abliefert, «überarbeitet» der Direktor, der kein Designer ist, was sie gemacht hat, ändert es nach Gutdünken ab, ohne sie zu informieren. Wenn sie Erklärungen verlangt, antwortet er ungeniert und mit breitem Lächeln: «Aber hören Sie mal, Myriam, das ist doch ohne Bedeutung!» Myriam kocht innerlich vor Zorn, kann sich aber nur selten Luft machen: «Drei Tage habe ich an diesem Entwurf gearbeitet, und er radiert in ein paar Sekunden alles aus, ohne sich die Mühe zu machen, mir Erklärungen dafür zu geben. Ich soll mich wohl noch darüber freuen, für jemanden arbeiten zu dürfen, der meine Arbeit ohnehin nicht gelten läßt!»*

*Nichts wird ausdiskutiert, alles bleibt unausgesprochen. Bei diesem Direktor kann kein Angestellter sagen, was er denkt, alle haben Angst vor seiner Unberechenbarkeit. Die einzige Lösung ist, dauernd geschickt auszuweichen. Mißtrauen macht sich breit. Jeder fragt sich, worauf er hinaus will. Über Humor oder Spott erreicht er, daß jeder seinen Erwartungen entspricht. Sobald er auftaucht, sind alle sogleich angespannt, fühlen sich ertappt. Um Ärger zu vermeiden, hat der größte Teil der Angestellten den Entschluß gefaßt, Selbstzensur zu üben.*

*Angesichts der Fülle der Arbeit hat der Direktor akzep-*
*tiert, daß Myriam einen Mitarbeiter anwirbt, doch unver-*
*züglich hat er versucht, zwischen beiden Rivalität zu*
*schüren. Wenn Myriam sagt, was sie von einem Entwurf*
*hält, für den sie verantwortlich ist, hört er ihr nicht zu und*
*wendet sich achselzuckend an den Assistenten: «Und Sie, Sie*
*haben sicherlich eine bessere Idee?»*

*Er verlangt von Myriam, immer mehr zu leisten und im-*
*mer schneller. Wenn er von ihr erwartet, etwas zu machen,*
*was sie unpassend findet und ablehnt, weil sie eine andere*
*Vorstellung von ihrer Arbeit hat, redet er ihr Schuldgefühle*
*ein und sagt, sie sei wirklich eine schwierige Person. Am*
*Ende akzeptiert sie dann doch.*

*Widersetzt sie sich aber, führt das zu einem solchen*
*Streß, daß sie schon beim Aufstehen Magenschmerzen hat.*
*An ihrem Arbeitsplatz bekommt sie Atemnot, hat das Ge-*
*fühl, um ihr Überleben kämpfen zu müssen.*

*Myriams Direktor will alles unter Kontrolle haben. Er*
*will die Macht nicht teilen. Er ist mißgünstig und möchte*
*Myriams Kreationen als seine eigenen ausgeben. Diese Art*
*Management macht – wenn sie funktioniert – den Chef all-*
*mächtig. Manche Menschen finden sich mit dieser Kind-*
*Rolle ab; die Konflikte zwischen Kollegen werden dann zu*
*simplem Gezänk unter Geschwistern. Myriam widersetzt*
*sich, doch sie wagt nicht, bis zum Ende zu gehen, weil sie*
*ihre Stelle nicht verlieren möchte. Aber sie ist angeschlagen,*
*nicht mehr motiviert: «Ich verstehe, wie man an Mord den-*
*ken kann; weil ich so machtlos bin, spüre ich eine ganz*
*wahnsinnige Gewaltbereitschaft!»*

Behandeln gewisse Arbeitgeber ihre Angestellten wie Kinder, so betrachten andere sie wie eine «Sache», verwendbar
nach Gutdünken. Handelt es sich, wie hier, um kreative Arbeit, so ist es eine noch unmittelbarere Beeinträchtigung der
Person. Denn man erstickt auf diese Weise in dem Arbeitnehmer jede Lust auf etwas Neues, jede Initiative. Trotz al-

lem muß man den Angestellten, wenn er nützlich oder un-entbehrlich ist, lähmen, ihn am Nachdenken hindern; er darf sich nicht fähig fühlen, auch anderswo zu arbeiten, denn sonst könnte er ja kündigen. Man muß ihn dazu brin-gen, daß er selbst glaubt, er sei nicht zu mehr fähig als zu sei-ner derzeitigen Stelle. Leistet er Widerstand, isoliert man ihn. Man begegnet ihm, ohne ihm guten Tag zu sagen, ohne ihn anzusehen; man nimmt seine Anregungen nicht zur Kenntnis, man lehnt jeden Kontakt ab. Danach kommen dann die verletzenden und unfreundlichen Bemerkungen, und wenn das nicht genügt, tritt die Gewalt auf.

Wenn das Opfer widersteht und versucht, sich aufzuleh-nen, weicht die Böswilligkeit einer erklärten Feindschaft. Jetzt beginnt die Phase der seelischen Zerstörung, die als Psychoterror bezeichnet wurde. Dabei sind alle Mittel recht, einschließlich der körperlichen Gewalt, um eine bestimmte Person zu vernichten. Das kann zu ihrem psychischen Ver-fall führen oder zum Selbstmord. Bei dieser Gewalt hat der Aggressor die Interessen des Unternehmens aus den Augen verloren und will einzig und allein den Untergang seines Opfers.

Beim perversen Geschehensablauf ist nicht nur das Rin-gen um Macht im Spiel, sondern vor allem der Genuß, den anderen wie ein Objekt, wie eine Marionette zu behandeln. Der Aggressor zwingt den andern in eine Position der Ohn-macht, um ihn dann ungestraft zu zerstören. Er zögert nicht, alle Mittel anzuwenden, um sein Ziel zu erreichen; selbst dann nicht, wenn dies auf Kosten anderer geht. Die anderen herabzusetzen, um eine gute Meinung von sich selbst zu gewinnen, erscheint ihm gerechtfertigt. Achtung vor anderen kennt er nicht. Was überrascht, ist seine gren-zenlose Empörung über Nichtigkeiten und ein völliges Feh-len von Mitgefühl mit Menschen, die er in unerträgliche Situationen getrieben hat. Wer dem anderen Gewalt zu-fügt, ist der Meinung, daß dieser sie verdient und sich nicht beklagen darf. Das Opfer ist nur noch ein lästiger Gegenstand, dessen Eigenständigkeit verneint wird. Es wird ihm kein Recht auf Gefühl oder Gemütsbewegung zugestanden.

Angesichts dieser Aggression, die das Opfer nicht versteht, fühlt es sich allein; denn es herrschen, wie immer unter perversen Verhältnissen, Feigheit und Entgegenkommen in einer Umgebung vor, die fürchtet, ihrerseits zur Zielscheibe zu werden. Es gibt allerdings manchmal auch den Fall, daß sie auf sadistische Weise das Schauspiel dieser Zerstörung genießt.

In einer normalen Beziehung ist es immer möglich – notfalls in einer Auseinandersetzung –, der Allmacht des anderen eine Grenze zu setzen, um ein Kräftegleichgewicht herzustellen. Aber ein perverser Manipulator, der nicht den geringsten Widerspruch gegen seine Macht erträgt, verwandelt eine konfliktäre Beziehung in Haß, der sogar die Zerstörung des Partners zum Ziel haben kann.

*Lucie arbeitet seit zehn Jahren als Repräsentantin in einem kleinen Familienbetrieb. Sie war bei der Gründung des Unternehmens dabei und ist ihm sehr verbunden. Am Anfang war es eine echte Herausforderung, Kunden zu finden.*

*Der Chef ist immer ein Süßholzraspler gewesen, väterlich, selbstherrlich. Aber seit der Aufschwung da ist, erweist er sich als Tyrann, als Despot. Er sagt nicht guten Tag, wenn er kommt, sieht seine Angestellten nicht an, wenn er ihnen Anweisungen erteilt, verlangt, daß die Bürotüren offen bleiben, gibt fünf Minuten vor einer Zusammenkunft den Anlaß bekannt und so fort. All diese kleinen Details zehren an den Kräften, weil sie einen zwingen, ständig auf alles zu achten. Um besser herrschen zu können, begünstigt er Klatsch, Streitigkeiten, er schmeichelt den Fügsamsten und stellt sich denen entgegen, die ihm Widerstand leisten. Um sich dem zu widersetzen, was sie als eine «Machtergreifung» empfindet, sucht Lucie sich abseits zu halten, was als Auflehnung angesehen wird.*

*Alles gerät aus dem Lot, als er eine andere Repräsentantin einstellt. Sofort wird die «Neue» auf den Sockel erhoben mit einer für alle offensichtlichen Vorzugsbehandlung. Angesichts einer derart frappierenden Ungerechtigkeit, die wie ein verwirrender Verführungsversuch erscheint, wird die neue Mitarbeiterin selbst argwöhnisch und zieht es vor zu gehen. Der Chef holt sie wieder zurück, überredet sie zum Bleiben und läßt alle wissen, dieses Tohuwabohu verdanke man nur der Eifersucht von Lucie.*

*Wenn er die beiden Frauen einander als Rivalinnen gegenüberstellt, denkt sich der Chef, dann werden sie sich gegenseitig angreifen, und er wird sie leichter in den Griff bekommen.*

*Von da an ist Lucie isoliert. Sie erfährt nichts mehr. Ihre Arbeit wird nicht anerkannt, nichts ist mehr zufriedenstellend. Man verbreitet überall, sie sei unfähig. Auch wenn ihr bewußt ist, daß sie eine gute Repräsentantin ist, zweifelt sie am Ende an ihren Fähigkeiten. Sie ist gestreßt, verwirrt, aber zwingt sich, es nicht zu zeigen, denn sie spürt, daß das gegen sie verwendet werden könnte. Die anderen Angestellten halten Distanz, denn die, die ihr zu nahe zu stehen scheinen, werden auch sogleich niedergemacht.*

*Wie so viele Opfer hat Lucie gezögert, auf dieses seelische Quälen zu reagieren. Unbewußt hatte sie ihrem Chef eine Vaterrolle zugewiesen.*

*Am Tag, als sie hört, wie er einer Kollegin gegenüber beleidigende Äußerungen über sie fallenläßt, verlangt sie eine Unterredung.*

*«Sie haben mich beleidigt, was haben Sie mir vorzuwerfen?»*

*«Ich habe vor nichts und vor niemandem Angst. Kündigen Sie.»*

*«Ich gehe nicht, bevor Sie mir nicht gesagt haben, was Sie mir vorzuwerfen haben.»*

*In diesem Augenblick verliert der Chef seine Selbstbeherrschung. Wütend wirft er seinen Schreibtisch um und zerschlägt alles um sich herum: «Sie sind ein Versager, Ihre Bissigkeit steht mir bis oben!»*

*Da er nicht versteht, daß sie nicht nachgibt, spielt der Chef die Karte des Terrors. Er kehrt die Rollen um und stellt sich als Opfer einer aggressiven Angestellten hin.*

*Lucie, die lange Zeit das Gefühl gehabt hatte, von ihm beschützt zu werden, kann die Verachtung und den Haß nicht begreifen, die sie in seinen Augen entdeckt. Aber die körperliche Gewalt dient als Auslöser. Sie beschließt, Klage einzureichen. Ihre Kollegen versuchen, ihr das auszureden: «Laß das, Du wirst Ärger bekommen. Er wird sich schon wieder beruhigen!» Sie hält durch und ruft ihren Rechtsanwalt an, um zu erfahren, wie sie vorgehen muß. Zitternd und unter Tränen erstattet sie Anzeige bei der Polizei. Dann sucht sie einen Arzt auf, der ihr ein Attest über eine vorübergehende völlige Arbeitsunfähigkeit für einen Zeitraum von acht Tagen aushändigt. Spätabends geht sie nochmals ins Büro, um ihre Tasche zu holen.*

Klage zu erheben ist die einzige Möglichkeit, dem Psychoterror ein Ende zu bereiten. Aber man muß Mut haben oder wirklich am Ende sein, denn dieser Schritt bedeutet den endgültigen Bruch mit dem Arbeitgeber. Darüber hinaus ist weder sicher, daß die Klage angenommen wird, noch daß das eingeleitete Verfahren einen positiven Ausgang nimmt.

## Das Unternehmen, das gewähren läßt

Dieser Typus von Vorgehensweisen ist nur möglich, wenn man im Unternehmen die Augen verschließt oder das Gewährenlassen gar fördert. Es gibt Geschäftsleitungen die es wohl verstehen, autoritäre Maßnahmen zu ergreifen, wenn ein Arbeitnehmer unfähig ist oder seine Leistungen ungenügend, aber sich nicht in der Lage sehen, einem Arbeitnehmer einen Verweis zu erteilen, der sich respektlos oder unfreundlich gegenüber einem anderen Angestellten verhält.

Man respektiert die Privatsphäre, man mischt sich da nicht ein, im Glauben, die Angestellten seien erwachsen genug, um allein zurechtzukommen. Aber von Respekt vor dem Individuum zeugt das nicht.

Wenn das Unternehmen sich nachsichtig zeigt, schafft die Perversion Nacheiferer, die nicht selbst gestört sind, die aber ihre Orientierung verlieren und sich überzeugen lassen. Sie finden es nicht mehr schockierend, daß ein einzelner auf beleidigende Art und Weise behandelt wird. Man weiß nicht, wo die Grenze liegt zwischen dem Fall, jemanden «herunterzuputzen», um ihn anzuspornen, und dem, ihn zu quälen. Die Grenze fällt zusammen mit der Achtung vor dem anderen; aber in einem Zusammenhang von Wettbewerb in alle Richtungen gerät der Sinn dieses Begriffs, obwohl in der Erklärung der Menschenrechte festgeschrieben, bisweilen in Vergessenheit.

Die drohende Arbeitslosigkeit macht es möglich, Arroganz und Zynismus zu Managementmethoden zu erheben. In einem System erbitterter Konkurrenz werden Kälte und Härte zur Regel. Wettbewerb mit welchen Mitteln auch immer gilt als gesund, und die Verlierer werden zu Abfall.

Wer die offene Auseinandersetzung fürchtet, bedient sich keiner direkten Methoden, um die Macht zu erlangen. Er manipuliert den anderen auf hinterhältige oder sadistische Art und Weise, um Unterwerfung zu erreichen. So erhöht man sein Selbstbild, indem man den anderen herabsetzt.

In einem solchen Zusammenhang kann ein machthungriger einzelner die ringsum herrschende Verwirrung ausnützen, um ganz ungestraft seine potentiellen Rivalen zu vernichten. Ein einziges Individuum, das vom Unternehmen nicht überwacht wird, kann völlig ungestraft andere manipulieren und zerstören, um die Macht zu erobern oder zu bewahren.

Eine gewisse Anzahl von Eigenschaften des Unternehmens kann die Verwirklichung dieses Terrors erleichtern.

Kein Fachmann bestreitet, daß in Arbeitsgruppen, die unter Druck stehen, leicht Konflikte entstehen. Die neuen Arbeitsformen, die darauf abzielen, die Leistungen der Unternehmen zu steigern und dabei alle humanen Elemente beiseite lassen, bewirken Streß und schaffen günstige Voraussetzungen für das Ausbrechen von Perversität.

Zunächst ist Streß eine Erscheinung der Anpassung des Organismus an eine Aggression, gleich welcher Art. Bei den Tieren ist es eine Überlebensreaktion. Gegenüber einer Aggression haben sie die Wahl zwischen Flucht und Kampf. Für den Arbeitnehmer gibt es eine solche Wahl nicht. Sein Organismus reagiert wie der der Tiere, in drei aufeinander folgenden Phasen: Alarm, Widerstand, Erschöpfung. Aber dieses physiologische Phänomen hat seine ursprüngliche Bedeutung der physischen Vorbereitung eingebüßt – zugunsten sozialer und psychologischer Anpassung. Man verlangt von den Arbeitnehmern, zuviel und unter Druck zu arbeiten und möglichst vielseitig zu sein. In ihrem Jahresbericht 1996 haben Arbeitsmediziner aus Bourg-en-Bresse die Folgen der Flexibilität bei Arbeitnehmern in den Schlachthäusern analysiert: «Es bestehen, das ist wahr, ökonomische Zwänge, die schwer auf diesem Gewerbezweig lasten. Wenn man aber genauer hinsieht, stellt man fest, daß gewisse Schlachthäuser die «üblichen» Zwänge noch überbieten durch permanente Steigerung der Anforderungen, durch übermäßige und untypische Arbeitszeiten und in zunehmendem Maße durch einen beispiellosen Mangel an Anerkennung.»

Der Arbeitsstreß und die Kosten der gesundheitlichen Folgen werden noch kaum quantifiziert. Streß ist weder als Berufskrankheit anerkannt noch als unmittelbare Ursache dafür, daß jemand krankgeschrieben wird. Dennoch stellen Arbeitsmediziner und Psychiater eine Zunahme der psychosomatischen Störungen, des Alkoholmißbrauchs oder der Psychotrope fest, gekoppelt an zu starken Arbeitsdruck.

Die Zerrüttung eines Unternehmens erzeugt immer Streß – ob es sich um eine unzureichende Definition der Rollen handelt (man weiß nicht, wer was tut, wer für was verantwortlich ist), um ein unsicheres Organisationsklima (jemand wurde auf eine Stelle berufen, und man weiß nicht, ob er bleiben wird) oder auch um ein Fehlen von Absprache (Entscheidungen werden getroffen ohne Übereinkunft der Beteiligten). Die Schwerfälligkeit mancher Geschäftsführungen oder stark gegliederter Unternehmen erlaubt es gewissen machthungrigen Individuen, andere ungestraft permanent zu verfolgen.

Gewisse Unternehmen sind wahre «Zitronenpressen». Sie schlagen die Gefühlssaite an, nutzen ihr Personal aus, indem sie immer mehr Leistung verlangen, indem sie vieles vorgaukeln. Wenn der ausgelaugte Arbeitnehmer nicht mehr rentabel genug ist, entledigt sich das Unternehmen seiner ohne die geringste Gemütsbewegung. In der Arbeitswelt wird im höchsten Maße manipuliert. Auch wenn im Prinzip das Gefühl dort nicht unmittelbar im Spiel ist, geschieht es nicht selten, daß ein Unternehmen, um sein Personal zu motivieren, persönliche Beziehungen herstellt, die bei weitem über die normale vertragliche Beziehung hinausgehen, die man zu seinem Arbeitgeber haben kann. Man verlangt von den Arbeitnehmern, sich mit Leib und Seele einzusetzen, in einem System, das die Soziologen Nicole Aubert und Vincent de Gaulejac[14] als «managinaire»[15] bezeichnet haben, und verwandelt sie so in «glückliche Sklaven». Einerseits verlangt man zuviel von ihnen, mit allen Streßfolgen, die davon herrühren. Auf der anderen Seite gibt es keinerlei Anerkennung ihrer Anstrengungen und ihrer Person. Sie werden austauschbare Schachfiguren.

Im übrigen richtet man es in gewissen Unternehmen so ein, daß die Angestellten nicht zu lange auf demselben Posten bleiben, wo sie zuviel Fachkenntnisse erwerben könnten. Man beläßt sie in andauernder Unwissenheit, Unterle-

[14] N. Aubert und V. Gaulejac, Le coût de l'excellence, Paris 1991.
[15] Kunstwort, gebildet aus «management» und «imaginaire» (= eingebildet, unwirklich)

genheit. Jede Originalität oder persönliche Initiative stört. Man zerschlägt die Begeisterung und die Motivation, indem man jede Verantwortung und jede Schulung verweigert. Die Angestellten werden behandelt wie undisziplinierte Schüler. Sie können nicht lachen oder sich entspannt geben, ohne sofort zur Ordnung gerufen zu werden. Nicht selten wird sogar verlangt, daß sie Selbstkritik üben, zum Beispiel während einer wöchentlichen Versammlung, wodurch die Arbeitsgruppen in Schauplätze öffentlicher Demütigung verwandelt werden.

Was diesen Prozeß noch verschärft, ist die Tatsache, daß ein Teil der Angestellten unterbeschäftigt ist und über ein Ausbildungsniveau verfügt, das dem des Vorgesetzten gleich ist oder es sogar übertrifft. Für den geht es dann darum, den Druck zu erhöhen, bis der Arbeitnehmer nicht mehr mithalten kann oder sich am Ende selbst ins Unrecht setzt. Die wirtschaftlichen Zwänge führen dazu, daß man den Arbeitnehmern immer mehr abverlangt und ihnen zugleich immer weniger Beachtung schenkt. So vollzieht sich eine Abwertung der Person und ihres Könnens. Der einzelne Mensch zählt nicht. Seine Geschichte, seine Würde, seine Pein bedeuten wenig.

Angesichts dieser Dingwerdung, dieser Robotisierung fühlen sich die meisten Angestellten in Privatunternehmen in zu schwacher Position, um etwas anderes zu tun, als innerlich zu protestieren und den Nacken zu beugen in der Hoffnung auf bessere Tage. Wenn der Streß sich zeigt mit Schlaflosigkeit, Erschöpfung und Reizbarkeit, so lehnt der Arbeitnehmer es häufig ab, sich krankschreiben zu lassen, wie es sein Arzt ihm empfiehlt – aus Furcht vor den Repressalien bei seiner Rückkehr.

Es gibt mehrere Arten, sich eines störenden Arbeitnehmers zu entledigen, auch wenn man ihm nichts vorzuwerfen hat:

- Eine Umstrukturierung des Betriebs hat die Abschaffung seiner Stelle im Gefolge: In diesem Fall kann man eine Entlassung aus wirtschaftlichen Gründen vornehmen;

- Man überträgt ihm eine schwierige Aufgabe und sucht seine Schwächen, um ihn anschließend aufgrund von Fehlern entlassen zu können;
- Man kann ihn auch psychisch quälen, um ihn an den Rand des Zusammenbruchs zu treiben und ihn – warum nicht? – zu veranlassen, von sich aus die Kündigung einzureichen.

Auch wenn das nicht bewußt eingesetzt wird, macht sich Quälerei ans Werk, wenn der Arbeitnehmer bereits geschwächt ist aus einem Grund, der nichts mit seiner Arbeit zu tun hat. Wenn jemand den Eindruck erweckt, er stehe aus persönlichen Gründen (z. B. Scheidung) dem Unternehmen weniger zur Verfügung, so beginnt man hinterhältig, ihm Dinge vorzuwerfen, die man ihm zuvor – zu Recht oder Unrecht – niemals vorgeworfen hatte. Was man bisher hingenommen hatte, nimmt man nicht mehr hin, weil man spürt, daß der andere angreifbar geworden ist. Die Drahtzieher dieses Quälens sind dabei überzeugt, daß sie recht haben und die Person tatsächlich unfähig ist.

Sich der Schwäche des anderen zu bedienen ist ein in der Welt des Geschäfts und der Politik schon übliches und sogar anerkanntes Verfahren. Man schmeichelt sich, erfolgreich zu sein «in einem Wespennest» oder «in einer Welt von Haien».

*Michael ist Mehrheitsgesellschafter in einer großen Beraterfirma. Seit ihrer Gründung hat sich diese Kanzlei stark weiterentwickelt, und seit kurzem beschäftigt sie junge «Diplomierte», die auf schnellen Erfolg hoffen. Franz, der andere Mehrheitsgesellschafter, ein langjähriger Freund, bedient sich nicht immer ganz koscherer Methoden. Michael macht da nicht mit, will aber deswegen nicht die Gesellschaft aufs Spiel setzen, auf der auch sein Erfolg beruht.*

*Eines Tages hört er, wie seine Mitarbeiter munkeln, jemand wolle ihm ans Leder, und daß er Ärger bekommen wird mit Arbeitnehmern, die unzufrieden sind wegen eines*

*Streits, den Franz ausgelöst hatte. Er stellt Franz zur Rede,*
*doch der antwortet mit einem Angriff: «Wenn Du abhauen*
*willst, hau ab, ich weiß von nichts!»*

*Michael wußte schon immer, daß dieser Mann nieman-*
*den achtet. Er nutzt die anderen aus, indem er ihnen die*
*Macht verlockend und nah ausmalt, und richtet es so ein,*
*daß Konflikte zwischen den Minderheitsgesellschaftern an-*
*geheizt werden, um seine Stellung noch weiter zu festigen.*
*Im Büro herrscht ein ungesundes Klima unterschwelliger*
*Machtkämpfe. Ein junger Mitarbeiter spürt das und zieht es*
*vor zu gehen, weil er weiß, daß im Falle einer Schieflage des*
*Unternehmens die zuletzt Hinzugekommenen die Gefähr-*
*detsten sein werden.*

*Um Michael zu destabilisieren, gibt Franz Akten nicht*
*weiter oder vertraut sie leichter zu beeinflussenden Mitar-*
*beitern an. Anfangs verteidigt sich Michael mehr schlecht*
*als recht. Er kann nicht glauben, daß sein ehemaliger Kom-*
*militone sich ihm gegenüber so benehmen kann, obwohl er*
*dessen rücksichtslose Managementmethoden kennt. Erst als*
*Michael feststellt, daß Franz vom gemeinsamen Konto*
*schöpft, ohne ihn davon zu unterrichten, reagiert er und*
*baut eine Verteidigungsstrategie auf.*

## Das Unternehmen, das die perversen Methoden
## geradezu fördert

Ein Unternehmen kann selbst zu einem perversen System
werden, wenn der Zweck die Mittel heiligt, wenn es zu allem
bereit ist, um seine Ziele zu erreichen und nicht einmal davor
zurückschreckt, Menschen zu zerstören. Auf der Ebene der
Arbeitsorganisation kann sogar mittels eines perversen Prozesses die Lüge dem Aufbau des Unternehmens dienen.

In einem wettbewerbsorientierten Wirtschaftssystem
sind zahlreiche Führungspersönlichkeiten ihren Aufgaben
nicht mehr gewachsen und halten sich nur durch ein zerstö-

rerisches Abwehrsystem auf ihrem Posten, indem sie sich weigern, die menschliche Komponente zu berücksichtigen, ihrer Verantwortung ausweichen und mit Hilfe von Lüge und Angst «regieren». Die perversen Methoden eines einzelnen können von einem Unternehmen ganz bewußt ausgenützt werden, um damit eine Ertragssteigerung zu erzielen. Genau das ist geschehen in der Fabrik Maryflo, einem kleinen Konfektionsbetrieb im Morbihan.

In dieser Fabrik ist das gesamte Personal weiblich, einschließlich der Generaldirektorin. Der einzige Mann ist der Geschäftsführer. Dieser kleine Chef verachtet, demütigt, verletzt und beschimpft das Personal unter Berufung auf den Ertrag. Seine Methoden: die Arbeiterinnen quälen, um die Leistung zu steigern, die Pausenzeit mit der Stoppuhr messen, herunterputzen – all das mit dem geheimen Einverständnis der Generaldirektorin, die diese Methoden zwar kennt, aber nichts daran auszusetzen hat.

Die Arbeiterinnen streikten schließlich, aber noch vor Ausbruch des Arbeitskampfes, der sechs Monate dauern sollte, filmen Kameras für die Sendung «Strip-tease» (France 3) diese Fabrik und nehmen dabei auch den Geschäftsführer auf. Obwohl er weiß, daß er gefilmt wird, ändert er seine demütigenden Methoden nicht: Er hält sie für legitim. Nicht einen Moment lang zweifelt er an sich. Als der Streik ausbricht, am 9. Januar 1997, gehen 85 der 108 Angestellten aus der Fabrik auf die Straße, um die Entlassung des Geschäftsführers zu fordern. Am Ende erreichen sie ihr Ziel, aber 64 Arbeiterinnen werden entlassen. Der entlassene Geschäftsführer jedoch, dessen Methoden von den Medien deutlich gezeigt worden waren, findet umgehend eine neue Anstellung – in einer doppelt so großen Fabrik.

Die Macht ist eine furchtbare Waffe in den Händen eines perversen Individuums (oder Systems).

*Clémence ist eine junge und hübsche Frau, mit Diplom einer Handelsschule und einer Spezialausbildung im Fach*

*Marketing. Nach Abschluß ihres Studiums fand sie nur einen befristeten Arbeitsplatz, danach mußte sie lernen, was Arbeitslosigkeit bedeutet. Es ist für sie also eine große Erleichterung, als sie eingestellt wird als Verantwortliche für Marketing und Kommunikation von einer aufstrebenden Firma, deren Generaldirektor bis dahin diese Funktion wahrgenommen hatte. Sie ist die einzige Frau in leitender Stellung – zunächst unter der Verantwortlichkeit eines Gesellschafters, der sich aber entscheidet wegzugehen, und dann ist sie unmittelbar dem Geschäftsführer unterstellt.*

*Von dem Augenblick an entpuppt sich dieser als Rüpel: «Das taugt überhaupt nichts, was Du da gemacht hast!» «Man möchte meinen, du verstehst nichts von Marketing!» Nie hat man mit ihr in dieser Art und Weise gesprochen, aber sie wagt nicht, etwas zu sagen, weil sie Angst hat, eine Stelle zu verlieren, die sie ja eigentlich interessiert.*

*Wenn sie Anregungen gibt, eignet er sie sich blitzartig an und macht ihr klar, sie sei zu nichts nütze, weil sie nie Vorschläge mache. Wenn sie Einwände erhebt, empört er sich: «Du hältst die Klappe und erledigst, was man Dir aufträgt!» Nie verlangt er etwas direkt: Er schmeißt ihr eine Akte auf den Schreibtisch mit einer Notiz, was sie zu tun habe. Nie hat er ein Wort der Anerkennung für gute Leistung oder gar ein Wort der Ermunterung.*

*Die Vertreter des Unternehmens, zum größten Teil Männer, die sich mit ihrem Geschäftsführer identifizieren, machen sich nun ihrerseits daran, in üblen Tönen mit ihr zu sprechen und ihr aus dem Weg zu gehen. Da die Büros nicht durch Zwischenwände abgeteilt sind, bespitzelt jeder jeden. So ist es sehr viel schwieriger, sich zu schützen.*

*Eines Tages wagt sie, mit dem Geschäftsführer über die Situation zu reden. Er antwortet nicht und schaut woanders hin, als habe er nichts gehört. Als sie beharrt, stellt er sich dumm: «Ich verstehe nicht!»*

*Obgleich ihre Tätigkeit vor allem auf Kommunikation beruht, untersagt man ihr, die Leute zu stören, indem sie un-*

*mittelbar mit ihnen spricht. Sie darf nur per E-mail Verbindung aufnehmen.*

*In diesem Unternehmen sind die Telephonapparate und die Computer mit Codes gesichert. Bei der Rückkehr nach ein paar Tagen krankheitsbedingter Abwesenheit findet sie ihre Codes geändert und muß abwarten, bis eine Sekretärin, die dem Geschäftsführer nahesteht, ihren Apparat wieder freischaltet. Sie protestiert:*

*«Du hättest meine Daten wieder einspeichern können, wenn Du schon meinen Apparat benutzt hast!»*

*«Fall mir nicht auf den Wecker! Für wen hältst Du Dich eigentlich? Hier weiß doch schließlich jeder, daß du 'nen Knall hast!»*

*In der Folge erfährt sie, daß wichtige Telephonanrufe von dieser Sekretärin durchkreuzt wurden, auf Anweisung des Geschäftsführers. Es kommt zu einem Wortwechsel per E-mail zwischen der Sekretärin und Clémence, mit Kopien an den Geschäftsführer. Dieser Geschäftsführer ignoriert Clémence ganz bewußt und beruhigt nur die Sekretärin, die befürchtet hatte, ihn zu stören.*

*Nach und nach verliert Clémence ihr Selbstvertrauen. Sie zieht ihr eigenes Verhalten in Zweifel: «Was habe ich getan, daß sie mich so behandeln?» Sie, die als Jahrgangsbeste ihre Schule verlassen hatte, beginnt, ihre beruflichen Fähigkeiten anzuzweifeln. Sie schläft schlecht, fürchtet den Montagmorgen, an dem sie wieder zur Arbeit gehen muß. Sie hat Migräneanfälle, Weinkrämpfe, wenn sie abends ihrem Mann ihren Arbeitstag schildert. Sie verliert jeglichen Schwung, hat keine Lust mehr auszugehen, ihre Freunde zu besuchen.*

Die Unternehmen sind nachsichtig, was Übergriffe gewisser Individuen betrifft, sofern es Gewinn bringt und nicht zuviel Aufruhr erzeugt. Während sie den Menschen ermöglichen könnten, sich zu entfalten, zerbrechen sie sie nicht selten.

In dem Film *Enthüllung* von Barry Levinson sehen wir, wie ein Unternehmen den Versuch der Vernichtung eines

Menschen durch einen anderen geradezu ermöglicht. Die Geschichte spielt sich in einem Unternehmen in Seattle ab, das spezialisiert ist auf die Herstellung von Computerchips. Anläßlich der Fusion mit einem Betrieb, der Programme herstellt, muß ein Verantwortlicher ernannt werden. Meredith, gespielt von Demi Moore, erhält diese unerwartete Beförderung, auf Kosten von Tom (gespielt von Michael Douglas), der doch über mehr Erfahrung, Professionalität und Sachkenntnis für die Aufgabe verfügt. Man könnte meinen, daß jene in Ruhe ihren Triumph auskosten würde ... Ganz und gar nicht, sie will auch den Kopf ihres Rivalen; denn sie ist vor allem neidisch auf das Glück der anderen. Tom ist ein vernünftiger Mann, glücklich mit seiner sanften Frau und seinen zwei entzückenden Kindern. Meredith, die früher einmal seine Geliebte war, kann ihm dieses schlichte Glück nicht nehmen. Sie beschließt daher, ihn zu vernichten. Sie setzt ihr Geschlecht als Waffe ein, macht Annäherungsversuche, die er aber zurückweist. Sie rächt sich, indem sie ihn der sexuellen Belästigung beschuldigt. Der sexuelle Angriff ist nur ein Mittel, den anderen zu demütigen, ihn wie eine Sache zu behandeln, um ihn am Ende zu vernichten. Wenn die sexuelle Demütigung nicht genügt, wird sie andere Mittel finden, um ihr Opfer «zugrunde zu richten».

In diesem Film finden wir wieder den Kampf um die Macht, der kennzeichnend ist für eine Aggression durch eine narzißtische perverse Person, aber da ist auch das Bedürfnis, sich das Glück des anderen anzueignen und, wenn das nicht gelingt, es zu zerstören. Dazu nützt man seine Schwachstellen aus, und wenn keine vorhanden sind, schafft man welche.

Ob der Ausgangspunkt ein Konflikt zwischen Menschen ist oder ob er aus der schlechten Organisation des Unternehmens erwächst – es ist Sache des Unternehmens, eine Lösung zu finden; denn wenn es zu quälerischem Verhalten kommt, dann hat das Unternehmen es zugelassen. Es gibt immer einen Moment in diesem Prozeß, wo man Lösungen hätte suchen und eingreifen können. Aber trotz der Erfindung der «Direktoren für Humanressourcen» berücksichtigen die Unternehmen, von Ausnahmen abgesehen, selten den «Faktor Mensch» und noch weniger die psychologische Dimension des Arbeitsklimas.

Trotzdem sind die wirtschaftlichen Folgen des Quälens für ein Unternehmen nicht unwesentlich. Die Verschlechterung des Arbeitsklimas hat eine erhebliche Leistungs- oder Ertragsminderung in einer Abteilung oder Belegschaft zur Folge. Das Austragen des Konflikts wird zum Hauptinteresse des Aggressors und des Angegriffenen und manchmal sogar der Zeugen, die nicht mehr auf ihre Arbeit konzentriert sind. Die Verluste für das Unternehmen können schwerwiegende Ausmaße annehmen, einerseits wegen einer Abnahme der Arbeitsqualität und andererseits wegen der Kostensteigerung auf Grund von Arbeitsausfall infolge von Krankheit.

Es kann übrigens vorkommen, daß das Phänomen sich umkehrt und das Unternehmen zum Opfer derer wird, die es leiten. Das Blut wird ihm ausgesaugt von räuberischen Verfolgern, denen es nur darum geht, sich zu behaupten in einem System, das sie aufwertet.

Das Quälen entsteht immer aus einem Konflikt. Man kann sich fragen, ob dieser Konflikt aus dem Charakter der betroffenen Personen herrührt oder ob er in den Strukturen des Unternehmens angelegt ist. Nicht alle Konflikte arten in Quälerei aus. Damit das geschieht, bedarf es des Zusammentreffens mehrerer Faktoren: Entmenschlichung der Arbeitsbeziehungen; Allmacht des Unternehmens; Duldsamkeit oder geheimes Einverständnis gegenüber dem perversen Individuum.

Am Arbeitsplatz ist es an den Entscheidungsträgern (Unternehmenschef, leitende Angestellte, Meister), Quälereien zurückzuweisen, den Dingen nicht ihren Lauf zu lassen, darüber zu wachen, daß auf jeder Rangstufe der Mensch geachtet wird. Selbst wenn keinerlei Gesetz das seelische Quälen unter Strafe stellt, sind sie es sich schuldig, die Achtung vor den anderen durchzusetzen und Rassismus und Sexismus innerhalb des Unternehmens auszuschließen. Die Gewerkschaften, deren Aufgabe das Eintreten für die Arbeitnehmer ist, sollten in den Katalog ihrer Ziele einen wirksamen Schutz gegen die seelische Niedertracht und andere Verletzungen der Persönlichkeit aufnehmen.

Man darf das Quälen nicht verharmlosen, indem man es zu einer Zwangsläufigkeit in unserer Gesellschaft erklärt. Es ist nicht die Folge der gegenwärtigen Wirtschaftskrise, es ist eine Entgleisung aufgrund von organisatorischer Laxheit.

# II.

## Die perverse Beziehung und
## die Protagonisten

## 3. Die perverse Verführung

Nachdem die klinischen Fälle beschrieben sind, können wir verstehen, daß die perverse Beziehung sich in zwei Phasen einstellt: Die eine ist die der perversen Verführung, die andere die der offenen Gewalt.

Die erste Phase, die der Psychoanalytiker P.-C. Racamier «Enthirnung»[16] genannt hat,[17] kann sich über mehrere Jahre hinziehen. Sie baut sich fortschreitend auf während der ersten Zeit der Beziehung, in einem Prozeß der Verführung. Das ist eine Vorbereitungsphase, während der das Opfer destabilisiert wird und zunehmend sein Selbstvertrauen einbüßt.

Es geht darum, es zunächst zu verführen, dann zu beeinflussen, schließlich der eigenen Macht zu unterwerfen und ihm damit jegliche Freiheit zu nehmen.

Die Verführung besteht darin, das Opfer auf unwiderstehliche Weise anzulocken, aber auch, in juristischem Sinne, zu verführen und zu bestechen. Der Verführer lenkt von der Wirklichkeit ab, geht vor mittels Überrumpelung, beeinflußt unter der Hand. Er greift niemals frontal an, sondern mittelbar, um die Zuwendung des anderen zu erschleichen, eines anderen, der ihn bewundert, der dem Aggressor ein gutes Selbstbild zurückspiegelt. Die perverse Verführung entwickelt sich, indem sie die Beschützerinstinkte des anderen ausnützt. Diese Verführung ist narzißtisch: Es geht darum, im anderen das einzige Objekt der Faszination zu suchen, nämlich das liebenswürdige Bild seiner selbst. Mittels einer Verführung, die

---

[16] Kunstwort – im Französischen «décervelage».
[17] P.-C. Racamier, «Pensée perverse et décervelage», in: «Secrets de famille et pensée perverse», Gruppo n° 8, Paris 1992.

eine Einbahnstraße ist, bemüht sich der narzißtische Perverse darum zu bezaubern, ohne sich selbst einfangen zu lassen. Für J. Baudrillard[18] verhext die Verführung die Wirklichkeit und manipuliert den äußeren Schein. Sie ist nicht Energie, sie gehört in die Kategorie der Zeichen und Rituale und ihres unheilvollen Gebrauchs. Die narzißtische Verführung verwirrt und verwischt die Grenzen zwischen dem, was eigen und dem, was sonstig ist. Mit Wahn wie bei der verliebten Idealisierung, wo man sich, um die Liebe zu bewahren, weigert, die Fehler oder Schwächen des anderen zu sehen, hat das alles nichts zu tun, es ist Einverleibung – mit dem Ziel zu zerstören. Denn die Gegenwart des anderen wird als Bedrohung erlebt, nicht als Ergänzung.

Die Beeinflussung besteht darin, jemanden, ohne zu argumentierten, dahin zu bringen, daß er anders denkt, entscheidet oder sich benimmt, als er es aus eigenem Antrieb getan hätte. Die Person, die Ziel des Einflusses ist, kann *a priori* nicht aus freien Stücken einwilligen. Der Gang der Einflußnahme wird auf die Empfindlichkeit und Verletzlichkeit des anderen abgestimmt. Dies geschieht vor allem durch Verführung und Manipulation. Wie bei jeder Manipulation besteht der erste Schritt darin, den Gesprächspartner glauben zu lassen, er sei frei, auch wenn es sich um ein hinterhältiges Vorgehen handelt, das den, der ihm ausgesetzt ist, seiner Freiheit beraubt. Da wird nicht von gleich zu gleich argumentiert, sondern Druck ausgeübt, und gleichzeitig wird der andere daran gehindert, sich des Vorgangs bewußt zu werden, weil Diskussion oder Widerstand schon im Keime erstickt werden. Das Opfer kann sich gar nicht erst verteidigen, kann nicht mehr kritisch urteilen und sich somit auch nicht auflehnen. Das ist das bekannte Szenario, wenn ein Individuum seinen Einfluß mißbraucht, ohne daß es dem anderen, der unter Druck gesetzt wird, bewußt wird. Im täglichen Leben werden wir unablässig manipuliert, destabilisiert, verwirrt. Jedesmal

---

18  J. Baudrillard, Von der Verführung, München 1992.

sind wir wütend auf den, der uns betrogen hat, aber wir schämen uns vor allem unserer selbst. Hier aber handelt es sich nicht um materielle, sondern um seelische «Übervorteilung».

Beherrschender Einfluß oder Dominanz: das ist die geistige oder seelische Bevormundung in einem Abhängigkeitsverhältnis. Die Macht verführt den anderen, er wird hilflos, er kann gar nicht anders als einwilligen und zustimmen. Dies erfordert unter Umständen verschleierte Drohungen oder Einschüchterungen, denn er muß geschwächt werden, um ihm die eigenen Ansichten aufzwingen zu können. Zustimmung abzunötigen, bedeutet das Eingeständnis, daß man den anderen nicht als gleich anerkennt. Die Einflußnahme kann so weit gehen, daß der andere nicht mehr seine eigenen Gedanken denkt, wie bei einer echten Gehirnwäsche. Im Zusammenhang mit jenen Ereignissen, die imstande sind, Erscheinungen von Persönlichkeitszerfall nach sich zu ziehen, werden in der internationalen Klassifikation der Geisteskrankheiten Personen erwähnt, die längerdauernden Verfahren zwangsweiser Überredung unterzogen wurden, wie Gehirnwäsche, ideologische Umerziehung, Indoktrination in Gefangenschaft.

Diese Art von Dominanz existiert nur im Beziehungsbereich: Sie ist die geistige oder seelische Beherrschung des anderen, die Faszination oder der Einfluß des einen auf einen anderen.[19] Das Opfer ist in einem Spinnennetz gefangen, zur Verfügung gehalten, psychologisch gefesselt, betäubt. Ihm ist oft nicht einmal bewußt, daß ein Übergriff stattgefunden hat. Drei Stufen sollte man unterscheiden:

- Aneignung durch Enteignung
- Beherrschung (der andere wird in einem Status der Unterwerfung gehalten)
- Prägung (ein «Brandzeichen» soll ihm aufgenötigt werden)

[19] R. Dorey, «La relation d'emprise», Nouvelle Revue de psychanalyse, 24, Paris 1981.

117

Weil er die Wünsche des anderen ausschaltet und all seine Eigentümlichkeit beseitigt, hat der beherrschende Einfluß diese unleugbar zerstörerische Komponente. Nach und nach findet das Opfer seine Widerstandskraft und seine Widerspruchsmöglichkeiten aufgerieben. Es büßt jede kritische Fähigkeit ein. Gehindert zu reagieren, buchstäblich «starr» vor Staunen, macht es unfreiwillig mit in diesem bösen Spiel. Das heißt aber absolut nicht, daß es eingewilligt hat: Man hat es zur Sache gemacht, es vermag keinen eigenen Gedanken mehr zu fassen, es muß denken wie sein Aggressor.

Bei der perversen Strategie darf man den anderen nicht sofort vernichten, sondern muß ihn nach und nach unterwerfen und ihn zur Verfügung halten. Es ist wichtig, die Macht zu behaupten und zu überwachen. Die Machenschaften sind zuerst harmlos, werden aber fortschreitend gewaltsamer, falls der Partner sich widersetzt. Ist er zu fügsam, ist das Spiel nicht spannend. Es muß sich hinreichend Widerstand regen, damit der Perverse überhaupt Lust hat, die Beziehung fortzusetzen; aber nicht zuviel, damit er sich nicht bedroht fühlt. Er ist es, der das Spiel leiten muß. Der andere ist nur ein Objekt, das an seinem Platz für Objekte zu bleiben hat, ein brauchbares Objekt und kein interaktives Subjekt.

Die Opfer schildern alle die Schwierigkeit, sich auf eine Tätigkeit zu konzentrieren, wenn ihr Peiniger in der Nähe ist. Dieser bietet dem Beobachter ein Bild vollkommener Unschuld. Ein großer Abstand besteht zwischen seinem offensichtlichen Wohlbehagen und dem Mißbehagen und Leiden der Opfer. Worüber sie sich in diesem Stadium beklagen, ist, daß man ihnen den Atem nimmt, daß sie nichts alleine tun können. Sie beschreiben den Eindruck, keinen Raum zum Denken zu haben.

Zunächst gehorchen sie, um ihrem Partner Freude zu bereiten oder um ihn aufzurichten, weil er unglücklich aussieht. Später werden sie gehorchen, weil sie Angst haben.

Am Anfang, vor allem bei Kindern, wird die Unterwerfung hingenommen als Notwendigkeit, sich dankbar zu zeigen; sie scheint besser zu sein als Verlassenheit. Da ein Perverser wenig gibt und viel verlangt, ist Erpressung impliziert, zumindest die Vermutung: «Wenn ich mich fügsamer zeige, wird er mich endlich achten oder lieben können.» Ein aussichtsloses Unterfangen, denn der andere ist nicht zufriedenzustellen. Das Gegenteil tritt ein: Dieses Betteln nach Liebe und Anerkennung löst bei dem narzißtischen Perversen Haß und Sadismus aus.

Das Paradoxe an der Situation ist, daß die Perversen um so stärker Druck machen als sie selbst gegen die Angst vor der Macht des anderen ankämpfen – eine fast panische Angst, wenn sie diesen anderen als überlegen empfinden.

Die Phase der beherrschenden Einflußnahme ist für das Opfer noch eine Zeitspanne, während der es verhältnismäßig ungestört bleibt, sofern es gefügig ist, das heißt, sofern es sich im Spinngewebe der Abhängigkeit fangen läßt. Doch da macht sich bereits eine hinterhältige Gewalt breit, die sich nach und nach in objektive Gewalt wandeln kann. Während der Dauer des beherrschenden Einflusses ist keinerlei Veränderung möglich, die Lage ist festgefahren. Die Furcht, die jeder der beiden Protagonisten vor dem anderen empfindet, hat die Tendenz, diese ungemütliche Lage fortdauern zu lassen:

- Der Perverse ist gehemmt, sei es durch eine innere Anständigkeit, die an seine eigene Geschichte geknüpft ist und die ihn hindert, unmittelbar zur Tat zu schreiten; sei es durch seine Angst vor dem anderen;
- Das Opfer ist gehemmt durch den beherrschenden Einfluß und die Angst, die dieser in ihm verursacht, aber auch durch die Weigerung wahrzunehmen, daß man es abweist.

Während dieser Phase hält der Aggressor den anderen in einem Zustand der Anspannung, der einem permanenten Streßzustand gleichkommt.

Der beherrschende Einfluß ist im allgemeinen für außenstehende Beobachter nicht sichtbar. Selbst angesichts gewisser eindeutiger Tatsachen bleiben sie blind. Die destabilisierenden Anspielungen erscheinen nicht als solche für den, der den Zusammenhang und die Hintergedanken nicht kennt. Während eben dieser Phase geht auch ein Prozeß der Isolierung vonstatten. Die Verteidigungshaltung, in die das Opfer gedrängt wird, treibt es zu Verhaltensweisen, die die Umgebung reizen. Es wird streitsüchtig oder zum Jammerlappen oder von fixen Ideen verfolgt. In jedem Fall verliert es seine Ursprünglichkeit. Die Umgebung versteht nicht und wird zu einer negativen Meinung über das Opfer verführt.

## 4. Die perverse Kommunikation

Zur Durchsetzung des beherrschenden Einflusses bedient sich der Aggressor gewisser Vorgehensweisen, die die Illusion von Kommunikation bieten – einer eigenartigen Kommunikation, nicht geschaffen, um zu verbinden, sondern fernzuhalten und jeglichen Austausch zu verhindern. Diese «verzerrte» Kommunikation verfolgt den Zweck, den anderen zu «benützen». Man muß ihn mit Worten manipulieren, ihn immer mehr verwirren, damit er nur ja nicht merkt, was hier gespielt wird. Totaler *Black-out* ist unerläßlich, um das Opfer ohnmächtig, hilflos zu machen.

Auch wenn sie nonverbal, versteckt, unterdrückt bleibt, die Gewalt ist dennoch da: im Unausgesprochenen, in den Anspielungen, in den absichtlichen Auslassungen, und dadurch überträgt und erzeugt sie Angst.

### Die unmittelbare Kommunikation verweigern

Unmittelbare Kommunikation findet nie statt; «man diskutiert nicht mit Sachen».

Wird eine direkte Frage gestellt, weichen die Perversen aus. Da sie nicht sprechen, unterstellt man ihnen Größe und Weisheit. Man betritt eine Welt, in der es wenig mündliche Kommunikation gibt, gerade mal kleine Seitenhiebe destabilisierender Art. Nichts wird benannt, alles bleibt unausgesprochen. Es genügt ein Achselzucken, ein Seufzer. Das Opfer versucht zu verstehen: «Was habe ich ihm getan? Was hat er mir vorzuwerfen?» Da nichts gesagt wird, kann alles Vorwurf sein.

Das Bestreiten eines Vorwurfs oder Konflikts seitens des

121

Aggressors lähmt das Opfer, das sich nicht wehren kann. Die Aggression wird verübt durch die Weigerung, beim Namen zu nennen, was geschieht; zu diskutieren; gemeinsam Lösungen zu finden. Handelte es sich um einen offenen Konflikt, wäre eine Auseinandersetzung möglich, und eine Lösung könnte gefunden werden. Aber nach den Regeln der perversen Kommunikation gilt es vor allem, den anderen am Denken zu hindern, am Begreifen, am Widerstehen. Sich dem Dialog zu entziehen ist ein geschickter Trick, den Konflikt zu verschärfen und ihn dabei auch noch dem anderen zur Last zu legen. Das Recht, angehört zu werden, wird dem Opfer verweigert. Seine Lesart der Fakten interessiert den Perversen nicht, der sich weigert, sie zu hören.

Das Verweigern des Dialogs ist eine Form auszudrücken – ohne es unmittelbar in Worte zu fassen –, daß der andere einen nicht interessiert, oder sogar, daß er nicht existiert. Bei jedem anderen Gesprächspartner kann man nachfragen, wenn man nicht versteht. Bei den Perversen ist die Rede gewunden, ohne Erläuterung und führt zu gegenseitiger Entfremdung. Man weiß nie so recht, wie man es deuten soll.

Angesichts der Verweigerung unmittelbarer mündlicher Kommunikation geschieht es nicht selten, daß das Opfer seine Zuflucht zu Briefen nimmt. Es schreibt Briefe, um Erklärungen zu erbitten über die Ablehnung, die es wahrnimmt; da keine Antwort erfolgt, schreibt es erneut und sucht im eigenen Verhalten die Gründe für eine solche Behandlung. Es mag sein, daß es sich am Ende gar entschuldigt für das, was es bewußt oder unbewußt getan haben könnte, um die Haltung seines Aggressors zu rechtfertigen.

Diese Briefe, die ohne Antwort geblieben sind, nutzt der Aggressor bisweilen als Waffe gegen sein Opfer. Auf diese Weise gelangte der Entschuldigungsbrief, den eine Frau nach einer heftigen Szene schrieb, bei der sie ihrem Mann seine Untreue und seine Lügen vorgeworfen hatte, in die Polizeiakten unter der Rubrik «Gewalt in der Ehe»: «Sehen Sie, sie gibt zu, daß sie gewalttätig geworden ist!»

In gewissen Unternehmen bezeichnet man die Opfer, die, um sich zu schützen, Einschreibebriefe senden, als paranoide Querulanten.

Wenn eine Antwort erfolgt, ist sie immer ausweichend, teilnahmslos. Ein Brief voller Gefühl und Erschütterung, den eine Frau ihrem Mann schreibt: «Sag mir, was ist an mir so unerträglich, daß Du mich dermaßen haßt, daß Du nur Verachtung, Beleidigungen, Beschimpfungen für mich übrig hast? Weshalb sprichst Du mit mir nur in Worten voller Vorwürfe, Behauptungen, ohne Offenheit, im Monolog ...» – ein solcher Brief kann sich eine gelehrte Antwort einhandeln, doch ohne jegliche Gemütsbewegung: «Ich sage es nochmals: Die Tatsachen existieren nicht. Alles ist revidierbar. Es gibt weder Anhaltspunkte noch eindeutige Wahrheiten ...»

Die Nichtkommunikation findet sich auf allen Äußerungsebenen wieder. Angesichts seiner «Zielscheibe» ist der Aggressor angespannt, seine Haltung ist steif, sein Blick ausweichend: «Von Anfang an, gleich nach meinem Eintritt in das Unternehmen, schaute mich mein Chef in einer Art und Weise an, daß ich mich unbehaglich fühlte; ich fragte mich immer, was ich falsch gemacht hatte.»

## Die Sprache entstellen

Auffallend bei den Perversen, wenn sie denn mit ihren Opfern sprechen, ist die kalte Stimme, farblos, ausdruckslos, eintönig. Eine Stimme, in der keinerlei Gefühl mitschwingt, die gefrieren läßt, ängstigt und selbst in ihre unbedeutendsten Reden Geringschätzung oder Spott einfließen läßt. Allein schon die Klangfarbe impliziert, selbst für den neutralen Beobachter, Hintergedanken, unausgesprochene Vorwürfe, verschleierte Drohungen.

Wer schon einmal Zielscheibe eines Perversen war, erkennt diese kalte Klangfarbe auf Anhieb wieder und geht in Deckung, weil sie Angst auslöst. Die Wörter sind ohne Bedeutung, allein die Bedrohung zählt. Kinder, die Opfer eines seelisch perversen Elternteils waren, beschreiben sehr gut die Veränderung in der Redeweise, die einer Aggression vorausgeht: «Manchmal, beim Essen, während er ganz freundlich mit meinen Schwestern geredet hatte, wurde seine Stimme plötzlich farblos, schneidend. Ich wußte sofort, daß er es jetzt auf mich abgesehen hatte und mir etwas Verletzendes sagen würde.»

Selbst während heftiger Wortwechsel wird der Ton nicht lauter, der andere soll sich ruhig aufregen, was ihn nur destabilisieren kann: «Du bist wirklich hysterisch mit Deinem ewigen Geschrei!»

Sehr häufig macht sich der Perverse nicht einmal die Mühe, deutlich zu sprechen, oder murmelt etwas in seinen Bart, wenn der andere gerade in einem anderen Zimmer ist. Das zwingt den anderen näher zu kommen, um zu verstehen oder bitten zu müssen, das Gesagte zu wiederholen. Danach ist es leicht, ihm vorzuwerfen, er höre eben nie zu.

Die Botschaft eines Perversen bleibt absichtlich unbestimmt und verschwommen, das stiftet noch mehr Verwirrung. Er kann sagen: «Das habe ich nie gesagt» und jeden Vorwurf ausschalten. Indem er Andeutungen macht, übermittelt er Botschaften, ohne sich zu weit vorzuwagen.

Da er Themen ohne logischen Zusammenhang anschneidet, hält er die Koexistenz von verschiedenen, einander widersprechenden Reden aufrecht.

Wenn er seine Sätze unbeendet läßt, gewissermaßen Auslassungspunkte setzt, ist jede Auslegung und jedes Mißverständnis möglich. Er kann auch obskure Andeutungen machen und sich weigern, sie zu erklären: Die Schwiegermutter bittet ihren Schwiegersohn um eine kleine Gefälligkeit:

«Nein, das geht nicht!»

«Wieso nicht?»

«Das sollten Sie ja wohl wissen!»

«Nein, ich verstehe nicht!»

«Na, dann überlegen Sie mal!»

Diese Worte sind aggressiv, aber gesprochen in einem *normalen* Ton, ruhig, beinahe «locker», und der andere, dem für eine aggressive Antwort die Waffe aus der Hand genommen wurde, hat den Eindruck, «verkehrt» zu reagieren. Angesichts solcher Andeutungen ist es logisch, daß man danach sucht, was man Falsches gesagt oder getan haben könnte, und sich schuldig fühlt; es sei denn, man ärgerte sich und eröffnete den Streit. Diese Strategie mißlingt selten: Der andere fühlt sich schuldig, es sei denn, er wäre selbst pervers.

Die destabilisierenden Andeutungen treten nie offen zutage. Eine Mutter sagt zu ihrer Tochter, die vergeblich versucht, ein Kind zu bekommen: «Hör zu, ich kümmere mich um meine Kinder, wie ich will, kümmere Du Dich um Deine, wie Du willst!» Ein einfacher Lapsus, würde man meinen, wenn auf diese Bemerkung Verlegenheit, Bedauern, oder Entschuldigungen folgten. Aber es handelt sich um ein Steinchen, wie schon so viele andere Steinchen, mal hier, mal da, gedankenlos, gefühllos geworfen.

Ein anderes verbales Verfahren, das bei Perversen üblich ist, besteht darin, eine Fachsprache zu gebrauchen, abstrakt, dogmatisch, um den anderen in Betrachtungen hineinzuziehen, von denen er nichts versteht und zu denen er keine Erklärungen zu erbitten wagt aus Furcht, für dumm gehalten zu werden.

Diese kalten, rein theoretischen Ausführungen haben den Erfolg, daß der Zuhörer daran gehindert wird, nachzudenken und zu reagieren. Der Perverse, indem er sich einer sehr gelehrten Redeweise bedient, vermittelt den Eindruck, Bescheid zu wissen, auch wenn er nur schwafelnd daherredet. Er beeindruckt seine Zuhörerschaft mit oberflächlicher Gelehrsamkeit, wobei er Fachausdrücke verwendet, ohne sich um ihre Bedeutung zu kümmern. Der andere wird sich später sagen: «Er hat mir dummes Zeug vorgeredet, ich weiß gar nicht, warum ich nicht reagiert habe!»

Worauf es bei der Rede des Perversen ankommt, ist eher die Form als der Inhalt; gelehrt erscheinen, um vom Thema abzulenken! Eine Frau, die über ihre Beziehung sprechen will, und ihr Ehemann, der doziert: «Du sprichst eine typische Problematik kastrationssüchtiger Frauen an, die ihren Penisneid auf die Männer projizieren.»

Diese wilden psychoanalytischen Deutungen schaffen es, den anderen zu verwirren, der selten imstande ist, mit gleichem Vokabular zu antworten, um die Situation zu seinen Gunsten zu wenden. Häufig sagen die Opfer, die Argumente ihres Aggressors seien dermaßen zusammenhanglos, daß sie eigentlich darüber lachen müßten, aber ein solches Maß an Unredlichkeit mache sie wütend.

Eine andere perverse Methode besteht in der Behauptung, die Absichten des anderen zu kennen oder seine geheimen Gedanken zu erraten, als wüßte man besser als er, was er denkt: «Ich weiß ja, daß Du diese Leute nicht ausstehen kannst und Mittel und Wege suchst, sie nicht zu treffen!»

## Lügen

Häufiger als einer direkten Lüge bedient sich der Perverse zunächst einer Verknüpfung von Hintergedanken, Nichtausgesprochenem, um ein Mißverständnis zu schaffen, das er dann zu seinem Vorteil auszunutzen gedenkt.

In seiner Abhandlung *Die Kriegskunst*, verfaßt um 500 v. Chr., lehrte der Chinese Sunzi: «Jede Kriegführung gründet auf Täuschung. Wenn wir also fähig sind anzugreifen, müssen wir unfähig erscheinen; wenn wir unsere Streitkräfte einsetzen, müssen wir inaktiv scheinen; wenn wir nahe sind, müssen wir den Feind glauben machen, daß wir weit entfernt sind; wenn wir weit entfernt sind, müssen wir ihn glauben machen, daß wir nahe sind.»[20]

---

[20] Sunzi, Die Kunst des Krieges. Hg. und mit einem Vorwort von James Clarell, München 1998, S.24.

Die unvollständigen, paradoxen Botschaften entsprechen einer Angst vor der Reaktion des anderen. Man redet, ohne etwas zu sagen, in der Hoffnung, der andere werde die Botschaft verstehen, ohne daß die Dinge beim Namen genannt werden müßten. Diese Botschaften lassen sich meistens erst nachträglich entschlüsseln.

Reden, ohne etwas zu sagen, ist ein geschickter Trick, um sich in allen Situationen zu behaupten.

Diese indirekten Botschaften sind harmlos, allgemein oder indirekt aggressiv – «Vor Frauen soll man sich hüten!» «Frauen, die arbeiten, vernachlässigen den Haushalt!» –, was dann abgemildert wird, wenn der Partner protestiert: «Ich habe doch nicht Dich gemeint. Wie empfindlich Du sein kannst!»

Es geht darum, die Oberhand zu behalten in einem mündlichen Austausch. Ein zu direktes Vorgehen könnte den Partner ja dazu verleiten, dem Aggressor Herrschsucht vorzuwerfen. Die indirekten Techniken aber destabilisieren und verleiten ihn, das, was sich da gerade abgespielt hat, für unwirklich zu halten.

Ein anderer Typus von indirekter Lüge besteht darin, verschwommen oder ausweichend zu antworten, oder mit einem Ablenkungsmanöver. Zu einer Frau, die ihre Zweifel an der Treue ihres Mannes äußert: «Um so etwas zu sagen, mußt Du Dir selbst etwas vorzuwerfen haben!»

Die Lüge kann auch in Details stecken: Seiner Frau, die ihm vorwirft, acht Tage mit einem Mädchen aufs Land gefahren zu sein, antwortet der Ehemann: «Die Lügnerin bist Du, zum einen waren es nicht acht Tage, sondern neun, und zum anderen handelt es sich nicht um ein Mädchen, sondern um eine Frau!»

Was man auch sagen mag, die Perversen finden immer einen Weg, recht zu haben, um so mehr, als das Opfer schon destabilisiert ist und im Gegensatz zu seinem Aggressor keinerlei Spaß an Polemik hat. Die Verwirrung des Opfers ist die Folge der ständigen Verwechslung von Wahrheit und Lüge.

Direkt wird die Lüge bei den narzißtischen Perversen erst während der Phase der Zerstörung, wie wir im folgenden Kapitel sehen werden. Es ist dann eine Lüge, die jedem Augenschein spottet. Dennoch überzeugt gerade und vor allem die Lüge, an die der Lügner glaubt. Wie auch immer die Ungeheuerlichkeit der Lüge sein mag, der Perverse steht dahinter und überzeugt den anderen am Ende.

Wahrheit oder Lüge, das bedeutet den Perversen wenig: Wahr ist das, was sie im Augenblick sagen. Diese Verfälschungen der Wahrheit sind bisweilen von phantastischer Machart. Jede Botschaft, die nicht ausdrücklich in Worte gefaßt ist, selbst wenn sie durchscheint, darf vom Gesprächspartner nicht beachtet werden. Da sie nicht direkt ausgesprochen wurde, existiert sie nicht. Die Lüge geht einher mit dem Bedürfnis, nicht zur Kenntnis zu nehmen, was der narzißtischen Selbstsucht widerspricht.

So sieht man, wie die Perversen ihre Geschichte in ein großes Geheimnis hüllen, das den anderen eine Überzeugung gewinnen läßt, ohne daß irgend etwas gesagt worden wäre: verbergen, um zu zeigen.

## Mit Sarkasmus, Spott und Verachtung umgehen

Gegenüber der äußeren Welt herrschen Verachtung und Spott vor. Die Verachtung betrifft den gehaßten Partner; das, was er denkt; das, was er tut; aber auch seine Umgebung. Die Verachtung ist die Waffe des Schwachen; sie ist ein Schutz gegen unerwünschte Gefühle. Man versteckt sich hinter einer Maske aus Ironie oder Spott.

Diese Verachtung und dieser Spott werden besonders gegen Frauen gerichtet. Im Fall der sexuell Perversen gibt es eine Verneinung des weiblichen Geschlechts. Die narzißtischen Perversen verleugnen die Frau insgesamt, als Individuum. Sie finden Vergnügen an allen Scherzen, die Frauen ins Lächerliche ziehen.

Das kann gefördert werden durch das Entgegenkommen der Zeugen:

Während einer Talk-Show im amerikanischen Programm NBC sollte ein junges Paar öffentlich über folgendes Problem diskutieren: «Er kann mich nicht ausstehen, weil ich kein Top-Model bin.» Der junge Mann erklärte, daß seine Freundin – die Mutter seines Kindes – nicht so sei, wie er es sich gewünscht hätte: mit schlanker Taille, sexy; ihre Zähne und ihre Brüste seien unvollkommen und sie folglich nicht begehrenswert. Sein Traumbild sei Cindy Crawford. Er gab sich derart herablassend, daß seine Frau in Tränen ausbrach. Er bewies in diesem Augenblick nicht die geringste Gemütsregung, wandte sich ihr nicht zu.

Die Zuschauer sollten ihre Meinung äußern. Selbstverständlich protestierten die anwesenden Frauen gegen die Haltung des Mannes, einige gaben der jungen Frau Ratschläge, wie sie ihr Äußeres verbessern könne; aber der größte Teil der Männer zeigte sich nachsichtig, fügte sogar noch ein paar neue kritische Bemerkungen zum Aussehen dieses armen Mädchens hinzu.

Die Psychologin vom Dienst erklärte dem Publikum, es genüge doch, Sherry anzusehen, um zu erkennen, daß sie niemals Cindy Crawford geglichen habe, aber Bob habe sie trotzdem genug geliebt, um Lust zu verspüren, ihr ein Kind zu machen. Niemand stellte sich Fragen über das Entgegenkommen der Zuschauer und der Organisatoren, noch über die Demütigung, die die Frau erlitten hatte.

Spott besteht darin, sich lustig zu machen über alles und jeden. Die Stetigkeit dieser Haltung läßt das Mißtrauen einschlafen – das ist eben auch eine mögliche Lebensart –, aber sie schafft eine unangenehme Atmosphäre und führt zu einer Form von Kommunikation, die niemals ernsthaft ist.

Bosheiten (Wahrheiten, die weh tun) oder Verleumdungen (Lügen) entspringen oft dem Neid. So kommt es, daß:

- ein hübsches Mädchen, das mit einem älteren Mann ausgeht, eine Hure ist;
- eine anspruchsvolle Frau zu einer im Bett zu kurz gekommenen wird;
- eine berühmte Filmschauspielerin zwangsläufig mit der ganzen Regierung geschlafen hat, um Karriere zu machen;
- eine Kollegin, die Erfolg hat, dies der «Schlafcouchbeförderung» verdankt.

Denn meistens sind es die Frauen, die, auf dem Weg über ihr Geschlecht, von diesen Angriffen betroffen sind.

Wer sich des Spotts bedient, begibt sich in die Position dessen, von dem man glaubt, er wisse Bescheid. Er hat folglich das Recht, sich über jemanden oder über etwas lustig zu machen, er macht seinen Gesprächspartner zum Verbündeten.

Das Vorgehen kann direkt sein: «Aber hör mal, weißt Du denn nicht, daß ...!» oder indirekt: «Hast Du gesehen, wie der oder die sich benommen hat ...?»

Nicht selten nimmt das Opfer die Kritik des Perversen an seiner Umgebung wörtlich und glaubt am Ende sogar, sie sei berechtigt.

Die Sarkasmen und die bitteren Bemerkungen werden hingenommen als der Preis, den es kostet, eine Beziehung mit einem bezaubernden, aber schwierigen Partner aufrechtzuerhalten.

Um den Kopf über Wasser zu halten, muß der Perverse den anderen untertauchen. Zu diesem Zweck geht er mittels destabilisierender kleiner Seitenhiebe zu Werke, mit Vorliebe in der Öffentlichkeit, ausgehend von einer unbedeutenden, manchmal intimen Angelegenheit, die er übertrieben ausmalt, wobei er bisweilen einen der Anwesenden als Verbündeten wählt.

Worauf es ankommt, ist die Verwirrung des anderen. Man nimmt die Feindseligkeit zwar wahr, ist sich aber nicht sicher, ob es sich nicht doch nur um einen Scherz handelt. Der Perverse scheint zu necken, in Wirklichkeit spricht er Schwachpunkte an: «dicke Nase», «flache Brüste», Schwierigkeit, sich auszudrücken ...

Die Aggression geschieht ohne großes Aufsehen, durch Anspielungen, Andeutungen, ohne daß man sagen könnte, in welchem Augenblick sie begonnen hat und ob es wirklich eine ist. Der Angreifer setzt seinen guten Ruf nicht aufs Spiel, häufig stellt er sogar die Situation auf den Kopf und weist auf die aggressiven Wünsche seines Opfers hin: «Wenn Du meinst, ich greife Dich an, dann beweist das, daß Du selbst aggressiv bist!»

Wie wir bei den klinischen Fällen gesehen haben, besteht eine übliche perverse Methode darin, den anderen mit einem lächerlichen Spitznamen auszustaffieren, der sich auf einen Mangel, eine Schwierigkeit stützt: *die Dicke, der Homo, der fette Faulpelz, der Waschlappen* ... Diese Spitznamen werden oft, selbst wenn sie verletzend sind, zustimmend aufgenommen von der Umgebung, die ja mitspielen soll und auch darüber lacht.

All diese unerfreulichen Bemerkungen bewirken Verletzungen, die durch Zeichen von Freundlichkeit nicht ausgeglichen werden. Der Schmerz, den das verursacht, wird vom Partner umgelenkt und in Spott verkehrt.

In diesen verbalen Aggressionen, in diesen Spötteleien, diesem Zynismus steckt auch ein spielerisches Element: Spaß an der Polemik; Spaß daran, den anderen dazu zu drängen, daß er sich widersetzt. Der narzißtische Perverse, wir haben es bereits gesagt, liebt die Kontroverse. Er ist imstande, an einem Tag einen Gesichtspunkt vorzutragen und am nächsten Tag die entgegengesetzte Meinung zu vertreten, nur um eben mal die Diskussion wieder in Gang kommen zu lassen oder um – absichtlich – Anstoß zu erregen. Wenn der Partner nicht hinreichend reagiert, wird die Provokation ein wenig gesteigert. Der Partner, Opfer dieser Gewalt, reagiert nicht, weil er dazu neigt, den anderen zu entschuldigen, aber auch, weil die Gewalt sich so hinterhältig einnistet. Ein solches gewaltsames Verhalten könnte – würde es plötzlich eintreten – nur Zorn auslösen. Aber die Art, wie die Gewalt sich fortschreitend nach und nach einstellt, entschärft jeden Widerstand. Das Opfer erkennt die Aggressivität der Botschaft erst, wenn sie schon fast zur Gewohnheit geworden ist.

Die Ausführungen des narzißtischen Perversen finden Zuhörer, die er zu fesseln vermag und die ohne Gespür sind für die Demütigung, die das Opfer erleidet. Nicht selten bittet der Aggressor die Umstehenden, wohl oder übel mitzuwirken an seinem «Abbruchunternehmen».

Kurz, um den anderen zu destabilisieren, genügt es:

- sich über seine Überzeugungen, seine politische Meinung, seine Vorlieben lustig zu machen,
- das Wort nicht mehr an ihn zu richten,
- ihn in der Öffentlichkeit lächerlich zu machen,
- ihn vor den anderen anzuschwärzen,
- ihn aller Möglichkeiten zu berauben, sich zu äußern,
- sich lustig zu machen über seine Schwachstellen,
- abfällige Andeutungen zu machen, ohne sie je zu erklären,
- seine Urteils- und Entscheidungsfähigkeit in Zweifel zu ziehen.

## Vom Paradox Gebrauch machen

Sunzi lehrt ebenfalls, daß man, um einen Krieg zu gewinnen, die feindliche Armee spalten müsse, noch bevor man die Schlacht beginnt: «Sucht siegreich zu sein, ohne Schlachten zu liefern (...). Bevor sie kämpften, versuchten sie [die Ahnen], die Zuversicht des Feindes zu schwächen, indem sie ihn demütigten, indem sie ihn kränkten, indem sie seine Kräfte schweren Prüfungen unterzogen (...). Bestecht all das, was das Beste bei ihm ist, durch Angebote, Geschenke, Versprechungen, untergrabt sein Selbstvertrauen, indem ihr seine tüchtigsten Männer zu schändlichen und gemeinen Taten anspornt, und versäumt nicht, das unter die Leute zu bringen.»

Bei einer perversen Aggression geht es um den Versuch, den anderen zu erschüttern, ihn zweifeln zu lassen an seinen Überzeugungen, seinen Empfindungen. Das Opfer verliert dabei das Bewußtsein seiner Identität. Es kann nicht denken, nicht verstehen. Das Ziel ist, es zu negieren und es dabei zugleich zu lähmen, damit das Auftreten eines Konflikts vermieden wird. Man kann es angreifen, ohne es zu verlieren. Es bleibt zur Verfügung.

Dies geschieht unter doppeltem Druck: Etwas wird gesagt auf verbaler Ebene, und das Gegenteil wird ausgedrückt auf der nichtverbalen Ebene. Die paradoxe Äußerung besteht aus einer ausdrücklichen Botschaft und einem Hintergedanken, dessen Existenz der Aggressor abstreitet. Ein äußerst wirkungsvolles Mittel, den anderen zu destabilisieren!

Eine Form der paradoxen Botschaft besteht darin, Zweifel über mehr oder minder unbedeutende Vorkommnisse des täglichen Lebens auszustreuen. Der Partner wird am Ende wankend gemacht und weiß nicht mehr, wer recht hat und wer unrecht. Es genügt zum Beispiel zu sagen, man sei einverstanden mit einem Vorschlag des anderen, und zugleich dabei durch Mienenspiel zu zeigen, daß das nur eine Scheinübereinstimmung ist.

Etwas wird gesagt, das unverzüglich heruntergespielt wird, aber eine Spur bleibt, in Form von Zweifel: «Hat er das sagen wollen, oder interpretiere ich alles falsch?» Wenn das Opfer versucht, von seinen Zweifeln zu sprechen, wird es als Paranoiker abgestempelt, der alles falsch versteht.

Die Paradoxie ergibt sich meistens aus dem Abstand zwischen dem Gesprochenen und dem Ton, in dem dies geäußert wurde. Dieser Abstand veranlaßt die Zeugen, die Tragweite des Dialogs völlig falsch einzuschätzen.

Die Paradoxie besteht ebenfalls darin, den anderen Spannung und Feindseligkeit spüren zu lassen, ohne daß etwas ihn Betreffendes ausgesprochen worden wäre. Es sind indirekte Aggressionen, wo der Perverse Objekten die Schuld gibt. Er kann Türen zuschlagen, Gegenstände herumschmeißen und dann die Aggression abstreiten.

Eine paradoxe Rede macht den anderen ratlos. Da er nicht ganz sicher ist, was er empfindet, neigt er dazu, seine Haltung zu karikieren oder sich zu rechtfertigen.

Die paradoxen Botschaften sind nicht leicht zu orten. Ihr Zweck ist es, den anderen zu destabilisieren, indem sie ihn derartig verwirren, daß man die Kontrolle behält; indem man ihn in sich widersprechenden Gefühlen fängt. Man versetzt ihn in eine heikle Lage und vergewissert sich, daß man ihm unrecht geben kann. Wir haben es gesagt: Der Zweck all dessen ist es, die Gefühle und das Verhalten des anderen zu kontrollieren und es sogar so einzurichten, daß er am Ende zustimmt und sich selbst herabsetzt, mit dem Ziel, ihn zu beherrschen.

Die Partner der Perversen entscheiden sich meistens aus Versöhnlichkeit, alles, was gesagt wird, in einem buchstäblichen Sinn zu verstehen, und sie verdrängen die widersprechenden nichtverbalen Signale: «Wenn ich drohe fortzugehen, sagt mir mein Mann, daß er an unserer Beziehung hängt. Selbst wenn er verletzend, demütigend ist, muß das ja irgendwie wahr sein!»

Im Unterschied zu einem normalen Konflikt gibt es keinen wirklichen Kampf mit einem narzißtischen Perversen, aber auch keine Versöhnung. Er hebt niemals die Stimme, legt nur kalte Feindseligkeit an den Tag, die er abstreitet, wenn man eine Bemerkung dazu macht. Der andere erregt sich oder schreit. Dann ist es leicht, sich über seinen Zorn lustig zu machen und ihn ins Lächerliche zu ziehen.

Selbst in diesen Fällen eines anscheinend offenen Konflikts wird der Grund der Uneinigkeit nie wirklich genannt, weil das Opfer nie weiß, woran es ist. Es fühlt sich immer als jemand, der alles verkehrt macht, und häuft in sich Groll an. Wie undeutliche Eindrücke benennen, Ahnungen, Gefühle? Nichts ist jemals konkret.

Wenn diese destabilisierenden Techniken auch von jedermann angewendet werden können – der Perverse tut es systematisch und ohne irgendeinen Ausgleich oder eine Entschuldigung.

Indem er jede Kommunikation durch paradoxe Botschaften blockiert, macht der narzißtische Perverse es dem anderen unmöglich, angemessene Antworten zu geben, da er die Situation nun einmal nicht versteht. Er reibt sich damit auf, Lösungen auszudenken, die in jedem Falle ungeeignet sind, und er versinkt notgedrungen in Angst oder Depression, wie groß seine Widerstandskraft auch sein mag.

Beim Paar entspricht dieser Typus von Kommunikation einem inneren Zusammenhalt und führt eine Zeitlang zu einer gewissen Stabilität. Mit dem Ziel, die Homeostasie zu wahren, wird alles, was das Paar entzweien könnte, von beiden Seiten zurückgewiesen; dies führt zwar zu einer Stabilität durch Leid, wahrt aber immerhin die Festigkeit der Beziehung. In anderen Situationen hat das Opfer keine andere Wahl als zu dulden.

Die perverse Kommunikation besteht oft aus subtilen Botschaften, die nicht sofort als aggressiv oder zerstörerisch wahrgenommen werden, weil andere Botschaften, zur selben Zeit ausgesandt, sie verwischen. Sehr häufig gelingt es erst, sie zu entschlüsseln, wenn der Empfänger dem beherrschenden Einfluß entkommen ist.

*Erst als sie sie als Erwachsene wiederfand, erfaßte sie die Zweideutigkeit der Postkarten, die der Stiefvater ihr geschickt hatte, als sie ein junges Mädchen war. Es handelte sich um nackte Frauen am Strand. Auf der Rückseite schrieb der Stiefvater: «Ich denke viel an Dich!» Seinerzeit hatte sie darin ein Zeichen der Aufmerksamkeit gesehen, und trotzdem war sie in Zorn geraten. Dieses Sichbewußtwerden er-*

*laubte ihr nun, auch andere Botschaften zu entschlüsseln,*
*die sie damals nicht verstanden hatte, die ihr aber Unbeha-*
*gen bereitet hatten, wie auf ihre Brüste gerichtete Blicke*
*oder schlüpfrige Scherze.*

Diese Illustration des Begriffs der «Inzesthaftigkeit» (l'ince-
stualité), wie Racamier ihn definiert hat, zeigt, wie unscharf
die Grenze ist zwischen seelischer Perversion und sexueller
Perversion. In beiden Fällen benützt man den anderen als
ein Objekt. Die «Entgeistigung» (démentalisation) entwer-
tet ein Individuum und würdigt es herab, greift aber über
auf die Umgebung, die nicht mehr weiß, wer was getan und
wer was gesagt hat. Über die «angepeilte» Person hinaus,
die man lähmen muß, damit sie den Mund hält, gerät die
ganze Familie oder die berufliche Umgebung oder der Be-
kanntenkreis in einen Zustand großer Verwirrung.

Ein anderer gemeinsamer Punkt: eine Verlagerung der
Schuld. Dank einem Phänomen der Übertragung wird die gesamte Schuld dem Opfer aufgebürdet, das sie auch übernimmt. Es vollzieht sich eine Introjektion der Schuld beim Opfer: «Alles ist meine Schuld!» und für den narzißtischen
Perversen eine Projizierung hinaus aus sich selbst, indem er die
Schuld auf den anderen abwälzt: «Es ist seine/ihre Schuld!»

## Herabsetzen

Es geht darum, jemandem jede gute Eigenschaft zu nehmen;
ihm zu sagen und zu wiederholen, daß er nichts wert ist, bis
man ihn so weit gebracht hat, daß er es glaubt.

Wir haben es gesehen, das geschieht zunächst in einer un-
tergründigen Art und Weise im Bereich der nichtverbalen
Kommunikation: verächtliche Blicke, enervierte Seufzer,
Hintergedanken, destabilisierende oder gehässige Andeutungen, unfreundliche Bemerkungen, indirekte Kritik, verborgen in einem Scherz, Spötteleien.

Solange diese Aggressionen indirekt sind, ist es schwierig, sie eindeutig als solche anzusehen, und folglich, sich dagegen zu wehren. Falls die Worte auch nur im geringsten auf eine Identitätsschwäche treffen, auf einen schon vorher vorhandenen Mangel an Selbstvertrauen, oder wenn sie sich an ein Kind richten, so werden sie verinnerlicht, als wahr angesehen. «Du bist ein Taugenichts», «Du bist eine solche Null (oder so häßlich), daß außer mir niemand etwas von Dir wissen will; ohne mich wärst du ganz allein!» Der Perverse verführt den anderen und zwingt ihm seine verfälschte Sicht der Wirklichkeit auf.

Ausgehend von diesem direkt geäußerten oder unausgesprochenen Satz: «Du bist eine Null», macht sich das Opfer dieses Urteil zu eigen: «Ich bin eine Null» und wird dann tatsächlich eine Null. Der Satz wird als solcher nicht kritisiert. Man wird zur Null, weil der andere verfügt hat, daß man eine sei.

Die Herabsetzung auf dem Weg über den Einsatz der Paradoxie, der Lüge und anderer Vorgehensweisen erstreckt sich vom erwählten Zielobjekt auf dessen Umgebung, seine Familie, seine Freunde, seine Bekannten: «Er/sie kennt nur Idioten!»

All diese Strategien sind dazu bestimmt, den anderen niederzumachen, um sich selbst besser zur Geltung zu bringen.

## Trennen, um besser herrschen zu können

Sunzi sagt überdies: «Verwirrt die gegnerische Regierung, sät Streit unter den Anführern, indem ihr die Eifersucht oder das Mißtrauen schürt, reizt zur Undiszipliniertheit, liefert Gründe zur Unzufriedenheit (...). Die Todesdivision ist die, mit welcher wir versuchen, durch tendenziöse Gerüchte, die bis an den Hof des feindlichen Herrschers dringen, seine Generäle in Mißkredit und Verruf zu bringen.»

Äußerst geschickt ist der Perverse in der Kunst, die einen gegen die anderen aufzuhetzen, Rivalitäten und Eifersüchteleien zu stiften. Das kann durch Andeutungen geschehen, indem man Zweifel sät: «Findest Du nicht, daß die Soundso ....?», oder indem man die Äußerungen des einen über den anderen verrät: «Dein Bruder hat mir gesagt, er meine, Du hättest Dich schlecht benommen», oder indem man mittels Lügen Leute gegeneinander aufhetzt.

Den höchsten Genuß bereitet es einem Perversen, die Vernichtung eines Individuums von einem anderen vollbringen zu lassen und diesem Kampf beizuwohnen, aus dem die beiden auf jeden Fall geschwächt hervorgehen, was seine persönliche Allmacht erhöht.

In einem Unternehmen drückt sich das aus in Klatsch, Andeutungen, Vorrechten für einen Angestellten gegenüber einem anderen, wechselnden Bevorzugungen. Das bedeutet auch, Gerüchte in Umlauf zu bringen, die auf kaum merkliche Art und Weise dazu führen, das Opfer zu verletzen, ohne daß es ihren Ursprung ausfindig machen könnte.

Den Zweifel zu nähren durch Anspielungen, durch Nichtausgesprochenes, ist in der Paarbeziehung ein probates Mittel, den Partner zu quälen und in Abhängigkeit zu halten, indem man seine Eifersucht schürt. Diese beläßt ihn im Zweifel – im Gegensatz zum Neid, der wohlbekannte Motivationen auslöst.

Den anderen zur Eifersucht zu treiben, das ist der Leitfaden in Shakespeares *Othello*. Othello ist nicht von Natur aus eifersüchtig, er wird beschrieben als edel und großherzig, wenig geneigt, an die Existenz des Bösen bei anderen zu glauben. Er ist nicht rachsüchtig, nicht einmal ungestüm. Eifersüchtig wird er infolge der gerissenen Machenschaften Jagos, und der Unglückliche weigert sich ja auch zunächst, an die Untreue seiner Frau zu glauben, er vertraut ihr voll und ganz, wie er auch Jago vertraut. Jago verrät in einem Monolog, er tue gern Böses, aus Freude am Bösen. Später gesteht er, die Tugend, der Adel eines redlichen Mannes wie bei Cassio, die Reinheit Desdemonas erregten sein Mißfallen und reizten ihn, diese Tugend, diese Schönheit zu zerstören («So zeigt sein Leben täglich eine Schönheit, die mich verhäßlicht»). Das ist Lust an der Niedertracht, die Gier, ausgeklügelte Machenschaften anzuzetteln und mit Intelligenz zum Erfolg zu führen!

Die Eifersucht beim anderen anzustacheln, ist für den Perversen auch nur ein Mittel, um nicht ins Schußfeld von Zorn und Haß zu geraten. Das ist etwas, was sich zwischen dem Partner und dessen Rivalen abspielt. Er, der Perverse, zählt die Punkte. Er macht sich die Hände nicht schmutzig. Indem er den anderen zur Eifersucht verführt, zieht er, der im Grunde nur ein Neider ist, ihn auf die gleiche Ebene herab: «Du und ich, wir sind gleich!»

Wir haben gesehen, daß das Opfer nicht wagt, seinen perversen Partner unmittelbar anzugreifen. Sich auf das Feld der Eifersucht zu begeben, ist wieder eine Form, ihn weiterhin zu schützen, indem man es vermeidet, ihm die Stirn zu bieten. Es fällt leichter, einem Dritten zu trotzen, den der Perverse als Bollwerk, aber auch als Beute vorschiebt.

## Seine Herrschaft aufzwingen

Man begegnet hier einer Folgerichtigkeit des Machtmißbrauchs, bei dem der Stärkere den anderen unterwirft. «Die Machtergreifung» geschieht durch das Wort. Es geht darum, den Eindruck erwecken, mehr zu wissen, eine Wahrheit zu besitzen, «die» Wahrheit. Die Rede des Perversen ist ein allumfassender Diskurs, der Behauptungen formuliert, die universal gültig scheinen. Der Perverse «weiß», er hat recht, er versucht, den anderen auf sein Terrain zu ziehen, indem er ihn dazu bringt, ihm zuzustimmen. Er sagt nicht: «Ich mag den Soundso nicht!» sondern «Der Soundso ist ein Arschloch. Das weiß doch jeder, und es ist unmöglich, daß Du es nicht auch denkst!»

Danach stellt sich eine Verallgemeinerung ein, die darauf beruht, daß diese Äußerung Allgemeingültigkeit erlangt. Der Gesprächspartner sagt sich: «Er muß recht haben, er scheint zu wissen, wovon er spricht!» Damit ziehen die narzißtischen Perversen Partner an, die ihrer selbst nicht sicher sind, die dazu neigen zu glauben, daß die anderen es besser wissen. Die Perversen verleihen schwächeren Partnern vollkommene Sicherheit.

Diese sich selbst genügenden Reden, bei denen alles im voraus entschieden ist, sind in Ansatz und Methode dem paranoischen Deutungswahn nicht unähnlich. Ein Paranoiker muß an jedem etwas auszusetzen finden, selbst wenn die Anlässe seiner Verleumdungen völlig zufällig sind; bisweilen sind sie geknüpft an eine Möglichkeit, die der andere ihm bietet, doch meist an den Zufall der äußeren Umstände.

Ein Prozeß der Beherrschung nimmt seinen Lauf: Das Opfer unterwirft sich, es wird unterjocht, überwacht, manipuliert. Wenn es rebelliert, wird man seine Aggressivität und seine Bosheit anprangern. Auf jeden Fall kommt ein totalitärer Ablauf in Gang, begründet auf Angst und darauf gerichtet, passiven Gehorsam zu erreichen: Der andere muß sich benehmen, wie der Perverse es erwartet; er muß denken nach dessen Regeln. Keinerlei kritisches Denken ist mehr möglich. Der andere ist nur noch in dem Maße vorhanden, als er in der Stellung eines Doppelgängers verharrt, die ihm zugewiesen ist. Es geht darum, jeden Unterschied auszulöschen, ihn zu leugnen.

Der Aggressor schafft dieses Verhältnis der Beeinflussung nur zu seinem Vorteil und auf Kosten der Interessen des anderen. Die Beziehung zum anderen ist eine Beziehung in Abhängigkeit – Abhängigkeit, die dem Opfer zugeschrieben wird, die aber der Perverse entwirft. Jedesmal, wenn der narzißtische Perverse Bedürfnisse nach eigener Abhängigkeit äußert, richtet er es so ein, daß man ihn nicht zufriedenstellen kann: sei es, daß das Verlangen die Fähigkeiten des anderen übersteigt und der Perverse das ausnutzt, um sein Unvermögen zu brandmarken; sei es, daß das Verlangen in einem Augenblick vorgebracht wird, wo man ihm nicht entsprechen kann.

Er sucht die Ablehnung, weil es ihn beruhigt zu sehen, daß das Leben für ihn genau so ist, wie er es immer schon wußte.

Die perverse Gewalt ist zu unterscheiden vom unmittelbaren Machtmißbrauch oder der Tyrannei. Die Tyrannei ist eine Form, Macht durch Zwang zu erlangen. Die Unterdrückung ist greifbar. Der eine unterwirft sich, weil der andere unverhohlen die Macht hat. Beim unmittelbaren Machtmißbrauch geht es ums Beherrschen, um Dominanz.

Ein Beispiel direkten Machtmißbrauchs gibt uns Einstein. Da er der Anwesenheit Mileva Marićs, der Mutter seiner beiden Kinder, überdrüssig ist, aber nicht gewillt ist, die Initiative zu einem Bruch zu ergreifen, stellt er schriftlich drakonische und demütigende Bedingungen für die Fortsetzung eines gemeinsamen Lebens:

*Bedingungen*

A. Du sorgst dafür
1) daß meine Kinder und Wäsche ordentlich im Stand gehalten werden.
2) daß ich die drei Mahlzeiten *im Zimmer* ordnungsgemäß vorgesetzt bekomme.
3) daß mein Schlafzimmer und Arbeitszimmer stets in guter Ordnung gehalten sind, insbesondere, daß der Schreibtisch *mir allein* zur Verfügung steht.
B. Du verzichtest auf alle persönlichen Beziehungen zu mir, soweit deren Aufrechterhaltung aus gesellschaftlichen Gründen nicht unbedingt geboten ist. Insbesonders verzichtest Du darauf
1) daß ich zu Hause bei Dir sitze
2) daß ich zusammen mit Dir ausgehe oder verreise.
C. Du verpflichtest Dich ausdrücklich, im Verkehr mit mir folgende Punkte zu beachten
1) Du hat weder Zärtlichkeiten von mir zu erwarten noch mir irgendwelche Vorwürfe zu machen.

2) Du hast eine an mich gerichtete Rede sofort zu sistieren, wenn ich darum ersuche.
3) Du hast mein Schlaf- bzw. Arbeitszimmer sofort ohne Widerrede zu verlassen, wenn ich darum ersuche.
D. Du verpflichtest Dich, weder durch Worte noch durch Handlungen mich in den Augen meiner Kinder herabzusetzen.[21]

Hier ist der Machtmißbrauch deutlich, er ist sogar niedergeschrieben. Bei einem Perversen ist das Beherrschen hinterhältig und wird abgeleugnet. Die Unterwerfung des anderen genügt nicht; man muß sich seines Wesens bemächtigen.

Die perverse Gewalt stellt sich schleichend ein, manchmal unter der Maske von Freundlichkeit oder Wohlwollen. Der Partner ist sich der Gewalt nicht bewußt, er kann bisweilen sogar die Illusion hegen, er bestimme die Spielregeln. Niemals gibt es einen offenen Konflikt. Wenn diese Gewalt sich insgeheim weiter entfalten kann, dann liegt bereits eine echte Verzerrung der Beziehung zwischen dem Perversen und seinem Partner vor.

---

[21] Brief Albert Einsteins vom 18. Juli 1914 an Mileva Einstein-Marić, in Schulmann, Robert/Kox, A. J./Janssen, Michel/Illy, József (Hrsg.), The Collected Papers of Albert Einstein, Bd. 8: The Berlin Years: Correspondence, 1914–1918, Princeton/New Jersey 1998, S.44.

## 5. Die perverse Gewalt

Sich dem beherrschenden Einfluß zu widersetzen bedeutet, sich dem Haß auszusetzen. In diesem Stadium wird der andere, der nur als nützliches Objekt existierte, ein gefährliches Objekt, das man sich, egal mit welchen Mitteln, vom Halse schaffen muß. Die perverse Strategie tritt offen ans Licht.

### Der Haß wird gezeigt

Die Phase des Hasses tritt offen zutage, wenn das Opfer widersteht, wenn es versucht, als Person aufzutreten und ein wenig Freiheit zu gewinnen. Ungeachtet vieldeutiger Gesamtumstände versucht es, eine Grenze zu ziehen. Ein auslösendes Ereignis läßt es sagen: «Das reicht!» sei es, weil ein äußeres Geschehen ihm erlaubt hat, sich seiner Unterjochung bewußt zu werden – im allgemeinen geschieht das, wenn es gesehen hat, wie sich sein Aggressor auf einen anderen stürzt; sei es, wenn der Perverse einen anderen potentiellen Partner gefunden hat und versucht, den vorigen zum Fortgehen zu drängen, indem er seine Gewalt verstärkt.

In dem Moment, da das Opfer den Eindruck erweckt, ihm zu entschlüpfen, überkommt den Aggressor ein Gefühl von Panik und Raserei; er tobt.

Wenn das Opfer ausspricht, was es empfindet, muß man es zum Schweigen bringen.

Das ist eine Phase des Hasses im Reinzustand, äußerst heftig, mit Tiefschlägen und Beschimpfungen, mit Worten, die herabsetzen und demütigen, die alles ins Lächerliche ziehen, was dem anderen eigentümlich ist. Dieser Panzer aus

Sarkasmus schützt den Perversen vor dem, was er am meisten fürchtet: der Kommunikation.

In seinem Bemühen, um jeden Preis einen Meinungsaustausch zu erreichen, stellt sich der andere bloß. Je mehr er sich bloßstellt, um so mehr wird er angegriffen, und um so mehr leidet er. Das Schauspiel dieses Leidens ist dem Perversen unerträglich: Er verstärkt seine Aggression, um sein Opfer zum Schweigen zu bringen. Wenn der andere seine Schwächen erkennen läßt, beutet der Perverse sie sogleich gegen ihn aus.

Der Haß bestand schon während der Phase des beherrschenden Einflusses, aber der Perverse hatte ihn versteckt, maskiert, um diese Beziehung in einem Zustand der Starre fortbestehen zu lassen. All das, was bereits in geheimer Form vorhanden war, tritt von nun an zutage. Das Unternehmen der Zerstörung wird systematisch.

Es handelt sich hier nicht um Liebe, die sich in Haß wandelt, wie man zu glauben geneigt ist, sondern um Mißgunst, die sich in Haß verwandelt. Es geht auch nicht um diesen Wechsel Liebe – Haß, den Lacan «hainamoration»[22] nannte; denn auf der Seite des Perversen hatte es niemals Liebe im eigentlichen Sinn des Wortes gegeben. Man kann sogar, in Anlehnung an Maurice Hurni und Giovanna Stoll[23], vom Haß der Liebe sprechen, um die perverse Beziehung zu beschreiben: Zunächst ist es Nicht-Liebe unter dem Deckmantel des Verlangens – nicht nach einer Person selbst, sondern nach dem, was sie noch zusätzlich hat und der Perverse sich aneignen möchte. Dann ist es ein versteckter Haß, geknüpft an die Frustration, vom anderen nicht so viel zu bekommen, wie man gern hätte. Wenn der Haß offen zum Ausbruch kommt, dann mit dem Wunsch nach Zerstörung, der Vernichtung des anderen. Selbst im Laufe der Zeit wird der Perverse diesem

---

[22] Kunstwort, gefügt aus «haine» (Haß) und dem lateinischen Wort «amor» (Liebe).

[23] M. Hurni und G. Stoll, La Haine de l'amour (la perversion du lien), Paris 1996.

Haß nicht entsagen. Das ist eine selbstverständliche Gewißheit für ihn («Weil es so ist!»), selbst wenn die Beweggründe für diesen Haß für alle anderen inkohärent sind.

Wenn er diesen Haß begründet, dann mit einer Belästigung des anderen, die ihn wiederum zu Notwehr veranlassen würde. Dabei zeigen sich bei ihm – wie bei Paranoikern – die Vorstellungen von Schaden oder Verfolgung, als Vorgriff auf die erwarteten Verteidigungsreaktionen, die zu strafbaren Verhaltensweisen führen, aber auch eine prozeßsüchtige Betriebsamkeit. Alles, was schiefläuft, ist Schuld der anderen, die sich gegen ihn verschworen haben.

Durch ein Phänomen der Projektion entspricht der Haß des Aggressors dem Ausmaß des Hasses, den, wie er glaubt, das Opfer ihm entgegenbringt. Für ihn wird er zu einem zerstörerischen Ungeheuer, gewalttätig, unheilvoll. In Wirklichkeit vermag das Opfer in diesem Stadium weder Haß noch Zorn zu empfinden, wodurch es sich wenigstens schützen könnte. Der Aggressor schreibt ihm böse Absicht zu und kommt dem zuvor, indem er als erster angreift. Das Opfer macht sich in jedem Fall und ständig des Delikts der bösen Absicht schuldig.

Dieser Haß ist, projiziert auf den anderen, für den narzißtischen Perversen ein Mittel, sich vor größeren Störungen – aus dem Bereich der Psychose – zu schützen. Er ist auch Mittel – falls er sich auf eine neue Beziehung eingelassen hat – sich gegen jeden unbewußten Haß auf den neuen Partner zu schützen. Indem man den Haß auf den vorherigen fokussiert, schützt man den neuen, dem man alle Tugenden zuschreibt. Wenn das Opfer dieses Hasses sich bewußt wird, daß es dazu dient, die neue Beziehung mit dem Rivalen oder der Rivalin zu stärken, muß es sich um so mehr in der Falle gefangen und manipuliert fühlen.

Die Welt der narzißtischen Perversen ist aufgeteilt in Gut und Böse. Es tut nicht gut, zur bösen Seite zu gehören. Trennung oder Abstandnehmen tragen keineswegs dazu bei, diesen Haß zu besänftigen.

Bei diesem Vorgang hat jeder Angst vor dem anderen: Der Aggressor fürchtet die Allmacht, die er auf seiten seines Opfers wähnt; das Opfer fürchtet die psychische, aber auch die physische Gewalt seines Aggressors.

## Die Gewalt wird ausgeübt

Es handelt sich um kalte, verbale Gewalt, die aus Verleumdung besteht, aus feindlichen Andeutungen, Zeichen der Herablassung und aus Beleidigungen. Die zerstörerische Wirkung beruht auf der Wiederholung anscheinend harmloser, aber anhaltender Aggressionen, von denen man weiß, daß sie niemals aufhören werden. Es handelt sich um eine lebenslängliche Aggression. Jede Beleidigung ist Echo vorhergehender Beleidigungen und hindert das Vergessen – was sich das Opfer wünschen würde, der Aggressor ihm aber verweigert.

An der Oberfläche bemerkt man nichts, oder fast nichts. Es ist eine Katastrophe, die die Familien, die Institutionen oder die Individuen implodieren läßt. Selten ist die Gewalt körperlich, falls es dazu kommt, ist sie Folge einer zu heftigen Reaktion des Opfers. In diesem Fall läge ein perfektes Verbrechen vor.

Die Drohungen sind immer indirekt, verschleiert: Man richtet es so ein, daß das Opfer von gemeinsamen Freunden, die selbst manipuliert sind, oder von den Kindern erfährt, was geschehen wird, wenn das Opfer sich nicht nach den Wünschen seines Partners richtet. Man läßt Briefe oder Telegramme los, die von den Opfern häufig als Paket- oder Zeitbomben beschrieben werden.

Wenn sich einer subtilen Gewalt (Erpressung, verschleierte Drohungen, Einschüchterungen) wirkliche Gewalttaten, bis zum Mord, hinzugesellen, dann ist das perverse Spiel ins Schleudern geraten; denn der Perverse zieht es vor, mittelbar zu töten – oder, genauer, den anderen dahin zu bringen, sich selbst zu töten.

Die Zeichen der Feindseligkeit zeigen sich nicht in Momenten der Erregung oder Krise. Sie sind beständig da, andauernd, in kleinen Andeutungen, jeden Tag oder mehrmals pro Woche, monatelang, ja sogar jahrelang. Sie äußern sich nicht in zornigem Benehmen, sondern in einem kalten, das eine Wahrheit ausdrückt oder eine Gewißheit. Ein Perverser weiß, wie weit er gehen kann; er weiß seine Gewalt abzuwägen. Wenn er spürt, daß man ihm widersteht, macht er geschickt kehrt.

Die Aggression wird in kleinen Dosen verabreicht, wenn Zeugen zugegen sind. Wenn das Opfer reagiert und der Provokation in die Falle geht, indem es den Ton hebt, so scheint es, als sei es das Opfer, das aggressiv ist, und der Aggressor spielt sich als Opfer auf.

Die Andeutungen beziehen sich auf Erinnerungsspuren, die zu erkennen allein die Opfer imstande sind. Es geschieht nicht selten, daß die Richter, die angerufen werden, über diese komplizierten Verhältnisse zu entscheiden, in einem Scheidungsfall zum Beispiel, trotz ihres Mißtrauens und ihrer Vorsichtsmaßnahmen selbst unsicher werden und eben dadurch ihrerseits manipulierbar.

Es handelt sich um das, was Emil Coccaro in einer Studie über die Biologie der Aggressivität als «Raubtieraggressivität» bezeichnet hat. Es handelt sich um die Handlung von Individuen, die ihr Opfer auswählen und ihren Angriff planen, ungefähr so, wie es ein Raubtier mit seiner Beute tut. Die Aggression ist nur das Werkzeug, das es dem Aggressor ermöglicht zu bekommen, was er will.

Desgleichen ist es eine asymmetrische Gewalt. Bei der symmetrischen Gewalt akzeptieren beide Gegner die Konfrontation und den Kampf. Hier aber erklärt sich der, der die Gewalt in die Tat umsetzt, für naturgemäß überlegen; und im allgemeinen stimmt der, der die Gewalt erleidet, dem zu. Dieser Typus hinterhältiger Gewalt wurde von Reynaldo Perrone «Strafgewalt» genannt. In diesem Fall gibt es keine Pause, keine Versöhnung – daher diese versteckte, intime Gewalt, die sich hinter verschlossenen Türen abspielt. Nichts sickert nach draußen. Derjenige, der dem anderen das Leid auferlegt, ist der Meinung, dieser verdiene es und habe kein Recht, sich zu beklagen. Wenn das Opfer widersteht und gerade dadurch aufhört, sich als fügsames Objekt zu betragen, wird es als bedrohlich oder aggressiv angesehen. Derjenige, der anfangs Wegbereiter der Gewalt war, spielt sich als Opfer auf. Das Schuldgefühl unterdrückt dann die Abwehrreaktion des ursprünglichen Opfers. Jede Reaktion der Erregung oder des Leids zieht beim Aggressor eine Steigerung der Gewalt oder ein Ablenkungsmanöver (Gleichgültigkeit, geheuchelte Verwunderung ...) nach sich.

Der Prozeß, der sich einstellt, gleicht einem wechselseitig phobischen Prozeß: Allein schon die Vorstellung der gehaßten Person reizt den Perversen zu kalter Wut; allein schon die Vorstellung seines Peinigers löst beim Opfer einen Prozeß der Angst aus.

Wenn ein Perverser eine Beute gewählt hat, läßt er sie nicht mehr los. Häufig läßt er offen wissen: «Ab jetzt wird es mein einziges Lebensziel sein, ihr das Leben zur Hölle zu machen.» Und er findet Mittel und Wege, dies zu bewerkstelligen.

Der kreisförmige Prozeß, einmal in Gang gekommen, kann nicht von alleine anhalten, weil das pathologische Repertoire eines jeden sich erweitert: Der Perverse wird immer demütigender und gewaltsamer, das Opfer immer ohnmächtiger und tiefer verletzt. Nichts beweist, was sich da wirklich abspielt. Wenn körperliche Gewalt vorliegt, gibt es äußere Beweismittel: ärztliche Protokolle, Augenzeugen, Feststellungen der Polizei. Bei einer perversen Aggression gibt es keinerlei Beweis. Sie ist eine «saubere» Gewalt. Man sieht nichts.

## Der andere wird in die Enge getrieben

Während der Phase des beherrschenden Einflusses ist das Vorgehen des narzißtischen Perversen vor allem darauf gerichtet, sein Opfer am Denken zu hindern. In der folgenden Phase löst er in ihm Gefühle, Taten, Reaktionen aus, und zwar mittels Befehlsmechanismen.

Wenn der andere über ausreichende perverse Abwehrmittel verfügt, um das Spiel des «Sichüberbietens» zu spielen, entbrennt ein perverser Kampf, der nur durch das «Sichergeben» des weniger Perversen der beiden ein Ende finden kann.

Der Perverse versucht, sein Opfer dahin zu drängen, daß es gegen ihn vorgeht, um es dann als «bösartig» anzuschwärzen. Worauf es ankommt, ist, daß das Opfer als verantwortlich erscheint für das, was ihm zustößt. Der Aggressor bedient sich einer Schwachstelle des anderen – einer Neigung zu Depression, Hysterie oder cholerischen Ausbrüchen –, um ihn zum Zerrbild werden zu lassen und ihn dahin zu bringen, daß er sich selbst diskreditiert. Den anderen zu einem Fehler zu treiben, berechtigt ihn zu tadeln oder herabzusetzen, aber vor allem verschafft ihm das ein schlechtes Selbstbild und verstärkt so sein Schuldgefühl.

Wenn das Opfer nicht genügend Selbstkontrolle hat, so reicht es aus, Provokation und Mißachtung zu erhöhen, um eine Reaktion zu erreichen, die man ihm anschließend vorwerfen kann. Besteht die Reaktion zum Beispiel in Zorn, so richtet man es so ein, daß dieses aggressive Verhalten von allen bemerkt wird, so daß selbst ein Außenstehender sich veranlaßt fühlen könnte, die Polizei zu rufen. Es gibt sogar Perverse, die den anderen zum Selbstmord verleiten: «Mein armes Kind, Du hast nichts zu erhoffen vom Leben, ich verstehe nicht, weshalb Du nicht längst aus dem Fenster gesprungen bist!» Danach ist es leicht für den Aggressor, als Opfer eines Geisteskranken aufzutreten.

Angesichts eines Menschen, der alles lähmt, fühlt sich das Opfer in die Enge getrieben und muß handeln. Aber da es durch den beherrschenden Einfluß gehemmt ist, kann es das nicht, außer in einem gewaltsamen Ausbruch, um seine Freiheit wiederzufinden. Ein Außenstehender deutet jede impulsive Handlung, insbesondere, wenn sie gewaltsam ist, als pathologisch. Derjenige, der auf die Provokation reagiert, erscheint als verantwortlich für die Krise. Schuldig in den Augen des Perversen, scheint das Opfer für die Außenstehenden der Aggressor zu sein. Was diese nicht sehen, ist, daß das Opfer in die Ecke gedrängt worden ist, wo es auf keinen *Modus vivendi* mehr Rücksicht nehmen kann, der ja für das Opfer eine Falle ist. Es steckt in der Zwickmühle und kann sich, was es auch tun mag, nicht befreien: Wenn es widersteht, ist es der Urheber des Konflikts. Wenn es nicht widersteht, läßt es zu, daß die demütigende Zerstörung sich fortsetzt und ausbreitet.

Dem narzißtischen Perversen bereitet es um so mehr Vergnügen, die Schwäche des anderen anzupeilen oder seine Gewalttätigkeit auszulösen, als das Opfer sich damit ja selbst desavouiert. Nun kann es wirklich nicht mehr stolz auf sich sein. Eine solche punktuelle Reaktion genügt, um ihm das Etikett Choleriker oder Alkoholiker oder Selbstmordkandidat anzuheften. Das Opfer fühlt sich entwaffnet, sucht sich zu rechtfertigen, als sei es tatsächlich schuldig. Das Vergnügen des Perversen ist ein doppeltes: beim Irreführen oder Demütigen des Opfers; und dann, wenn es immer wieder die Erinnerung an die Demütigung wachruft. Das Opfer trägt schwer daran, während der narzißtische Perverse seinen Vorteil aus der Situation zieht, indem er – ohne es zu sagen – darauf achtet, selbst als Opfer aufzutreten.

Da nichts gesagt wurde, da keinerlei Vorwurf erhoben wurde, ist keinerlei Rechtfertigung möglich. Um einen Ausweg aus dieser unmöglichen Situation zu finden, kann das Opfer versucht sein, sich selbst des Nichtausgesprochenen und der Manipulation zu bedienen. Die Beziehung wird zweideutig: Wer ist der Aggressor, wer ist der Angegriffene?

Das Wunschbild des Perversen ist, daß der andere «böse» wird, was seine eigene Boshaftigkeit in den Normalzustand verwandeln würde. Er versucht, dem anderen das zu injizieren, was in ihm selbst an Bosheit ist. Verderben ist das oberste Ziel! Es gibt keine größere Genugtuung, als wenn er das Objekt seines Angriffs dazu verführt, seinerseits zerstörerisch zu werden, oder wenn er gar mehrere Menschen dazu bringt, aufeinander loszugehen, sich gegenseitig zu zerfleischen.

Alle Perversen, sexuelle oder narzißtische, suchen die anderen in ihr Aktionsfeld zu ziehen und sie dann zu verleiten, die Regeln umzukehren. Ihre Zerstörungskraft hängt stark von der Propaganda ab, mit der sie ihrer Umgebung beweisen, wie «böse» der Angegriffene doch ist! Daß es also normal ist, ihm die Schuld zu geben! Manchmal haben sie Erfolg und schaffen sich Verbündete, die sie aus ihren Grenzen herauslocken durch Äußerungen voller Spott und Mißachtung aller moralischen Werte.

Die anderen nicht mitzureißen auf das Feld der Gewalt, ist für den Perversen eine Schlappe; es ist folglich das einzige Mittel, die Ausbreitung des perversen Prozesses einzudämmen.

# 6. Der Aggressor

Jede Person in einer Krise kann versucht sein, perverse Mechanismen zu benützen, um sich zu schützen. Die Charakterzüge einer narzißtischen Persönlichkeit sind ziemlich allgemein verbreitet (Egozentrik; Bedürfnis, bewundert zu werden; Unduldsamkeit gegenüber Kritik); darum sind sie noch nicht pathologisch. Im übrigen ist es uns allen schon passiert, daß wir einen anderen manipuliert haben, um einen Vorteil zu erlangen, und wir alle haben flüchtig zerstörerischen Haß empfunden. Von den perversen Individuen unterscheidet uns, daß diese Verhaltensweisen oder Empfindungen nur vorübergehende Reaktionen waren, gefolgt von Gewissensbissen oder Reue. Ein Neurotiker nimmt alles auf sich und ringt mit sich. Perversität schließt eine Strategie der Ausnützung und anschließenden Zerstörung anderer mit ein; ohne irgendwelche Schuldgefühle.

Zahlreich sind die Psychoanalytiker, die behaupten, es gebe eine gewisse normale Perversität bei jedem Individuum: «Wir sind alle polymorph Perverse!» Sie verweisen auf den perversen Anteil, dem man bei jedem Neurotiker findet und der ein Schutzmechanismus ist. Ein narzißtischer Perverser lebt aber nur der Befriedigung seines Zerstörungstriebs.

## Die narzißtische Perversion

Der Ausdruck Narzißmus erscheint zum ersten Mal 1910 bei Freud im Zusammenhang mit der Homosexualität. Später unterscheidet er den primären vom sekundären Narzißmus. Dieser Begriff des primären Narzißmus ist Gegenstand zahlreicher Abhandlungen in der psychoanalytischen

Literatur. Wir lassen diese Diskussion beiseite, wollen aber anmerken, daß Freud in den ersten Zeilen von «Zur Einführung in den Narzißmus» erklärt, er habe den Ausdruck bei P. Näcke entlehnt (1899), der ihn gebraucht hatte, um eine Perversion zu beschreiben. In der Tat hat Näcke wirklich das Wort *Narzißmus* geprägt, aber um zu Gedanken von H. Ellis Stellung zu nehmen, der 1898 als erster ein perverses Verhalten in Verbindung mit dem Mythos von Narziß beschrieben hatte.

Wenn Freud die Existenz anderer Triebe als der sexuellen anerkennt, so spricht er im Zusammenhang mit ihnen nicht von Perversion. Im Adjektiv *pervers* steckt eine Zweideutigkeit, die den beiden Substantiven «Perversität» und «Perversion» entspricht. Vom psychoanalytischen Gesichtspunkt aus ist die Perversion eine Abweichung im Verhältnis zum normalen Sexualakt, definiert als Koitus, der darauf gerichtet ist, durch vaginale Penetration zum Orgasmus zu kommen – während Perversität den Charakter und das Verhalten gewisser Personen bezeichnet, die von ganz besonderer Grausamkeit oder Bosheit zeugen. Bergeret[24] unterscheidet die Charakterperversion, die den von Perversität befallenen Perversen entsprechen, von sexuellen Perversionen.

Der Psychoanalytiker P.-C. Racamier[25] war einer der ersten, die den Begriff des narzißtischen Perversen ausgearbeitet haben. Andere Autoren, darunter Alberto Eiguer,[26] haben anschließend versucht, eine Definition zu formulieren: «Perverse Individuen sind diejenigen, die, unter dem Einfluß ihres großartigen Ich, versuchen, eine Bindung an ein zweites Individuum aufzubauen, indem sie insbesondere mit der narzißtischen Unversehrtheit des anderen den Kampf aufnehmen, um ihn zu entwaffnen. Sie wagen sich auch heran an die Eigenliebe des anderen, an sein Selbstvertrauen, seine Selbst-

[24] J. Bergeret, La Personnalité normale et pathologique, Paris 1985.
[25] P.-C. Racamier, «Pensée perverse et décervelage», in: «Secrets de famille et pensée perverse», Gruppo no. 8, Paris 1992.
[26] A. Eiguer, Le Pervers narcissique et son complice, Paris 1996.

achtung und an seinen Glauben an sich selbst. Gleichzeitig versuchen sie in gewisser Weise glauben zu machen, das Band der Abhängigkeit zwischen dem anderen und ihnen sei unersetzlich, und es sei der andere, der sich darum bemühe.» Man betrachtet die narzißtischen Perversen als Psychotiker ohne Symptome, die ihr Gleichgewicht finden, indem sie auf einen anderen den Schmerz, den sie nicht empfinden, und die inneren Widersprüche, die wahrzunehmen sie sich weigern, abladen. Sie tun «nicht absichtlich» weh, sie tun weh, weil sie anders nicht leben können. Sie wurden in ihrer Kindheit selbst verletzt und versuchen, sich so am Leben zu erhalten. Diese Übertragung von Schmerz ermöglicht es ihnen, sich auf Kosten anderer aufzuwerten.

### Der Narzißmus

Die narzißtische Perversion besteht im Sicheinstellen eines perversen Betragens bei einer narzißtischen Persönlichkeit.

Die narzißtische Persönlichkeit wird im allgemeinen wie folgt beschrieben (d. h. sie weist mindestens fünf der folgenden Eigenschaften auf):

- die Person hat eine großartige Meinung von ihrer eigenen Bedeutung;
- verzehrt sich in Phantasien von grenzenlosem Erfolg, von Macht;
- glaubt, etwas «Besonderes» und einzigartig zu sein;
- hat ein übermäßiges Bedürfnis, bewundert zu werden;
- meint, ihr stehe alles zu, man schulde ihr alles;
- beutet in zwischenmenschlichen Beziehungen den anderen aus;
- es fehlt ihr an Empathie;
- beneidet häufig die anderen;
- legt überhebliche Haltung und Verhaltensweisen an den Tag.

Die Beschreibung, die Otto Kernberg von der narzißtischen Pathologie gegeben hat, kommt dem sehr nahe, was man heute als narzißtische Perversion definiert: «Die Hauptkennzeichen narzißtischer Persönlichkeiten sind also Größenideen, eine extrem egozentrische Einstellung und ein auffälliger Mangel an Einfühlung und Interesse für ihre Mitmenschen, so sehr sie doch andererseits nach deren Bewunderung und Anerkennung gieren. Sie empfinden starken Neid auf andere, die etwas haben, was sie nicht haben, und sei es einfach Freude am Leben. Es mangelt diesen Patienten nicht nur an Gefühlstiefe und an der Fähigkeit, koplexere Gefühle anderer Menschen zu verstehen, sondern ihr Gefühlsleben ist auch nur mangelhaft differenziert, die Emotionen flackern rasch auf und flauen gleich wieder ab. Was besonders auffällt, ist das Fehlen echter Gefühle von Traurigkeit, Sehnsucht, Bedauern; das Unvermögen zu echten depressiven Reaktionen ist ein Grundzug narzißtischer Persönlichkeiten. Von anderen verlassen oder enttäuscht, können sie wohl in einen Zustand geraten, der äußerlich wie eine Depression erscheint; bei genauerer Untersuchung erweist sich jedoch, daß Wut, Empörung und Rachebedürfnisse dabei die Hauptrolle spielen und gar nicht so sehr eine echte Traurigkeit über den Verlust eines geschätzten Menschen.»[27]

Ein Narziß, im Sinne des Narziß bei Ovid[28] ist jemand, der glaubt sich zu finden, indem er sich im Spiegel betrachtet. Sein Leben lang sucht er sein Spiegelbild im Blick des anderen. Der andere existiert nicht als Individuum, sondern als Spiegel. Ein Narziß ist eine leere Schale, die kein Eigenleben hat; er ist ein «Pseudo», der zu täuschen sucht, um seine Leere zu tarnen. Sein Lebenslauf ist der Versuch, dem Tod aus dem Weg zu gehen. Er ist jemand, der nie als menschliches Wesen anerkannt wurde und der gezwungen war, sich

[27] O. F. Kernberg, Borderline – Störungen und pathologischer Narzißmus, Frankfurt a. M. 1978, S. 262 f.
[28] Ovid, Metamorphosen. Das Buch der Mythen und Verwandlungen, Frankfurt a. M. 1992.

ein Spiegelbild zu entwerfen, um sich der Illusion hinzugeben, zu existieren. Wie ein Kaleidoskop wiederholt und vervielfacht sich dieses Spiel der Spiegel, doch vergebens; dieses Individuum hat keinen Boden unter den Füßen.

## Der Übergang zur Perversion

Der Narziß wird, da er keine Substanz hat, sich an den anderen «ankoppeln» und wie ein Vampir versuchen, ihm sein Leben auszusaugen. Da er unfähig ist zu echten Beziehungen, kann er das nur tun in einer «perversen» Sphäre von zerstörerischer Boshaftigkeit. Die Perversen empfinden eindeutig ein maßloses, «lebenswichtiges» Vergnügen am Leiden des anderen und an seinen Zweifeln, wie sie auch Vergnügen daran finden, ihn zu unterjochen und zu demütigen.

Alles beginnt und erklärt sich mit dem hohlen Narziß, Spiegelbild anstelle eines Selbst und innen hohl; wie ein Roboter, der Leben imitiert, die Gestalt oder alle Leistungen des Lebens zu bieten scheint, aber ohne Leben ist. Die sexuelle Liederlichkeit oder die Bosheit sind nur die unvermeidlichen Folgen dieses leeren Gebäudes. Wie die Vampire muß sich der leere Narziß von der Substanz anderer ernähren. Wenn Leben nicht da ist, muß man versuchen, sich eines zu verschaffen oder, wenn das nicht gelingt, es zerstören, damit nirgends Leben sei.

Die narzißtischen Perversen sind erfüllt von einem «anderen», den sie nicht entbehren können. Dieser andere ist nicht einmal ein Doppelgänger, der eine Existenz hätte, er ist nur ein Spiegelbild ihrer selbst. Daher der Eindruck der Opfer, in ihrer Individualität geleugnet zu werden. Das Opfer ist kein anderes Individuum, sondern nur eine Spiegelung. Jede Situation, die dieses Spiegelsystem, das die Leere verhüllt, wieder in Frage stellt, kann nur eine Kettenreaktion zerstörerischer Raserei auslösen. Die narzißtischen Perversen suchen vergeblich ihr Bild im Spiegel der anderen.

Sie sind gefühlskalt, ohne Gemüt. Wie könnte eine Spiegelmaschine empfindsam sein? Auf diese Weise leidet sie nicht. Leiden setzt Körper, setzt Leben voraus. Sie haben keine Geschichte, da sie ja abwesend sind. Nur körperlich anwesende Wesen können eine Geschichte haben. Würden sich die narzißtischen Perversen ihrer Leiden bewußt, begänne etwas für sie. Aber das wäre etwas anderes: das Ende ihrer bisherigen Lebensweise.

## Der Größenwahn

Die narzißtischen Perversen sind größenwahnsinnige Individuen, die sich als maßgeblich aufspielen; als Eichmaß des Guten und Bösen, der Wahrheit. Oft schreibt man ihnen eine moralpredigerhafte, überlegene, reservierte Art zu. Selbst wenn sie nichts sagen, fühlt sich der andere «ertappt». Sie kehren ihre untadeligen moralischen Werte hervor, die anderen Sand in die Augen streuen und ein gutes Bild von ihnen vermitteln. Sie prangern die menschliche Böswilligkeit an.

Ihnen fehlt jedes Interesse an den anderen und jede Empathie, aber sie wollen, daß die anderen sich für sie interessieren. Alles steht ihnen zu. Sie tadeln jedermann, lassen aber keinerlei Beschuldigung und keinerlei Vorwurf gegen sich gelten. Angesichts dieser «Welt der Macht» befindet sich das Opfer notwendigerweise in einer «Welt der Schwäche». Die Schwachstellen anderer aufzuzeigen ist eine Methode, seine eigenen nicht zu sehen, sich zu verteidigen gegen eine Angst, die psychotisch genannt werden muß.

Die Perversen treten mit anderen in Verbindung, um sie zu verführen. Man beschreibt sie häufig als bezaubernde und glänzende Persönlichkeiten. Hat man den Fisch einmal an der Angel, muß man ihn nur am Haken zappeln lassen, solange man ihn braucht. Der andere existiert nicht, er wird nicht gesehen, nicht gehört, er ist nur «nützlich». In der perversen Logik gibt es den Begriff «Achtung vor anderen» nicht.

Die perverse Verführung ist mit keinerlei Gefühl verbunden, weil es gerade die Grundlage der perversen Wirkungsweise ist, jede Gemütsregung zu meiden. Der Zweck ist, keine Überraschungen zu erleben. Die Perversen interessieren sich nicht für die verwickelten Gemütsbewegungen des anderen. Sie sind unempfindlich für den anderen und dessen Andersartigkeit, es sei denn, sie hätten das Gefühl, diese Andersartigkeit könne sie stören. Das ist das völlige Bestreiten der Identität des anderen, dessen Haltung und Denken mit dem Bild übereinstimmen muß, das sie, die Perversen, sich von der Welt machen.

Die Stärke der Perversen ist ihre Gefühllosigkeit. Sie kennen keinerlei Skrupel moralischer Art. Sie leiden nicht. Sie greifen völlig ungestraft an: Denn selbst wenn im Gegenzug die Partner perverse Verteidigungsmaßnahmen gebrauchten, so wurden diese Partner doch so ausgewählt, daß sie niemals den Grad an Virtuosität erreichen, der sie schützen würde.

Die Perversen können sich begeistern für einen Menschen, eine Tätigkeit oder eine Idee, aber diese Strohfeuer bleiben sehr oberflächlich. Sie kennen keine echten Gefühle, vor allem nicht Gefühle der Betrübnis oder Trauer. Enttäuschungen haben bei ihnen Zorn oder Groll zur Folge, verbunden mit Rachegelüsten. Dies erklärt die zerstörerische Wut, die sich ihrer bemächtigt anläßlich von Trennungen. Wenn ein Perverser eine narzißtische Verletzung wahrnimmt (Niederlage, Ablehnung), empfindet er ein grenzenloses Verlangen, sich zu rächen. Dabei handelt es sich nicht, wie bei einem jähzornigen Menschen, um eine vorübergehende Verwirrung, sondern um unerbittliche Rachsucht, auf die der Perverse all seine intellektuellen Fähigkeiten verwendet.

Die Perversen halten – wie die Paranoiker – einen hinreichenden Gefühlsabstand, um sich nicht wirklich zu binden. Die Wirksamkeit ihrer Angriffe beruht auf der Tatsache, daß die Opfer oder der außenstehende Beobachter sich nicht vorstellen können, daß man vor dem Leiden des anderen so gefühllos, so mitleidslos sein kann.

## Die Vampirwerdung

Der Partner existiert nicht als Person, sondern als Träger einer Eigenschaft, die der Perverse sich anzueignen sucht. Die Perversen ernähren sich von der Energie derer, die sich ihrem Zauber fügen. Sie versuchen, sich den «beschenkenden Narzißmus» des anderen anzueignen, indem sie in sein psychisches Territorium einfallen.

Der narzißtische Perverse muß mit allen Mitteln seine Leere auffüllen. Um diese Leere nicht sehen zu müssen (was seine Heilung wäre), projiziert er sich in sein «Gegenteil». Er wird pervers im ursprünglichen Sinn des Begriffs. Er wendet sich ab von seiner Leere (während der Nicht-Perverse dieser Leere die Stirn bietet). Daher seine Liebe und sein Haß gegenüber einer mütterlichen Persönlichkeit, dem deutlichsten Bildnis von innerem Leben. Der Narziß braucht das Fleisch und die Substanz des anderen, um sich aufzufüllen. Aber er ist unfähig, sich von dieser fleischlichen Substanz zu ernähren, weil er nicht einmal über einen Anfang von Substanz verfügt, der ihm erlaubte, die Substanz des anderen aufzunehmen, einzufangen und zur eigenen zu machen. Diese Substanz wird zu seinem gefährlichen Feind, weil sie ihn sich selbst als leer enthüllt.

Die narzißtischen Perversen empfinden die heftigste Mißgunst gegenüber jenen, die Dinge zu besitzen scheinen, die sie nicht haben. Die Aneignung kann gesellschaftlich sein, zum Beispiel einen Partner zu betören, der in ein soziales Milieu einführt, das man beneidet: Großbürgertum, Intellektuellen- oder Künstlerkreise ... Einen Partner zu besitzen, der Zugang zur Macht eröffnet, ist von großem Vorteil.

Ist das geschafft, greifen sie die Selbstachtung, das Selbstvertrauen des anderen an, um sich aufzuwerten. Sie eignen sich den Narzißmus des anderen an.

Aus Gründen, die mit ihrer Geschichte in den ersten Lebensjahren zusammenhängt, konnten die Perversen sich nicht selbst entfalten. Mit Neid nehmen sie wahr, daß andere Individuen über das verfügen, was man braucht, um sich zu verwirklichen. Da sie immer «neben sich stehen», versuchen sie, das Glück «nebenan» zu zerstören. Gefangene der Starrheit ihrer Abwehr, versuchen sie, die Freiheit zu zerstören. Da sie sich nicht vollkommen wohl fühlen in ihrer Haut, sollen die anderen, selbst die eigenen Kinder, sich auch nicht wohl fühlen! Unfähig zu lieben, versuchen sie jede ungezwungene, natürliche Beziehung zu zerstören – aus Zynismus.

Um sich selbst zu akzeptieren, müssen die narzißtisch Perversen siegen und einen anderen zerstören. Dabei können sie sich überlegen fühlen. Sie freuen sich am Leid des anderen. Um sich zu bestätigen, brauchen sie die Niederlage des anderen.

Auffällig bei ihnen ist ihr Bedürfnis, alle und jeden zu kritisieren. Auf diese Weise behalten sie die «Allmacht»: «Wenn die anderen Nullen sind, bin ich automatisch besser!»

Die Triebkraft der Perversion ist der Neid. Der Neid ist eine Empfindung von Begehrlichkeit, von Gehässigkeit beim Anblick des Glücks und der Vorteile anderer. Es handelt sich um eine auf Anhieb aggressive innere Haltung, die sich gründet auf die Wahrnehmung dessen, was der andere besitzt und das man selbst nicht hat. Diese Wahrnehmung ist subjektiv, sie kann sogar wahnhaft sein.

Der Neid besteht aus zwei Polen: der Egozentrik auf der einen Seite und dem Übelwollen mit dem Verlangen, die beneidete Person zu schädigen, auf der anderen. Das setzt ein Minderwertigkeitsgefühl gegenüber der Person voraus, die das besitzt, was man begehrt. Der Neider bedauert zwar, daß der andere im Besitz materieller oder geistiger Güter ist, doch ihm ist es wichtiger, sie zu zerstören, als sie ebenfalls zu erwerben. Besäße er sie, wüßte er nichts mit ihnen anzufangen. Dazu fehlen ihm die Mittel. Um den Graben aufzufüllen, der den Neider vom Objekt seiner Begehrlichkeit trennt, genügt es, den anderen zu demütigen, ihn zu entwerten. Der andere nimmt so die Züge eines Dämons oder einer Hexe an.

Was die Perversen bei anderen am meisten beneiden, ist das Leben. Sie beneiden deren Erfolg, der sie mit ihrem eigenen Gefühl des Mißerfolgs konfrontiert; denn sie haben von dem anderen keine höhere Meinung als von sich selbst; nie klappt etwas, alles ist kompliziert, alles eine Plage. Sie zwingen den anderen ihre verächtliche Weltsicht auf und ihre chronische Unzufriedenheit mit dem Leben. Sie zerschlagen jeden Enthusiasmus in ihrer Umgebung, suchen vor allem zu beweisen, daß die Welt schlecht ist, daß die anderen schlecht sind, daß der Partner schlecht ist. Mit ihrem Pessimismus machen sie den anderen schließlich wirklich depressiv, was sie ihm anschließend vorwerfen.

Die Sehnsucht des anderen und seine Vitalität zeigen ihnen ihre eigenen Mängel. Man findet da – wie bei vielen Menschen – den Neid auf die privilegierte Beziehung wie zwischen Mutter und Kind. Aus diesem Grund wählen sie ihre Opfer zumeist unter Personen voller Energie, die Freude am Leben haben, als suchten sie ein wenig von deren Kraft für sich abzuzweigen. Die Unterjochung, die Unterwerfung ihres Opfers unter ihre Wunschvorstellungen, die Abhängigkeit, die sie schaffen, liefern ihnen dann die unbestreitbaren Beweise der gelungenen Aneignung.

Die Aneignung ist die logische Folge des Neids.

Die Güter, um die es hier geht, sind selten materielle Güter. Es sind geistige Fähigkeiten, die schwer zu entwenden sind: Lebensfreude, Empfindsamkeit, Gewandtheit im Gespräch, Kreativität, musikalische oder literarische Talente.... Äußert der Partner eine Idee, läuft die Sache so, daß die ausgesprochene Idee nicht mehr die seine bleibt, sondern zu der des Perversen wird. Wenn der Neider nicht von Haß ver-

161

blendet wäre, könnte er in einem Austauschverhältnis lernen, wie man ein wenig von diesen Gaben erwirbt. Das setzt aber Bescheidenheit voraus, die die Perversen nicht haben.

Die narzißtischen Perversen eignen sich die Vorlieben des anderen an, indem sie sich für diesen anderen begeistern oder, genauer, sich für diesen anderen in dem Maße interessieren, als er im Besitz von etwas ist, was sie begeistern könnte. So sind sie erfüllt von Zuneigung und danach von brutaler und unwiderruflicher Ablehnung. Der Umgebung fällt es schwer zu verstehen, wie jemand an einem Tag im siebten Himmel schweben und am nächsten Tag am Boden zerstört sein kann, ohne daß sich dazwischen irgend etwas Erkennbares ereignet hätte, das Grund zur Klage böte. Die Perversen saugen die positive Energie derer, die sie umgeben, auf, nähren und erneuern sich davon; und danach laden sie ihre ganze negative Energie auf sie ab.

Das Opfer bringt ungeheuer viel mit, aber es ist nie genug. Nie zufrieden, sind die narzißtischen Perversen stets «Opfer», und ihre Mutter (oder das Objekt, auf das sie ihre Mutter projiziert haben) wird immer für verantwortlich gehalten. Die Perversen attackieren den anderen, um aus der Opfersituation herauszukommen, die sie in ihrer Kindheit kennengelernt haben. In einer Beziehung führt diese alte Opfer-Ausstrahlung den Partner in die Irre, der trösten, wiedergutmachen will und nicht an Schuldzuweisungen denkt. Bei Trennungen spielen sich die Perversen dann als verlassene Opfer auf, was ihnen eine schöne Rolle beschert und ihnen ermöglicht, einen neuen, tröstenden Partner anzulocken.

## Die Unverantwortlichkeit

Die Perversen betrachten sich als nicht verantwortlich, weil sie keine wirkliche Subjektivität haben. Sich selbst fern, sind sie es ebenso anderen. Wenn sie nicht faßbar sind, wenn sie sich nie stellen, dann deshalb, weil sie eigentlich nicht «da» sind. Wenn sie die anderen beschuldigen, verantwortlich zu sein für das, was ihnen zustößt, beschuldigen sie im Grunde nicht, sie stellen fest: Da sie selbst nicht verantwortlich sein können, muß es wohl der andere sein. Die Schuld dem anderen zuzuschieben, ihm Übles nachzureden, indem man ihn als schlecht ausgibt, gestattet nicht nur, sich abzureagieren, sondern auch, sich reinzuwaschen. Niemals verantwortlich, niemals schuldig: alles, was schiefläuft, ist immer die Schuld der anderen.

Sie schützen sich mit Hilfe von Projektionsmechanismen, die all ihre Schwierigkeiten und all ihre Mißerfolge auf das Konto anderer schieben und verhindern, sich selbst in Frage zu stellen. Sie schützen sich auch durch Leugnen der Realität. Sie eskamotieren den psychischen Schmerz, den sie in Negativität umwandeln. Dieses Leugnen geschieht beständig, selbst bei den kleinen Dingen des Alltags, selbst wenn die Realität das Gegenteil beweist. Leid ist ausgeschlossen, Zweifel ebenfalls. Diese Lasten müssen die anderen übernehmen. Die anderen anzugreifen ist das Mittel, dem eigenen Schmerz, dem Kummer, der Depression aus dem Weg zu gehen.

Den narzißtischen Perversen fällt es schwer, im gewöhnlichen Leben Entscheidungen zu treffen, und daher sollen andere an ihrer Stelle die Verantwortung übernehmen. Sie sind völlig unselbständig, können nicht auf andere verzichten, weshalb sie sich aufdrängen, und sie haben Angst vor Trennungen. Trotzdem meinen sie, es sei der andere, der sich um Unterwürfigkeit bemüht. Sie wollen nicht sehen, wie ihr Klammern den anderen auslaugt, denn das könnte ihr Selbstbild verdunkeln. Das erklärt ihre Heftigkeit gegenüber einem zu wohlwollenden oder sie stärkenden Partner. Ist dieser hingegen unabhängig, wird er als feindselig und ablehnend wahrgenommen.

Sie fühlen sich unbehaglich oder ohnmächtig, wenn sie allein sind, und suchen verzweifelt die Unterstützung und den Rückhalt des anderen zu gewinnen. Es fällt ihnen auch schwer, Vorhaben in Angriff zu nehmen und Dinge allein zu erledigen. Sie stacheln zur Ablehnung an; denn es beruhigt sie zu sehen, daß das Leben genau so ist, wie sie es vorhergesehen hatten, aber wenn eine Beziehung zu Ende geht, suchen sie eiligst nach einer neuen, die ihnen die Unterstützung gibt, die sie benötigen.

## Die Paranoia

Die narzißtischen Perversen neigen dazu, als Moralprediger aufzutreten. Sie erteilen anderen Lektionen in Redlichkeit. Darin ähneln sie den paranoischen Persönlichkeiten.

Die paranoische Persönlichkeit ist charakterisiert durch:

- Hypertrophie des Ich: Hochmut, Überlegenheitsgefühl;
- Psychorigidität: Halsstarrigkeit, Unduldsamkeit, kalte Rationalität, Schwierigkeit, positive Gemütsbewegungen zu zeigen, Geringschätzung anderer;
- Mißtrauen: übertriebene Angst vor der Aggressivität anderer, Gefühl, Opfer des Übelwollens anderer zu sein, Verdacht, Eifersucht;
- Unrichtigkeit des Urteils: sie deutet neutrale Ereignisse als gegen sie gerichtet.

Im Unterschied zum Paranoiker indessen macht sich der Perverse, auch wenn er die Gesetze und Regeln des gesellschaftlichen Lebens genau kennt, doch über diese Regeln lustig, um sie triumphierend zu umgehen. Die Eigentümlichkeit des Perversen ist es, die Gesetze zu mißachten. Sein Ziel ist es, den Gesprächspartner zu verwirren, indem er ihm zeigt, daß sein moralisches Wertesystem nicht funktioniert, und ihn für eine perverse Ethik zu gewinnen.

Die Machtergreifung der Paranoiker geschieht durch Gewalt, während die der Perversen durch Verführung geschieht – aber wenn die Verführung nicht verfängt, können auch sie auf die Gewalt zurückgreifen. Die Phase der Gewalt ist in sich ein Vorgang paranoischer Dekompensation: Der andere muß vernichtet werden, weil er gefährlich ist. Man muß angreifen, bevor man selbst angegriffen wird.

Wie wir gesehen haben, ist die narzißtische Perversion eine Methode, die es ermöglicht, Angst zu vermeiden, indem man alles, was schlecht scheint, nach außen verlagert. Es handelt sich dabei um einen Schutzmechanismus vor dem psychischen Zerfall. Die Perversen greifen an, um sich selbst zu schützen. Wo Schuld aufscheinen könnte, entsteht eine unerträgliche psychotische Angst, die mit Gewalt einem Sündenbock aufgehalst wird. Dieser ist das Sammelbecken all dessen, was sein Aggressor nicht aushalten kann.

Weil sie selbst schon in der Kindheit haben lernen müssen, aus Selbstschutz die gesunden Teile in sich von den verletzten zu trennen, fahren die Perversen fort, sich gespalten zu verhalten. Ihre Welt ist geteilt in Gut und Böse. Alles Schlechte auf einen anderen zu projizieren ermöglicht ihnen, sich besser zu fühlen, und verschafft ihnen relative Stabilität. Weil sie sich machtlos fühlen, fürchten die Perversen die vermeintliche Allmacht der anderen. Fast wahnhaft mißtrauen sie ihnen, unterstellen ihnen feindliche Gesinnung, die aber nur die Spiegelung der eigenen feindlichen Gesinnung ist.

Ist dieser Mechanismus wirksam, genügt der auf ein zur Beute gewordenes Ziel projizierte Haß, um die inneren Spannungen zu lindern, was es dem Perversen ermöglicht, sich anderswo als angenehmer Gesellschafter zu zeigen. Daraus erklärt sich die Überraschung oder sogar das empörte «unmöglich!» derer, die von den perversen Umtrieben eines Verwandten hören, der sich bis dahin immer nur von seiner besten Seite gezeigt hatte. Die Aussagen der Opfer erscheinen unglaubwürdig.

# 7. Das Opfer

## *Das Opfer als Objekt*

Das Opfer ist Opfer, weil es vom Perversen dazu bestimmt wurde. Es wird Sündenbock, verantwortlich für alles Übel. Es wird von nun an Ziel der Gewalt sein und so seinem Aggressor Depression oder Selbstzweifel ersparen.

Das Opfer, das ja wirklich Opfer ist, hat das Verbrechen, für das es bezahlen wird, nicht begangen. Dennoch verdächtigen es selbst diejenigen, die Zeugen der Aggression wurden. Alles läuft ab, als könne es ein unschuldiges Opfer nicht geben. Man mutmaßt, daß es stillschweigend einverstanden ist oder daß es – bewußt oder unbewußt – Komplize dieser Aggression ist.

Laut René Girard[29] erzeugten in der primitiven Gesellschaft die Rivalitäten innerhalb der Gruppe Situationen undifferenzierter Gewalt, die sich ausbreiteten durch Nachahmung und nur in einem Opferritual einen Ausweg fanden, das zum Ausschluß (sogar zur Tötung) eines Mannes oder einer Gruppe von Männern führte, die als verantwortlich für die Gewalttätigkeit bezeichnet wurden. Der Tod des Sündenbocks hatte den Abfluß der Gewalt und die Weihe des Opfers zur Folge. Heutzutage werden die Opfer nicht mehr geweiht, sondern, da sie nicht mehr als unschuldig gelten, für schwach gehalten. Man hört häufig die Ansicht, einer sei zum Opfer geworden, weil er dazu auf Grund seiner Schwäche oder seiner Fehler eben geeignet gewesen sei. Wir werden hingegen sehen, daß die Opfer gewöhnlich ausgewählt werden, weil

---

[29] R. Girard, Das Heilige und die Gewalt, Frankfurt a. M. 1992.

sie ein «mehr» besitzen, das der Aggressor sich anzueignen sucht.

*Weshalb wurde es ausgewählt?*

Weil es da war und weil es irgendwie unbequem wurde. Es hat nichts Eigentümliches für den Aggressor. Es ist ein austauschbares Objekt, das im falschen/richtigen Augenblick da war und den Fehler begangen hat, sich verführen zu lassen – und manchmal den, einen zu hellen Kopf zu haben.

Es ist für den Perversen nur von Interesse, wenn es brauchbar ist und sich die Verführung gefallen läßt. Es wird Haßobjekt, sobald es sich entzieht oder nichts mehr zu geben hat.

Da es nur ein Objekt ist, bedeutet es wenig, wer es ist. Doch der Aggressor scheut vor jedem zurück, der ihn in Gefahr bringen könnte. So vermeidet er es sorgfältig, sich anderen narzißtisch Perversen oder Paranoikern entgegenzustellen, weil sie ihm zu ähnlich sind. Wenn Perverse und Paranoiker sich zusammentun, so steigert das ganz beträchtlich die zerstörerische Wirkung auf das ausgewählte Opfer. Das beobachtet man vor allem in Gruppen und Betrieben. Es ist unterhaltsamer, jemanden zu verachten oder zu verspotten vor einem aufmunternden Zuschauer! Es geschieht nicht selten, daß die Perversen stillschweigende Zustimmung ernten von Zeugen, die sie zuerst destabilisiert, dann mehr oder weniger überzeugt haben – ohne sie deshalb schon zu Mittätern zu machen.

Die Eigentümlichkeit eines perversen Angriffs ist es, auf die verwundbaren Stellen des anderen zu zielen, dorthin, wo eine Schwäche oder Pathologie vorhanden ist. Jeder einzelne besitzt einen Schwachpunkt, der für die Perversen zu dem Punkt wird, an dem sie einhaken. Wie ein Alpinist sich an die Spalten in der Wand klammert, um sich vorzuarbeiten, bedienen sich die Perversen der inneren Risse der anderen. Sie erahnen sehr genau seine Schwachpunkte, jene Stellen, an denen es ihn schmerzen, an denen er verwundbar sein könnte. Es ist möglich, daß diese Spalte genau das ist, was der andere an sich selbst lieber nicht wahrnehmen möchte. Der perverse Angriff ist dann eine schmerzliche Offenbarung. Es kann ein Symptom sein, das der andere zu banalisieren, zu bagatellisieren sucht und das die perverse Aggression nun reaktivieren wird.

Die perverse Gewalt konfrontiert das Opfer mit seinem Schwachpunkt, mit den vergessenen Traumata seiner Kindheit. Sie weckt den Todestrieb, der als Keim in jedem von uns schlummert. Die Perversen suchen beim anderen den Keim der Selbstzerstörung, den es dann durch destabilisierenden Austausch zu beleben genügt. Die Beziehung mit narzißtischen Perversen wirkt wie ein negativer Spiegel. Das gute Bild, das man von sich hatte, wird umgestaltet: Man kann es nicht mehr lieben.

Es hat keinen Sinn zu sagen, das Opfer sei Komplize seines Aggressors, da das Opfer vor diesem beherrschendem Einfluß die psychischen Möglichkeiten, sich anders zu verhalten, nicht besaß: Es war gelähmt. Die Tatsache, daß es passiv an dem Vorgang teilgenommen hat, nimmt seiner Stellung als Opfer nichts: «Wenn ich mit einem Mann gelebt habe, der mich nicht liebte, so bin ich daran schuld; wenn ich nichts gesehen habe, als ich betrogen wurde, so hängt das mit meiner Geschichte zusammen. Aber die Art und Weise, wie sich die Trennung abgespielt hat, ist etwas, was ich nicht vorhersehen und an das ich mich nicht anpassen konnte. Selbst wenn ich jetzt begreife, daß dieses Verhalten nicht für mich persönlich gedacht war, meine ich, daß es sich um eine schreckliche seelische Aggression handelt, einen psychischen Mordversuch.»

Das Opfer ist nicht aus sich selbst masochistisch oder depressiv. Die Perversen machen sich den depressiven oder masochistischen Anteil zunutze, der in ihm steckt.

Wie soll man das masochistische «Entgegenkommen» trennen von dem depressiven Zustand, in den das Opfer des Perversen gerät?

# Ist es Masochismus?

Was auf den ersten Blick erstaunt, ist die Hinnahme des Schicksals seitens der Opfer.

Wir haben gesehen, daß die Äußerung des narzißtischen Perversen ein totalitärer Diskurs ist, der den anderen in seiner Subjektivität negiert. Man kann sich fragen, wieso diese Worte von den Opfern hingenommen und sogar verinnerlicht werden. Weshalb fahren die Opfer fort, sich auf diesen Diskurs einzulassen, während doch jede Erfahrung dagegen spricht? Wir haben gesagt, daß sie psychisch gefesselt sind. Wenn man sich ihrer bedient, so heißt das noch lange nicht, daß sie dieses Spiel zu spielen wünschen.

Freud hatte drei Formen von Masochismus unterschieden: den erogenen, den femininen, den moralischen.[30] Der moralische Masochismus wäre eine aktive Suche nach Mißerfolg und Leid, um ein Strafbedürfnis zu befriedigen. Entsprechend den Freudschen Kriterien findet der Masochist nicht nur Gefallen am Leid, an den Anspannungen, den Qualen, den Schwierigkeiten des Daseins, sondern beklagt sich auch noch ständig darüber und gibt sich pessimistisch. Sein ungeschicktes Benehmen zieht die Antipathien, die Mißerfolge an. Es ist ihm unmöglich, die Freuden des Lebens zu genießen. Diese Beschreibung paßt eher auf die Perversen selbst als auf ihre Opfer, die im Gegenteil als reich, optimistisch und voller Leben erscheinen.

Dennoch neigen zahlreiche Psychoanalytiker dazu, jedes Opfer einer perversen Aggression als heimlichen Komplizen seines Peinigers anzusehen, indem es eine sadomasochistische Beziehung zu ihm eingeht, als Quelle von Lust.

Bei den sadomasochistischen Beziehungen, die dem erogenen Masochismus Freuds entsprechen, finden die beiden

---

[30] S. Freud, Das ökonomische Problem des Masochismus (1924), in: ders., Gesammelte Werke Bd. 13, hg. von Anna Freud, London: [3]1955, S. 369–383.

Partner ihre Lust in gegenseitiger Aggressivität. Dies ist großartig in Szene gesetzt in dem Stück *Wer hat Angst vor Virginia Woolf* des amerikanischen Dramatikers Edward Albee (1962). Dort existiert eine versteckte Symmetrie, jeder kommt dabei auf seine Kosten, und jeder hat die Möglichkeit, aus dem Spiel auszusteigen, wenn er es wünscht.

Aber das perverse Verhalten besteht darin, jede Spur von Libido auszulöschen. Libido ist Leben. Man muß also jede Spur von Leben auslöschen, jedes Begehren, selbst das, zu reagieren.

In der Beziehung mit einem Perversen gibt es keine Symmetrie, es ist Herrschaft des einen über den anderen, wobei der Unterworfene gar keine Möglichkeit hat, zu reagieren und den Kampf anzuhalten. In diesem Umstand liegt es begründet, daß es sich wirklich um eine Aggression handelt. Die vorhergehende Etablierung des beherrschenden Einflusses hat ihm die Kraft genommen, nein zu sagen. Es gibt keine Verhandlungsmöglichkeit, alles wird diktiert. Das Opfer wird gegen seinen Willen in diese perverse Situation hineingezogen. Man hat die masochistische Seite an ihm angesprochen, die sich bei jedem findet. Es ist in eine zerstörerische Beziehung geraten, ist nun darin gefangen und hat keine Möglichkeit, ihr zu entkommen. Man hat es genau an seinem Schwachpunkt gepackt, mag diese Schwäche nun konstitutionell sein oder eine spontane Reaktion. «Ein jeder schwankt zwischen dem Wunsch nach Unabhängigkeit, nach Herrschaft, nach Verantwortung und dem infantilen Bedürfnis, sich in einen Zustand der Abhängigkeit, der Unverantwortlichkeit und somit der Unschuld zu begeben.»[31] Der wesentliche Fehler des Opfers war es, nicht mißtrauisch gewesen zu sein, die nonverbalen gewalttätigen Botschaften übersehen zu haben. Es hat diese Botschaften nicht zu deuten vermocht, es hat wörtlich genommen, was gesagt wurde.

---

[31]  F. Roustang, Comment faire rire un paranoique, Paris 1996.

Diese vermutete masochistische Neigung der Opfer, die sich sehnen, von ihrem Peiniger geknechtet zu werden, nutzen die Perversen aus. «Das gefällt ihm/ihr, er/sie mag das! Er/sie hat es so gewollt!» Die Entschuldigung fällt leicht; sie wissen besser als ihr Opfer, was dieses empfindet. «Ich behandle es so, weil es das liebt!»

Heutzutage ist der Masochismus Gegenstand der Schande, des Schuldvorwurfs. «Ich bin nicht maso!» sagen die Jungen. Heute muß man eher das aggressive Aussehen eines Schlägertyps haben. Die Opfer leiden nicht nur unter ihrer Opfersituation, sondern schämen sich auch noch, daß es ihnen nicht gelingt, sich zu verteidigen.

Was die Opfer der Perversen von den Masochisten unterscheidet, ist das unendliche Befreiungsgefühl, das sie empfinden, wenn es ihnen durch ungeheure Anstrengung gelingt, sich zu lösen. Sie sind erleichtert, weil Leiden als solches sie eben nicht interessiert.

Wenn sie sich manchmal über längere Zeit hin auf das perverse Spiel eingelassen haben, dann eher, weil sie wirklich lebendig sind und weil sie Leben geben wollen, und sich sogar an die unmögliche Aufgabe heranwagen, einem Perversen zu Leben zu verhelfen: «Mit mir wird er sich ändern!»

Ihre Tatkraft ist allerdings mit einer gewissen «Schwäche» gekoppelt. Indem sie sich in das unmögliche Unterfangen stürzen, Tote aufzuerwecken, beweisen sie eine gewisse Überschätzung ihrer eigenen Kräfte. Etwas wie Herausforderung spielt da mit. Sie sind stark und begabt, aber sie müssen sich beweisen, daß sie es sind. Sie sind verletzlich, weil sie sich unschlüssig sind über ihre eigenen Fähigkeiten. Vermutlich ist es das, was sie empfänglich macht für die Phase der Verführung, in der der Perverse nicht versäumt, sie aufzuwerten. In der Folge kann ihre Hartnäckigkeit gefährlich sein. Sie geben nicht auf, weil sie sich nicht vorstellen können, daß nichts zu machen ist, daß man keine Veränderung erwarten kann. Wie wir sehen werden, würden sie sich schuldig fühlen, ihren Partner im Stich zu lassen.

Wenn der Masochismus angeblich eine so grundlegende Eigenschaft des Opfers ist, wie kommt es dann, daß er in anderen Zusammenhängen nicht in Erscheinung getreten ist und daß er nach der Trennung von dem Aggressor verschwindet?

## Seine Skrupel

Der Schwachpunkt, an den sich die Perversen bei ihrem Partner heranmachen, liegt meistens im Bereich des Gefühls von Abwertung und Schuld. Das simpelste, um den anderen zu destabilisieren, ist es, ihn dazu zu bringen, sich Schuldgefühle einzureden. In Kafkas *Der Prozeß*[32] ist Joseph K. angeklagt, ein Vergehen begangen zu haben, aber er weiß nicht, welches. Unermüdlich sucht er diese Anklage aufzuklären, um zu verstehen, was man ihm vorwirft. Er zweifelt an seinen Erinnerungen und ist am Ende davon überzeugt, er sei nicht er selbst.

Das ideale Opfer ist eine gewissenhafte Person mit einem natürlichen Hang, sich schuldig zu fühlen. In der phänomenologischen Psychiatrie ist diese Verhaltensform bekannt und beschrieben worden, zum Beispiel von dem deutschen Psychiater Tellenbach,[33] als eine prädepressive Gemütsart, *Typus melancholicus*. Es handelt sich um Menschen, die im Bereich von Arbeit und gesellschaftlichen Beziehungen ordnungsliebend sind, die sich für ihre Nächsten aufopfern und schwer akzeptieren, daß die anderen ihnen einen Dienst erweisen. Diese Ordnungsliebe, die Sorge, alles richtig zu machen, verleiten diese Personen dazu, ein Arbeitspensum auf sich zu nehmen, das über dem Durchschnitt liegt und ihnen ein gutes Gewissen verschafft. Daher ihr Gefühl, bis an die Grenze des Möglichen mit Arbeit und Aufgaben überhäuft zu sein.

[32] F. Kafka, Der Prozeß, München 1998.
[33] H. Tellenbach, Melancholie. Zur Problemgeschichte, Typologie, Pathogenese und Klinik, Berlin/Göttingen/Heidelberg 1961, S. 44–107.

Der Verhaltensforscher Boris Cyrulnik[34] vermerkte sehr richtig: «Häufig heiraten die Melancholiker Personen, die nicht leicht erregbar sind. Der weniger Empfindsame des Paares führt sein kleines gemütsarmes Leben um so ungestörter, als der Melancholiker des Paares, aufgrund seines ständigen Schuldgefühls, die Verantwortung für alle Sorgen übernimmt. Er kümmert sich um alles, leistet die undankbaren Arbeiten, regelt die Probleme, bis er zwanzig Jahre später, erschöpft von unablässigem Sichaufopfern, weinend zusammenbricht. Er wirft seinem Partner vor, die angenehme Seite der Paarbeziehung gewählt und ihm alles Leid überlassen zu haben.»

Diejenigen, die sich im Vorstadium der Depression befinden, gewinnen die Liebe der anderen, indem sie geben, sich den anderen zur Verfügung stellen, und empfinden eine große Genugtuung, ihnen zu Diensten zu sein oder ihnen Freude zu machen. Die narzißtischen Perversen ziehen den Nutzen daraus.

Solche Menschen ertragen nur schlecht Mißverständnisse oder Unbeholfenheiten, die sie sogleich zu korrigieren suchen. Bei Schwierigkeiten verstärken sie ihre Anstrengungen, überanstrengen sich, fühlen, daß die Ereignisse ihnen über den Kopf wachsen, haben Schuldgefühle, arbeiten immer mehr, ermüden, werden immer weniger leistungsfähig und fühlen sich – es ist ein Teufelskreis – immer schuldiger. Das kann bis zur Selbstanklage gehen: «Es ist meine Schuld, wenn mein Partner unzufrieden oder aggressiv ist.» Wird ein Fehler begangen, versuchen sie, ihn sich zuzuschreiben. Diese übertriebene Gewissenhaftigkeit ist verbunden mit der Angst, eine Niederlage zu erleiden; denn der Druck der Schuld und die Gewissensbisse erzeugen bei ihnen zu großes Leid.

Sie sind auch empfindlich gegenüber dem Urteil anderer und ihrer Kritik, auch wenn sie unbegründet ist. Daher stehen sie unter permanentem Rechtfertigungsdruck. Die Perversen, die diesen Schwachpunkt spüren, finden Vergnügen

---

34 B. Cyrulnik, Sous le signe du lien, Paris 1989.

daran, Zweifel zu wecken: «War ich nicht doch, ohne es gemerkt zu haben, vielleicht schuld an dem, was er mir vorwirft?» Wenn die Anschuldigungen auch nicht begründet sind, sind diese Menschen sich am Ende doch ihrer nicht mehr sicher und fragen sich, ob sie nicht trotz allem die Schuld auf sich nehmen müßten.

Dieses summarische Denken herrscht sowohl beim Aggressor als auch beim Angegriffenen vor. Beide haben eine kritische Haltung über das Normalmaß hinaus verschärft und gesteigert; gegenüber der Außenwelt die Perversen, gegenüber sich selbst die Opfer.

Die Opfer übernehmen in der Tat die Schuld des anderen. Sie haben das, was sie angreift, verinnerlicht: den Blick, die Gesten und die Wörter. Durch Projektion wälzen die narzißtischen Perversen ihre Schuld auf ihr Opfer ab. Bei einer Aggression genügt es, daß der Perverse abstreitet, damit die Opfer zweifeln. Aus diesem Grund geschieht es, daß gewisse Opfer Zuflucht zu einer List nehmen, um hinterher nachzuprüfen, ob die Gewalt Realität war. Sie bewahren die Duplikate des Briefverkehrs auf, sie finden Mittel und Wege, um einen versteckten Zeugen zu haben, oder aber sie nehmen Telephongespräche auf Band auf.

Man findet im übrigen bei ihnen ein unterschwelliges Minderwertigkeitsgefühl, das zu kompensieren ihnen im allgemeinen gelingt, unter der Voraussetzung, daß man ihnen keine Gelegenheit liefert, sich schuldig zu fühlen. Diese Verwundbarkeit durch Schuldgefühle stellt eine Schwäche im Blick auf die Depression dar. Das schafft keinen depressiven Zustand, der gekennzeichnet wäre durch Schwermut und Erschöpfung, sondern ist im Gegenteil ein Zustand, der den Menschen dazu treibt, hyperaktiv zu werden, in ständiger Interaktion mit der Gesellschaft.

Die Begegnung mit einem narzißtischen Perversen kann in der ersten Zeit erlebt werden als Anreiz, aus dem melancholischen Grundton herauszukommen. In einem Artikel beschreibt der englische Psychoanalytiker Massud Khan, wodurch die passive Anlage einer prädepressiven Frau sie für eine perverse Verbindung geeignet macht: «Mir scheint, daß der aktive Wille des Perversen nur wirksam wird im Bereich der Einbildung, wenn sein Opfer durch seinen passiven Willen Bitten äußert und einwilligt in diesen aktiven Willen.»[35] Das beginnt wie ein Spiel, ein intellektuelles Geplänkel. Es gilt eine Herausforderung anzunehmen: angenommen oder nicht angenommen zu werden als Partner von einer derart anspruchsvollen Persönlichkeit. Die Melancholiker «schaffen sich Gemütsbewegung», sie suchen in dieser Verbindung eine Erregung, die es ihnen ermöglicht, stärker zu fühlen, und sie werten sich auf durch die Wahl einer so schwierigen Situation oder eines so schwierigen Partners.

Man könnte sagen, daß die potentiellen Opfer Träger einer partiellen Melancholie sind, mit, auf der einen Seite, einem schmerzlichen Punkt, der vielleicht zusammenhängt mit einem kindlichen Trauma, und, auf der anderen, einer sehr großen Vitalität. Die Perversen attackieren nicht die melancholische Seite, sondern die lebendige, die Vitalität, die sie wahrnehmen und sich anzueignen suchen.

Es handelt sich hier um ein Aufeinanderprallen von zwei Narzißmen. Ihres eigenen narzißtischen Defizits wegen sind die Opfer gelähmt von der Wut, die sie hemmt zu reagieren, denn diese Wut wird kontrolliert oder gegen sie selbst gewendet.

## Seine Vitalität

Die Opfer wecken Neid, weil sie zuviel zeigen. Es gelingt ihnen nicht, das Vergnügen zu verhehlen, das es ihnen bereitet, dieses oder jenes zu besitzen. Sie verstehen es nicht, ihr Glück nicht zur Schau zu stellen. In vielen Zivilisationen gehört es zum guten Ton, die materiellen oder geistigen Gü-

---

[35] M. Khan, «L'alliance perverse», Nouvelle Revue de psychanalyse, 8, 1973.

ter, die man besitzt, herunterzuspielen. Das nicht zu tun bedeutet, sich dem Neid auszusetzen.

In unserer Gesellschaft, die die Gleichheit herausstreicht, neigt man dazu zu meinen, der Neid werde bewußt oder unbewußt von der Prunksucht hervorgerufen. Wird man zum Beispiel bestohlen, dann hat man eben seine Reichtümer übertrieben zur Schau gestellt. Die idealen Opfer der seelischen Perversen sind die, die kein Selbstvertrauen haben und sich deshalb verpflichtet fühlen, immer noch etwas draufzusetzen, zuviel zu tun, und – koste es, was es wolle – ein besseres Bild von sich selbst zu vermitteln.

Es ist also die vitale Kraft der Opfer, die sie zur Beute macht.

Sie brauchen das Geben und die narzißtischen Perversen das Nehmen: Das trifft sich bestens ... Die ideale Konstellation: Der eine weist jede Schuld zurück, der andere hat eine natürliche Neigung, sich schuldig zu fühlen.

Damit das Spiel sich lohnt, muß das Opfer ihm «gewachsen» sein, das heißt, daß es in der ersten Zeit zu widerstehen weiß, um letztlich doch nachzugeben.

## Seine Durchsichtigkeit

Die Opfer erscheinen als naiv, leichtgläubig. Sie können sich nicht vorstellen, daß der andere von Grund auf Zerstörer ist, und versuchen, logische Erklärungen zu finden; sie trachten danach, Mißverständnisse zu vermeiden: «Wenn ich es ihm erkläre, wird er verstehen und sich für sein Benehmen entschuldigen!» Für einen Nicht-Perversen ist es nicht möglich, sich ohne weiteres soviel Manipulation und Böswilligkeit vorzustellen.

Um sich von ihrem Aggressor freizuspielen, möchten die Opfer «transparent» erscheinen. Sie versuchen sich zu rechtfertigen. Wenn eine «durchsichtige» Person sich einem Mißtrauischen gegenüber öffnet, ist es wahrscheinlich, daß der Mißtrauische die Macht ergreifen wird. All die Schlüssel, die die Opfer so ihrem Aggressor übergeben, steigern nur die Geringschätzung, die er ihnen bezeigt. Angesichts des perversen Angriffs geben die Opfer sich zunächst verständnisvoll und versuchen, sich anzupassen. Sie verstehen oder verzeihen, weil sie lieben oder bewundern: «Wenn er so ist, dann doch nur, weil er unglücklich ist. Ich werde ihm Mut machen, ich werde ihn heilen.» Wie aus mütterlichem Beschützerinstinkt überlegen sie sich, daß sie ihm helfen müssen, weil sie die einzigen sind, die ihn verstehen. Sie wollen den anderen wieder «auffüllen», indem sie ihm von ihrer Substanz geben. Mitunter fühlen sie sich sogar mit einer Mission betraut. Sie glauben, alles verstehen, alles vergeben, alles rechtfertigen zu können. Überzeugt, sie würden im Gespräch eine Lösung finden, gestatten sie dem Perversen, der jeden Dialog verweigert, sie mattzusetzen, wie es besser nicht geht. Die Opfer nähren die Hoffnung, der andere werde sich ändern, er werde das Leid begreifen, das er zufügt, er werde bereuen. Sie hoffen immer, daß ihre Erklärungen oder Rechtfertigungen die Mißverständnisse beheben werden, und weigern sich zu sehen, daß man nicht alles ertragen muß, weil man verstandes- und gefühlsmäßig versteht.

Während die narzißtischen Perversen an ihre Starrköpfigkeit gefesselt sind, versuchen die Opfer, sich anzupassen; sie versuchen zu verstehen, was ihr Peiniger, bewußt oder unbewußt, will, und suchen dabei nach ihrem eigenen Anteil an Schuld. Die Manipulation gelingt um so besser, wenn die Bezugsperson eine Person ist, der das Opfer sein Vertrauen geschenkt hat (Vater oder Mutter, Ehegatte, Chef). Das Verzeihen der Opfer oder das Fehlen von Groll versetzt sie in eine Machtposition. Das ist unerträglich für den Aggressor; denn das zeigt den Verzicht seines Opfers an: «Ich will nicht mehr mit Dir spielen!» Der Aggressor ist frustriert. Sein Opfer wird zum lebendigen Vorwurf, was ihn nur dazu bringen kann, es noch mehr zu hassen.

Es scheint, daß man diese Verwundbarkeit durch den beherrschenden Einfluß schon in der Kindheit erwerben kann. Man fragt sich oft, weshalb die Opfer nicht widerstehen. Wir sehen ihr Leiden, ihren Verzicht auf eigenes Leben. Dennoch bleiben sie da und fürchten sogar, im Stich gelassen zu werden. Wir wissen, daß ihr Weggehen ihr Schutz wäre, aber sie können das nicht tun, solange sie sich nicht von ihren Kindheitstraumata gelöst haben.

Alice Miller[36] hat gezeigt, daß eine repressive Erziehung, die das Ziel hat, das Kind «zu seinem Besten» in die Knie zu zwingen, tatsächlich seinen Willen bricht und es dahin bringt, seine wahren Gefühle, seine Kreativität, seine Empfindsamkeit, seine Revolte zu unterdrücken. Diese Art von Erziehung macht empfänglich für jede neue Abhängigkeit, sei es individuell gegenüber einem narzißtischen Perversen oder kollektiv in einer Sekte oder einer totalitären politischen Partei. Auf diese Art in der Kindheit vorbereitet, läßt sich ein Individuum im Erwachsenenalter manipulieren.

Wer in einem repressiven oder inzesthaften Milieu sich eine Möglichkeit bewahren konnte, mit Worten oder Wut den Quälereien und Demütigungen zu widerstehen, wird im Erwachsenenalter sich besser zu schützen wissen angesichts eines narzißtischen Perversen.

Die Opfer verstehen, aber gleichzeitig «sehen» sie. Sie besitzen eine Hyperhellsichtigkeit, die sie dazu führt, die Anfälligkeit, die Schwächen ihrer Aggressoren zu benennen. Ein ehemaliges Opfer sagt, daß es sich gleich wieder verschließt, sobald es etwas «Falsches» bei seinem Gesprächspartner herausspürt. Die Opfer sehen recht wohl, daß dieses Verhalten pathologisch ist: «Ich verdiene diesen Haß nicht, weder durch meine Wichtigkeit noch durch meine Nichtswürdigkeit!»

Wenn sie anfangen zu benennen, was sie verstanden haben, werden sie gefährlich. Man muß sie zum Schweigen bringen – durch Terror.

---

[36] A. Miller, Der gemiedene Schlüssel, Frankfurt/Main 1988.

# III.

Folgen für das Opfer und Übernahme
der Verantwortung

Wie in einem Film von Hitchcock oder in *Die unsichtbare Falle* von David Mamet (1997) läuft die Handlung immer nach dem gleichen Schema ab: Das Opfer sieht nicht, daß es manipuliert wird; erst wenn die Gewalt zu offensichtlich wird, wird das Geheimnis gelüftet mit Hilfe des Eingreifens Außenstehender. Die Beziehungen fangen mit Charme und Verführung an und enden mit schreckenerregenden psychopathischen Verhaltensweisen. Dennoch hinterlassen die Perversen Spuren, die erst nachträglich gedeutet werden, wenn das Opfer teilweise dem beherrschenden Einfluß entkommen ist und die Manipulation begreift.

Wir haben es gesehen: Während der ersten Phase sind die Opfer gelähmt; in der folgenden Phase werden sie zerstört.

## 8. Die Folgen der Phase des beherrschenden Einflusses

### Der Verzicht

Während der Phase des beherrschenden Einflusses nehmen die beiden Protagonisten, ohne es zu wissen, eine Verzichthaltung ein, um den Konflikt zu vermeiden: Der Aggressor greift durch kleine indirekte Sticheleien an, so daß der andere destabilisiert wird, doch ohne den Konflikt offen zu provozieren. Das Opfer leistet ebenfalls Verzicht und unterwirft sich aus Furcht vor einem Konflikt, der zu einem Bruch führen könnte. Es spürt, daß kein Verhandeln möglich ist mit dem anderen, der nicht nachgeben wird, und geht lieber Kompromisse ein als das Risiko einer Trennung.

Diese Ausweichhaltungen verhindern zwar den Ausbruch von Gewalt, ändern aber nicht die Bedingungen, die eine Gewalttat hervorrufen. Der Verzicht der ersten Phase ermöglicht es, um jeden Preis die Beziehung aufrecht zu erhalten, doch auf Kosten des Opfers selbst. Es besteht eine Art Bündnis zwischen den beiden Protagonisten. Aus einer trügerischen altruistischen Regung heraus fügen sich die Opfer von narzißtischen Perversen und unterwerfen sich schließlich den Übergriffen des anderen. Während sie sich über seine negative Einstellung weiterhin beklagen, müssen sie fortfahren, andere Seiten zu idealisieren (er ist sehr intelligent, ein sehr guter Vater / Mutter ...).

Wenn das Opfer diese Unterwerfung akzeptiert, setzt sich die Beziehung in dieser Form endgültig fort, wobei der eine immer verbrauchter oder deprimierter wird, der andere immer beherrschender und seiner Macht gewisser.

# Die Verwirrung

Das Sichentfalten des beherrschenden Einflusses verwirrt die Opfer; sie wagen nicht oder verstehen es nicht, sich zu beschweren. Sie sind wie betäubt, haben das Gefühl, einen leeren Kopf zu haben und Schwierigkeiten zu denken. Sie beschreiben etwas, das eine echte Verkümmerung ist, eine partielle Zerrüttung ihrer Fähigkeiten, eine Beschneidung dessen, was sie an Lebendigem und Spontanem einst hatten.

Selbst wenn mitunter ein Gefühl von Ungerechtigkeit aufkommt, ist ihre Verwirrung so groß, daß sie keine Möglichkeit haben zu reagieren. Denn angesichts eines narzißtischen Perversen ist es unmöglich, das letzte Wort zu behalten – es sei denn, man ist von gleicher Art. Der einzige Ausweg ist, sich zu fügen.

Die Verwirrung erzeugt Streß. Physiologisch ist der Streß am größten, wenn man bewegungsunfähig und einer großen Ungewißheit ausgesetzt ist. Die Opfer sagen häufig, was die Angst hervorbringe, seien nicht so sehr die offenen Aggressionen, sondern die Situationen, wo sie nicht recht wüßten, ob sie nicht zum Teil mitverantwortlich seien. Wenn ihr Aggressor entlarvt ist, fühlen sie sich erleichtert.

*Nach allem, was er mir gesagt hatte, glaubte ich schließlich, er hätte vielleicht recht, ich sei verrückt, hysterisch. Eines Tages sagte er wieder einmal – wie schon so oft, mit eisigem Ton und haßerfülltem Blick –, ich sei eine Null, unfähig, nutzlos für die Gesellschaft, und täte besser daran, mich umzubringen. Per Zufall war meine Nachbarin da, er hatte sie nicht gesehen. Sie war erschrocken und riet mir, ihn anzuzeigen. Das war eine Erleichterung. Jemand hatte begriffen.*

Man sieht, welche Bedeutung die unvorhergesehene Gegenwart von Zeugen hat, die weder der eine, noch der andere der Protagonisten hatte beeinflussen können.

Die Schwierigkeit, das Phänomen des beherrschenden

Einflusses zu beschreiben, beruht darauf, daß zuerst eine Schwächung der inneren Grenzen zwischen den Partnern vor sich geht, dann ein Sprengen dieser Grenzen, und daß es nicht leichtfällt, den Augenblick auszumachen, da dieses Sprengen in Gewalt umschlägt.

In diesem psychischen Kampf werden die Opfer ihrer Substanz entleert und verzichten auf ihre eigene Identität. Sie verlieren in ihren eigenen Augen jeden Wert, aber auch in den Augen ihres Aggressors, der sie jetzt unbekümmert «wegwerfen» kann, da ja nichts mehr zu holen ist.

## Der Zweifel

Tritt die Gewalt, die bis dahin durch den beherrschenden Einfluß verhüllt war, offen zutage, dann bricht sie ein in die seelische Struktur, die darauf nicht vorbereitet war, weil sie ja durch den beherrschenden Einfluß betäubt war. Es handelt sich um einen Vorgang, der undenkbar scheint. Die Opfer und die etwaigen Zeugen können einfach nicht glauben, was sich vor ihren Augen abspielt, weil eine solche mitleidlose Gewalt unvorstellbar ist – es sei denn, man ist selbst pervers. Man neigt dazu, dem Aggressor Gefühle (Schuldgefühl, Trauer, Gewissensbisse) zu unterstellen, die ihm allerdings völlig fehlen. Da es nicht vorbereitet ist, steht das Opfer wie vom Blitz getroffen und bestreitet die Wirklichkeit dessen, was es nicht begreifen kann. Das kann nicht geschehen sein, das gibt es nicht!

Angesichts dieser gewaltsamen Ablehnung, die sie empfinden, aber mit Worten aufheben wollen, bemühen sich die Opfer vergeblich, zu verstehen und sich zu erklären. Sie suchen nach Gründen für das, was ihnen geschieht, und verlieren, da sie keine finden, jegliche Sicherheit, werden reizbar oder aggressiv und fragen immer wieder: «Was habe ich bloß getan, daß man mich derart behandelt? Es muß doch wohl einen Grund dafür geben?» Sie suchen nach logischen

Erklärungen, während der Vorgang sich verselbständigt und nichts mehr mit ihnen zu tun hat. Häufig sagen sie zu ihrem Aggressor: «Sag mir, was Du mir vorwirfst; sag mir, was ich tun soll, damit unsere Beziehung sich bessert», und der antwortet immer gleichbleibend: «Es gibt nichts zu sagen, es ist einfach so. Du begreifst sowieso nichts!» Die Ohnmacht ist die schlimmste aller Strafen.

Selbst wenn die Opfer ihren Anteil am Zustandekommen der Gewalt kennen, so sehen sie auch, daß sie allein durch das, was sie sind, den zerstörerischen Prozeß auslösen. Sie allein tragen die Verantwortung, die Aggressoren werden immer reingewaschen. Es ist schwierig, sich aus dieser Verbindung zu lösen; denn die ersten Schläge, die ihnen versetzt wurden, haben zu einem entfremdenden Schuldgefühl geführt. Sind sie erst einmal in der Position des Schuldigen, fühlen die Opfer sich verantwortlich für den Zustand dieser Verbindung. Ihr Schuldgefühl berücksichtigt in keiner Weise die Wirklichkeit. Sie haben verinnerlicht, was sie angreift.

Dieses Schuldgefühl wird oft von der Umgebung verstärkt, die – ihrerseits verwirrt – selten zu helfen versteht, ohne zu urteilen, und gefühllose Kommentare oder Erklärungen abspult: «Du müßtet weniger dies oder mehr das sein! .... Glaubst Du nicht, daß Du Öl ins Feuer gießt? Wenn er so ist, dann hat du wohl etwas getan, was ihm gegen den Strich ging ...»

In unserer Gesellschaft gilt Schuldgefühl als etwas Negatives: Man leistet sich keine Stimmungen, man muß sich als der Stärkere erweisen. Wie man sagt, daß es keinen Rauch ohne Feuer gibt, so hat die Gesellschaft die Tendenz zu sagen, es gebe kein Schuldgefühl ohne Vergehen. In den Augen außenstehender Beobachter laden die Perversen ihren Opfern die Schuld auf.

# Der Streß

Die Unterwerfung hinzunehmen ist nur um den Preis einer gewaltigen inneren Anspannung möglich; dem anderen keinen Anlaß zu Unzufriedenheit geben, ihn beruhigen, wenn er erregt ist, sich zwingen, nicht zu reagieren. Diese Spannung erzeugt Streß.

Angesichts einer Streßsituation reagiert der Organismus damit, daß er sich in Alarmzustand versetzt durch Produktion von Hormonstoffen, Schwächung des Immunsystems und Veränderung der Neurotransmitter im Gehirn. Anfangs handelt es sich um ein Anpassungsphänomen, das es erlaubt, einem Angriff, gleich welchen Ursprungs, standzuhalten. Wenn der Streß punktuell ist und es dem Individuum gelingt, damit umzugehen, kommt alles rasch wieder in Ordnung. Zieht sich die Situation hin oder wiederholt sie sich in dicht aufeinanderfolgenden Intervallen, geht sie über die Anpassungsfähigkeit des Menschen hinaus, und die Aktivierung des neuroendokrinen Systems dauert an. Das Anhalten erhöhter Werte von Anpassungshormonen hat Störungen im Gefolge, die imstande sind, sich chronisch einzunisten.

Die ersten Anzeichen von Streß sind, je nach Empfindlichkeit des einzelnen, Herzklopfen, Beklemmungsgefühle, Atemnot, Erschöpfung, Schlafstörungen, Nervosität, Reizbarkeit, Kopfschmerzen, Verdauungsstörungen, Unterleibsschmerzen sowie psychische Symptome wie Ängstlichkeit.

Die Streßanfälligkeit variiert von einem Menschen zum anderen. Lange hat man geglaubt, es handele sich um eine biologische, genetische Anlage. Heute weiß man, daß man sich diese Schwäche nach und nach zuziehen kann, wenn man mit chronischen Aggressionen konfrontiert ist. Allerdings sind Personen mit impulsivem Charakter anfälliger für Streß, während die Perversen es überhaupt nicht sind. Sie reagieren sich ab, indem sie beim anderen Leid auslösen. Sie sind zum Beispiel die einzigen, die keine Kriegsneurose aufweisen, wie nach dem Vietnamkrieg zu beobachten war.

Der Aggressor entgeht dem Streß oder dem inneren Leiden, indem er für all seine Störungen den anderen verantwortlich macht. Die Opfer finden keinen Ausweg, da sie den Vorgang, der abläuft, nicht verstehen. Nichts hat mehr Sinn, etwas wird gesagt, denn das Gegenteil, das Augenscheinliche wird abgestritten. Sie erschöpfen sich in Antworten, die immer unpassend sind, die die Gewalt nur verschärfen, Verschleiß nach sich ziehen und schließlich zu einer echten neurovegetativen Störung führen.

Da diese Spannungen sich über lange Zeiträume fortsetzen (Monate, manchmal Jahre), läßt die Widerstandskraft des Organismus nach, er kann das Auftreten einer chronischen inneren Unruhe nicht mehr vermeiden. Funktionelle und organische Störungen können eintreten, hervorgerufen durch die neurohormonellen Stöße.

Nach einer langen Serie von Mißerfolgen verlieren die Opfer den Mut und antizipieren neuen Mißerfolg. Was wiederum den Streß erhöht und alle Abwehrversuche immer vergeblicher macht.

Dieser chronische Streßzustand kann zum Auftreten eines allgemeinen inneren Angstzustands führen – mit anhaltender Furcht und Furchtvorwegnahme, ängstlichen Grübeleien, die schwer zu beherrschen sind, kurzum einem Zustand ständiger Spannung und übermäßiger Wachsamkeit.

## Die Angst

Egal, ob die narzißtischen Perversen ihren Zweck erreichen oder nicht, sie bringen im anderen eine Gewaltbereitschaft zum Vorschein, die sie lieber nicht sehen wollen.

Alle Opfer beschreiben in diesem Stadium ein Gefühl von Angst. Sie sind ständig auf der Hut, belauern den Blick des anderen oder die Schroffheit seiner Gebärden, den eisigen Ton, der eine unausgesprochene Aggressivität verdecken könnte. Sie fürchten die Reaktion des anderen, seine Anspannung oder seine Kälte, wenn sie mit seinen Erwartungen nicht übereinstimmen, fürchten verletzende Bemerkungen, Sarkasmen, Spott.

Ob die Opfer – in Schrecken versetzt wie sie sind – sich nun fügen oder aber reagieren, in jedem Falle sind sie im Unrecht. Im ersten Fall werden die Perversen – und vielleicht auch die Umgebung – sagen, sie seien wahrhaftig die «geborenen Opfer». Im zweiten wird man ihr Ungestüm anprangern, sie beschuldigen, sie für das Scheitern der Beziehung verantwortlich machen, aber auch für alles andere, was nicht klappt – jedem Augenschein zum Trotz.

Um dieser Gewalt zu entgehen, neigen sie dazu, sich immer liebenswürdiger, immer versöhnlicher zu zeigen. Sie wiegen sich in der Illusion, dieser Haß könne sich auflösen in Liebe und in Wohlwollen. Das bekommt ihnen schlecht; denn je großmütiger man sich einem Perversen gegenüber zeigt, um so mehr verunsichert man ihn. Indem man sich bemüht, wohlwollend zu erscheinen, zeigt man ihm nur, in welchem Ausmaße man ihm überlegen ist, was natürlich seine Gewaltbereitschaft nur neu belebt.

Wenn dagegen den Angegriffenen plötzlich Haß überkommt, freuen sich die Perversen. Das gibt ihnen recht: «Nicht ich hasse ihn/sie, er/sie haßt mich.»

## Die Vereinsamung

Wie soll man mit all dem fertig werden? Die Opfer fühlen sich alleingelassen. Wie soll man aber «draußen» darüber sprechen? Die heimliche Zerstörung läßt sich nicht in Worte fassen. Wie einen haßerfüllten Blick beschreiben, eine Gewalt, die sich nur in Anspielungen oder Andeutungen zeigt? Sichtbar wird die Gewalt nur mit Blick auf den gequälten Partner. Wie könnten die Freunde sich vorstellen, was geschieht? Selbst wenn sie zufällig die Realität der Aggressionen miterlebten, wären sie doch auch nur verwirrt und entsetzt. Im allgemeinen hält die Umgebung – selbst die nahe – lieber Abstand: «Da wollen wir nicht hineingezogen werden!»

Die Opfer zweifeln an ihren eigenen Wahrnehmungen, sind nicht sicher, nicht zu übertreiben. Wenn die Aggressionen sich vor Zeugen ereignen, kommt es vor, daß die Opfer, die immer Beschützer ihres Aggressors sind, deren Reaktionen für übertrieben halten und sich in der paradoxen Lage befinden, den zu verteidigen, der sie angreift, um nicht noch Öl ins Feuer zu gießen.

## 9. Die längerfristigen Folgen

### Der Schock

Die Opfer sind geschockt, wenn sie sich der Aggression bewußt werden. Bis dahin waren sie nicht argwöhnisch, wahrscheinlich sogar zu vertrauensselig. Selbst wenn Außenstehende sie auf ihre Unterwürfigkeit oder ihre zu große Nachsicht angesichts eines offensichtlichen Mangels an Achtung aufmerksam gemacht haben würden, sie hätten es abgelehnt, das einzusehen. Doch plötzlich begreifen sie, daß sie Spielball einer Manipulation gewesen sind.

Sie sind fassungslos, zutiefst verletzt. Alles bricht zusammen. Die Schwere des Traumas rührt her von dem Überraschungseffekt und von der fehlenden Vorbereitung, die wiederum Folge des beherrschenden Einflusses ist. In diese Erschütterung mischen sich Schmerz und Beklemmung. Das Gefühl von gewaltsamem Eindringen, von Bestürzung, von Überrolltwerden, von völliger Niedergeschlagenheit beschreiben gewisse Opfer wie eine körperliche Aggression: «Es ist wie ein Dolchstoß!» «Er beschimpft mich, er ist entsetzlich, ich fühle mich wie ein Boxer, der schon am Boden liegt und den man weiter mit Schlägen traktiert.»

Merkwürdigerweise beobachtet man selten Anwandlungen von Zorn oder Revolte, auch wenn die Opfer den Entschluß zur Trennung schon gefaßt haben. Trotzdem wäre Zorn Befreiung. Die Opfer können die Ungerechtigkeit ihres Geschicks genau benennen, sind aber nicht in der Lage zu revoltieren. Der Zorn kommt erst später, und dann ist es meist ein kontrollierter und daher wirkungsloser Zorn. Um zu befreiendem Zorn zu gelangen, müßten die Opfer sich erst von dem beherrschenden Einfluß freimachen.

Wenn ihnen die Manipulation zum Bewußtsein kommt, fühlen sich die Opfer erst einmal hintergangen, wie jemand, der betrogen wurde. Es ist immer wieder das gleiche Gefühl: getäuscht worden zu sein, mißbraucht, mißachtet. Sie entdecken erst spät, daß sie Opfer sind, daß man mit ihnen Schindluder getrieben hat. Sie verlieren die Achtung vor sich selbst und ihre Würde. Sie schämen sich der Reaktionen, die diese Manipulation in ihnen wachgerufen hat. «Ich hätte früher reagieren müssen!» «Wieso habe ich eigentlich nichts gemerkt?»

Die Scham kommt daher, daß ihnen ihre pathologische Bereitwilligkeit, die die Gewalt des anderen zugelassen hat, bewußt wird.

Manchmal drängt es diese Menschen, sich zu rächen, aber meistens sind sie eher auf der Suche nach Rehabilitierung, nach Anerkennung ihrer Identität. Sie hoffen auf Entschuldigungen von ihrem Aggressor, die sie aber nicht bekommen werden. Wenn sie Genugtuung erhalten, dann erst sehr viel später: von Zeugen oder passiven Mittätern, die ebenfalls – manipuliert von dem Perversen – bei der Aggression mitgespielt hatten.

## Die Dekompensation

Die Opfer, ausgelaugt während der Phase des beherrschenden Einflusses, fühlen sich nun unmittelbar angegriffen. Die Widerstandsfähigkeit eines Menschen ist nicht unbegrenzt, sie erodiert fortschreitend, was zu einer psychischen Erschöpfung führt. Jenseits eines gewissen Quantums an Streß kann keine Anpassungsleistung mehr erbracht werden, und es kommt zum Ausfall der Ersatzbefriedigung. Dauerhaftere Störungen stellen sich ein.

Im allgemeinen treffen wir Psychiater diese Opfer im Stadium der Dekompensation. Sie zeigen einen generalisierten Zustand der Beklommenheit, psychosomatische Störungen oder sind depressiv. Bei impulsiveren Personen kann der Ausfall der Ersatzbefriedigung in der Form geschehen, daß sie zu gewaltsamen Handlungen übergehen, die zur Einweisung in die psychiatrische Klinik führen. Nicht selten erscheinen diese Störungen in den Augen des Aggressors wie eine Rechtfertigung für ein Quälen.

Erstaunlicherweise sind Arbeitnehmer, die an ihrem Arbeitsplatz gequält werden und die wir in diesem Stadium sehen, selten einverstanden, wenn wir ihnen vorschlagen, sich krankschreiben zu lassen: «Wenn ich aufhöre, wird alles nur noch schlimmer! Man wird es mich büßen lassen!» Die Angst führt dazu, alles hinzunehmen.

Diese depressiven Zustände sind verbunden mit Erschöpfung, mit einem Übermaß an Streß. Die Opfer fühlen sich leer, abgespannt, ohne Energie. Nichts interessiert sie mehr. Es gelingt ihnen nicht mehr zu denken oder sich zu konzentrieren, nicht einmal auf ganz gewöhnliche Tätigkeiten. Unter diesen Umständen können Selbstmordideen auftauchen. Das Risiko ist am größten in dem Augenblick, da ihnen bewußt wird, daß sie hintergangen worden sind und keine Aussicht besteht, daß man anerkennt, daß sie im Recht sind. Ereignet sich ein Selbstmord oder ein Selbstmordversuch, so bestärkt das die Perversen in ihrer Gewißheit, daß der andere schwach war, zerrüttet, verrückt, und daß die Aggressionen, die man sie erdulden ließ, berechtigt waren.

Bei einer perversen Aggression richtet es der Aggressor so ein, daß er allmächtig erscheint, er trägt moralische Strenge und Weisheit zur Schau. Die Enttäuschung für das leichtgläubige Opfer ist daher um so größer. Ganz allgemein findet man unter den Ereignissen des Lebens, die imstande sind, einen depressiven Zustand auszulösen, nicht nur Erfahrungen von Trauer oder Trennung, sondern auch den Verlust eines Ideals oder einer Vorstellung, die zu hoch angesetzt war. Daraus entsteht ein Gefühl von Nutzlosigkeit, Ohnmacht, Niederlage. Eher als eine schwierige oder gefährliche Situation ist es die Erfahrung von Niederlage und Ohnmacht, das Gefühl, gedemütigt und in einer Falle gefangen zu sein, die auslösendes Element einer depressiven Phase sein kann.

In einer Situation des Quälens stellt sich nach zahlreichen fehlgeschlagenen Dialogversuchen ein Zustand dauernder Angst ein, «festgefroren», genährt von immer wieder neuen Aggressionen – Vorläufer der chronischen Furcht und Antizipation, die oft einen verstärkten Arzneikonsum notwendig macht.

Bei anderen Opfern ist die Reaktion physiologisch: Magengeschwüre, kardiovaskuläre Erkrankungen, Hautkrankheiten ... Manche von ihnen sieht man abmagern, schwach werden und durch den Körper eine psychische Verletzung ausdrücken, die ihnen nicht zum Bewußtsein kommt und die bis zur Zerstörung ihrer Identität gehen kann. Die psychosomatischen Störungen sind nicht unmittelbare Folge der Aggression, sondern Folge der Tatsache, daß die Person unfähig ist zu reagieren. Was immer sie tut, sie hat unrecht, was immer sie tut, sie ist schuldig.

Bei wieder anderen erfolgt die Antwort – ihrem Verhalten und ihrem Charakter entsprechend – unmittelbar aus der perversen Herausforderung. Vergebliche Versuche, Gehör zu finden – z. B. eine Nervenkrise in der Öffentlichkeit oder eine aggressive Handlung gegenüber dem Aggressor –, tragen ebenfalls dazu bei, die Aggression zu rechtfertigen: «Ich hab's ja immer gesagt, er/sie ist total krank!»

Man weiß, daß die impulsive Aggressivität, genau wie die raubtierhafte Aggressivität, zum Gewaltverbrechen führen kann, aber es hat den Anschein, als sei das Risiko eines Gewaltverbrechens größer bei Individuen, die eine Aggressivität vom impulsiven Typus aufweisen. Um zu beweisen, daß ihr Opfer böse ist, sind die Perversen bereit, es zur Gewalttätigkeit gegen sie anzustiften. In dem Film *Passage à l'acte* von Francis Girod (1996) manipuliert ein Perverser seinen Psychoanalytiker, bis er ihn so weit hat, daß er ihn tötet. Bis zum Ende wird er es sein, der die Spielregeln bestimmt hat. Es kommt vor, daß das Opfer diese Gewalttätigkeit gegen sich selbst wendet, da der Selbstmord die einzige Lösung ist, sich seines Aggressors zu entledigen.

Eine weitere, häufig nicht beachtete Folge des Traumas ist die Dissoziation (Spiegel, 1993),[37] die man beschreiben kann als ein Bersten der Persönlichkeit. Sie wird definiert als das Eintreten einer Störung, die normalerweise integrierte Funktionen wie Bewußtsein, Gedächtnis, Identität oder Umweltwahrnehmung berührt. Es handelt sich um ein Phänomen der Verteidigung gegen die Angst, den Schmerz oder die Ohnmacht angesichts eines traumatischen Ereignisses, das von dem, was man normalerweise sich vorzustellen vermag, dermaßen abweicht, daß die seelische Struktur keine andere Ausflucht weiß, als es zu entstellen oder aus seinem Bewußtsein zu verdrängen. Der Zerfall bewirkt eine Trennung zwischen dem Erträglichen und dem Unerträglichen, welches der Amnesie überlassen wird. Er filtert die erlebte Erfahrung und führt so zu Erleichterung und partiellem Schutz.

Das Phänomen dieses Zerfalls trägt dazu bei, den beherrschenden Einfluß zu verstärken, und bildet eine zusätzliche Schwierigkeit, die man in der Therapie berücksichtigen muß.

## Die Trennung

Angesichts einer Drohung, die immer deutlicher in Erscheinung tritt, können die Opfer auf zweierlei Art reagieren:

- sich fügen und das Beherrschtwerden hinnehmen; dann kann der Aggressor in Ruhe sein Zerstörungswerk fortsetzen;
- revoltieren und kämpfen, um fortzugehen.

[37] C. Classen, C. Koopman und D. Spiegel, «Trauma and Dissociation», Bulletin of the Menninger Clinic, vol. 57, no 2, 1993.

Gewisse Menschen, die einem zu starken oder zu lange dauerndem Einfluß unterworfen sind, sind nicht in der Lage zu fliehen oder zu kämpfen. Sie ziehen manchmal einen Psychiater oder Psychotherapeuten zu Rate, aber kündigen sogleich an, daß sie jede grundlegende Infragestellung ablehnen. Sie möchten nur «durchhalten», ihre Unterjochung ertragen ohne allzu viele Symptome und weiterhin «Haltung bewahren». Diese Personen ziehen gewöhnlich eine medikamentöse Behandlung einer langwierigen Psychotherapie vor. Indessen kann es, wenn die depressiven Zustände dicht aufeinanderfolgen, zu einem Mißbrauch angstlösender Medikamente oder toxischer Substanzen kommen, was den Psychiater veranlassen wird, aufs neue eine Psychotherapie vorzuschlagen. Ist der Vorgang des Quälens erst einmal alltäglich geworden, so ist es in der Tat selten, daß er anders aufhört als durch den Weggang des Opfers, und Medikamente werden diesem nicht helfen, seine Haut zu retten.

Meist reagieren die Opfer erst, wenn sie miterleben, wie die Gewalt sich gegen eine andere Person richtet, oder wenn sie einen Verbündeten oder Rückhalt von außen finden konnten.

Wenn die Trennung sich denn bewerkstelligen läßt, so ist sie das Werk der Opfer, nie das der Aggressoren. Dieser Befreiungsprozeß vollzieht sich unter Schmerzen und Schuldgefühlen, da die narzißtischen Perversen sich als im Stich gelassene Opfer aufspielen und damit einen neuen Vorwand finden für ihre Gewalt. Bei einem Trennungsvorgang halten sich die Perversen immer für die Geschädigten, werden prozeßsüchtig und nützen es aus, daß ihr Opfer, das es eilig hat, Schluß zu machen, noch zu allen Zugeständnissen bereit ist.

In der Ehe werden Erpressung und Zwang ausgeübt auf dem Umweg über die Kinder, falls welche da sind, oder durch Gerichtsverfahren um die materiellen Güter. In der Berufswelt geschieht es nicht selten, daß ein Prozeß gegen das Opfer angestrengt wird, weil es sich immer irgendeiner Sache schuldig gemacht, beispielsweise ein wichtiges Dokument nach Hause mitgenommen hat. Stets beklagt sich der Aggressor, geschädigt worden zu sein, während es doch das Opfer ist, das alles verliert.

## Die spätere Entwicklung

Selbst wenn die Opfer nach Abschluß eines Trennungsversuchs jeden Kontakt zu ihrem Aggressor verlieren, lassen sich die dramatischen Folgen dieses Lebensabschnitts nicht bestreiten, in dem man sie in die Lage eines Objekts gezwungen hatte. Von daher bekommt jede Erinnerung, jedes neue Ereignis einen anderen Sinn, verbunden mit der durchlebten Erfahrung.

Die körperliche Entfernung vom Aggressor bedeutet in der ersten Zeit eine Befreiung für die Opfer: «Endlich kann ich wieder aufatmen!» Nach der Phase der Erschütterung kommt wieder Interesse an der Arbeit oder an Freizeitaktivitäten auf, eine Neugier auf die Welt und auf Menschen, alles Dinge, die bis dahin blockiert waren durch die Abhängigkeit. Aber auch das geht nicht ohne Schwierigkeiten vonstatten.

Einige der Opfer überstehen diese Qualen ohne größere psychische Schäden, es bleibt nur eine böse Erinnerung, die sie bewältigt haben. Das trifft vor allem zu, wenn das Quälen außerfamiliär und von kurzer Dauer war. Aber bei vielen klingen die traumatische Erfahrungen noch lange nach, doch sie nehmen das hin.

Die Versuche zu vergessen führen meist zu verzögerten psychischen oder somatischen Störungen, als ob das Leiden in der seelischen Struktur als Fremdkörper zurückgeblieben wäre, aktiv und dennoch unzugänglich.

Die erlebte Gewalt kann harmlose Spuren hinterlassen, die mit der Aufrechterhaltung eines praktisch normalen Soziallebens vereinbar sind. Die Opfer erscheinen psychisch nicht geschädigt, aber weniger spezifische Symptome dauern fort, die einem Versuch gleichen, die erlittene Aggression «wegzuzaubern». Das kann allgemeine Beklemmung sein, chronische Müdigkeit, Schlaflosigkeit, Kopfweh, verschiedenartige Schmerzen oder psychosomatische Störungen (Bulimie, Alkoholismus, Drogenabhängigkeit). Wenn diese Menschen ihren Arzt konsultieren, verschreibt er ihnen ein symptombekämpfendes oder ein angstlösendes Medikament. Keinerlei Verbindung wird hergestellt zwischen der Gewalt, die das Opfer erlitten hat, und den Störungen, die es aufweist – weil es davon nicht spricht.

Es kommt vor, daß die Opfer nachträglich klagen über unkontrollierbare Aggressivität. Sie ist eine Nachwirkung aus der Zeit, da es ihnen unmöglich war, sich zu verteidigen, und die sich auch als eine übertragene Gewalt deuten läßt.

Andere Opfer werden eine ganze Reihe von Symptomen entwickeln, die der Definition des posttraumatischen Stresses nahekommen. Diese Definition entspricht etwa der alten europäischen Definition der traumatischen Neurose, wie sie ausgearbeitet wurde auf der Grundlage der Kriegsneurose während des Ersten Weltkriegs[38] und besonders von den Amerikanern bei den ehemaligen Vietnamkämpfern erforscht wurde. Später wurde diese Diagnostik angewandt, um die psychologischen Folgen von Naturkatastrophen oder von bewaffneten Überfällen oder Vergewaltigungen zu beschreiben. Erst in allerjüngster Zeit wurde sie auf eheliche Gewalt angewandt.[39] Es ist nicht üblich, von posttraumatischem Streß zu sprechen im Hinblick auf Opfer seelischer Perversion; denn man behält diese Bezeichnung den Personen vor, die mit einem Ereignis konfrontiert waren, bei dem ihre körperliche Sicherheit oder die eines anderen bedroht war. Dennoch be-

---

[38] S. Ferenczi, Die Psychoanalyse der Kriegsneurosen (1918), in: ders., Bausteine zur Psychoanalyse, Bd. 3: Arbeiten aus den Jahren 1908–1933, 2., unveränd. Aufl. Bern/Stuttgart 1964, S.95–118.

[39] M. A. Dutton und L. Goodman, «Post-traumatic Stress Disorder among Battered Women: Analysis of legal Implications», Behavioral Sciences and the Law, vol. 12, S. 215–234, 1994.

trachtet General Crocq, Spezialist für Viktimologie in Frankreich, die Bedrohten, die Gequälten und die Diffamierten als psychische Opfer.[40] Diese Opfer waren, wie Kriegsopfer, einem virtuellen «Belagerungszustand» ausgesetzt, der sie zwang, ständig in Verteidigungsstellung zu verharren.

Die Aggressionen oder Demütigungen sind ins Gedächtnis eingeschrieben und leben wieder auf in intensiven und sich wiederholenden Bildern, Gedanken, Erschütterungen – sei es tagsüber mit dem plötzlichen Gefühl, eine völlig gleiche Situation stehe wieder bevor, sei es während der Nacht, wo sie Schlaflosigkeit und Alpträume hervorrufen. Die Opfer verspüren das Bedürfnis, über die traumatisierenden Ereignisse zu sprechen, aber die Beschwörungen der Vergangenheit führen jedesmal zu psychosomatischen Erscheinungen, die mit Angst gleichbedeutend sind. Sie weisen Gedächtnis- und Konzentrationsstörungen auf. Machmal verlieren sie den Appetit oder zeigen ganz im Gegenteil bulimische Verhaltensweisen, erhöhen ihren Alkohol- oder Tabakkonsum.

Längerfristig führen die Angst, dem Aggressor die Stirn zu bieten, und die Erinnerung an die traumatisierende Situation zu einem Ausweichverhalten. Die Opfer entwickeln Strategien, um nicht an das «stressige» Ereignis denken zu müssen und alles zu meiden, was diese schmerzliche Erinnerung heraufbeschwören könnte. Diese Distanzierung als Versuch, einem Teil der Erinnerung zu entkommen, hat mitunter aber auch eine deutliche Verringerung des Interesses für früher wichtige Aktivitäten oder eine Einschränkung des Gefühlslebens im Gefolge. Gleichzeitig bestehen neurovegetative Symptome weiter, wie Schlafstörungen oder übermäßige Wachsamkeit.

Dieses schmerzhafte Wiederaufleben schildern fast alle, die einmal «Opferlamm» waren, aber manchen gelingt es, sich davon zu lösen, indem sie sich äußeren Aufgaben, beruflichen oder karitativen, widmen.

---

[40] L. Crocq, «Les victimes psychiques», Victimologie, novembre 1994.

Die Erfahrung, die sie durchgemacht haben, läßt sich nicht vergessen, aber es ist möglich, ihr immer weniger Raum zu geben. Wie sollten die Opfer auch sagen, daß sie – zwanzig oder dreißig Jahre später – immer noch ein Gefühl der Verzweiflung überkommt, wenn sich ihnen Bilder ihres Peinigers aufdrängen? Selbst wenn sie wieder Erfüllung im Leben gefunden haben, können diese Erfahrungen ihnen jederzeit schlagartig Leid verursachen. Jahre später wird alles, was unmittelbar oder von Ferne die Erinnerung wachruft an das Erlittene, sie sofort die Flucht ergreifen lassen, denn das Trauma hat in ihnen eine Fähigkeit entwickelt, besser als andere die perversen Ansätze einer Verbindung herauszuspüren.

Bei denen, die im Unternehmen gequält wurden, wird der Umfang der langfristigen Folgen oft erst wahrgenommen, wenn es ihnen nach einer langen Zeit, während der sie krankgeschrieben waren, besser zu gehen scheint und man ihnen nahelegt, die Arbeit wieder aufzunehmen. Dann sieht man die Symptome wieder auftauchen: Krisen der Angst, Schlaflosigkeit, trübe Gedanken. Der Patient gerät in eine Spirale: Rückfall, erneutes Krankgeschriebenwerden, Wiederaufnahme, Rückfall ..., was zum Ausscheiden aus dem Arbeitsleben führen kann.

Es geschieht auch, daß das Leben bei diesem Trauma stehenbleibt, wenn es den Opfern nicht gelingt, sich von dem beherrschenden Einfluß zu lösen: Die Lebenskraft ist stumpf geworden, die Lebensfreude schwindet, und jede persönliche Initiative wird unmöglich. Sie verharren in der Klage darüber, im Stich gelassen worden zu sein, betrogen, verhöhnt. Sie werden verbittert, empfindlich, reizbar, ziehen sich vom gesellschaftlichen Leben zurück in bittere Grübeleien. Diese Opfer käuen wieder, und ihre Umgebung erträgt das schlecht: «Das sind alte Geschichten, Du solltest an etwas anderes denken!»

Dennoch fordern die Opfer, sei es in den Familien oder den Unternehmen, selten Rache. Sie verlangen vor allem nach Anerkennung dessen, was sie durchgemacht haben, selbst wenn es niemals möglich ist, eine Ungerechtigkeit vollständig wiedergutzumachen. An der Arbeitsstelle geschieht diese Wiedergutmachung in Form einer finanziellen Entschädigung, die aber das erduldete Leid in keiner Weise ausgleichen kann. Von einem wirklich perversen Aggressor Gewissensbisse oder Bedauern zu erwarten ist vergeblich. Das Leid der anderen ist ohne jede Bedeutung. Sollte es Reue geben, so kommt sie von der Umgebung, von denen, die stumme Zeugen oder Mittäter waren. Sie allein sind in der Lage, ihr Bedauern auszudrücken und damit sogar der Person, die zu Unrecht verhöhnt wurde, ihre Würde wiederzugeben.

## 10. Praktische Ratschläge für Paare und Familien

Gegenüber einem Perversen gewinnt man niemals. Bestenfalls kann man etwas über sich selbst lernen.

Für das Opfer ist die Versuchung groß, zu seiner Verteidigung zu den gleichen Mitteln Zuflucht zu nehmen wie der Aggressor. Wenn man sich aber in der Position des Opfers befindet, dann heißt das, daß man eben der weniger Perverse von beiden ist. Man kann sich kaum vorstellen, wie sich das umkehren könnte. Man muß strikt davon abraten, sich der gleichen Waffen wie der Gegner zu bedienen. Das Gesetz ist die einzige Zuflucht.

### *Erkennen*

In der ersten Zeit geht es für das Opfer darum, das perverse Vorgehen zu erkennen, das darin besteht, ihm die gesamte Verantwortung für den ehelichen oder familiären Konflikt aufzubürden, und dann das Problem «mit kühlem Kopf» zu analysieren und dabei die Schuldfrage beiseite zu lassen. Zu diesem Zweck muß es sein Ideal von unbedingter Toleranz aufgeben und anerkennen, daß jemand, den es liebt oder geliebt hat, eine Persönlichkeitsstörung aufweist, die ihm gefährlich wird, und daß es sich davor schützen muß. Die Mütter müssen lernen, die Personen zu erkennen, die unmittelbar oder mittelbar Gift für ihre Kinder sind, was nicht leicht ist, wenn es sich um einen nahen Angehörigen handelt.

Man schützt sich erst dann, wenn man dem beherrschenden Einfluß entkommen ist; wenn man bereit ist, sich einzugestehen, daß der Aggressor, egal welche Gefühle man ihm entgegengebracht hat oder noch entgegenbringt, gefährlich ist, weil er einem Böses will.

Wenn das Opfer das perverse Spiel nicht mehr mitspielt, löst das beim Aggressor übersteigerte Gewalt aus, die ihn dahin bringen wird, einen Fehler zu begehen. Von da an kann man sich auf die Strategien des Perversen stützen, um ihn in seiner eigenen Falle zu fangen. Soll das heißen, daß man auch perverse Machenschaften benutzen soll, um sich zu verteidigen? Gerade das ist die Gefahr, die es um jeden Preis zu vermeiden gilt. Da es das Endziel eines Perversen ist, den anderen zu verderben, ihn dahin zu bringen, daß auch er sich so «mies» benimmt, besteht der einzige Triumph darin, nicht wie er zu werden und nicht im Gegenzug anzugreifen. Aber es ist wichtig, seine Taktiken zu kennen und seine Vorgehensweise, um seine Aggressionen zu vereiteln.

Wird man von einem seelisch Perversen gequält, so lautet die Grundregel: aufzuhören, sich zu rechtfertigen. Die Versuchung ist groß, da ja die Reden des Perversen gespickt sind mit Lügen, die er wider Treu und Glauben vorbringt. Jede Erklärung oder Rechtfertigung kann nur dazu führen, daß das Opfer sich noch mehr verstrickt. Jede Ungenauigkeit, jeder Irrtum, auch wenn er in gutem Glauben geschah, kann als Waffe verwendet werden. Von dem Augenblick an, da man in die Schußlinie eines Perversen geraten ist, kann alles zur Anklage werden. Es ist besser zu schweigen.

Für einen Perversen hat der Gesprächspartner von vornherein unrecht, oder zumindest ist alles, was er sagt, verdächtig. Man unterstellt ihm bösartige Absichten, seine Äußerungen können nur Lügen sein. Die Perversen können sich nicht vorstellen, daß man nicht lügen könnte.

Die früheren Entwicklungsstufen des Vorgangs haben dem Opfer vor Augen geführt, daß Dialog und Erklärungen nichts bewirken. Wenn ein Meinungsaustausch stattfinden soll, so muß dies durch Vermittlung eines Dritten geschehen. Im direkten Kontakt ist es besser, sich Zeit zu lassen, um die richtige Antwort zu bedenken.

Wenn nach einer Trennung das Quälen telephonisch weitergeht, kann man immer noch die Nummer wechseln oder die Anrufe mit Hilfe eines Anrufbeantworters aussieben. Was beleidigende oder tendenziöse Post betrifft, so ist es besser, sie von jemand anderem öffnen zu lassen; denn die perversen Briefe träufeln wohldosiert wieder ein bißchen Gift und Leid ein, die das Opfer aufs neue destabilisieren.

## Handeln

Sofern das Opfer sich unter dem beherrschenden Einfluß bisher zu versöhnlich gezeigt hat, muß es die Strategie ändern und unbeirrbar handeln, ohne Furcht vor dem Konflikt. Seine Entschlossenheit wird den Perversen zwingen, sich zu entlarven. Jede Veränderung in der Haltung des Opfers löst für gewöhnlich erst einmal eine Steigerung der Aggressionen und Provokationen aus. Der Perverse wird um so mehr versuchen, ihm Schuldgefühle einzureden. «Du kennst wahrhaftig keinerlei Mitleid!» «Man kann nie mit Dir reden!»

Vom gelähmten Opfer muß es zum Spielverderber werden. Indem es die Krise offen ausbrechen läßt, kann es als Aggressor erscheinen, aber das ist eine Rolle, die man auf sich nehmen muß, denn nur von ihr allein kann eine Veränderung kommen. Wie ein Aufbruch, um dem demütigenden beherrschenden Einfluß zu entkommen, läßt die Krise neues Leben aufkommen. Es ist die einzige Möglichkeit einer Lösung oder zumindest einer neuen Ausrichtung. Je länger die Krise hinausgezögert wird, um so schlimmer wird sie ausfallen.

## Innerlich widerstehen

Dazu ist es wichtig, Unterstützung zu bekommen. Bisweilen genügt es, wenn ein einziger Mensch Vertrauen zeigt, egal in welchem Zusammenhang, damit das Opfer wieder Selbstvertrauen gewinnt. Dennoch muß man sich in acht nehmen vor den Ratschlägen der Freunde, der Familie und aller Personen, die versuchen, sich als Vermittler einzuschalten; denn die unmittelbare Umgebung kann nicht neutral sein. Sie ist selbst unschlüssig und hin- und hergerissen. Die familiären perversen Aggressionen lassen rasch erkennen, wer die zuverlässigen Freunde sind. Gewisse Personen, die einem nahezustehen schienen, lassen sich manipulieren, gehen in Deckung oder erheben Vorwürfe. Andere verstehen die Lage nicht und wählen die Flucht. Die einzigen brauchbaren «Stützen» sind die, die sich damit begnügen dazusein, anwesend, greifbar, und die nicht urteilen; diejenigen, die – egal was geschieht – sie selbst zu bleiben verstehen.

## Die Justiz einschalten

Manchmal läßt die Krise sich nur durch Einschreiten der Justiz lösen. Der fremde Blick erlaubt es, die Dinge klarzustellen und nein zu sagen.

Aber ein Urteil wird einzig und allein auf der Grundlage von Beweisen gefällt. Eine geschlagene Frau kann die Spuren von Schlägen beurkunden lassen; wenn sie sich wehrt, wird man sagen, sie befinde sich in einer Notwehrsituation. Eine gedemütigte und beleidigte Frau kann schwer Gehör finden, weil sie keine Beweise vorzuweisen hat.

Wenn ein Opfer entschlossen ist, sich von seinem aggressiven Ehegatten zu trennen, muß es einen Weg finden, daß die Aggressionen in Gegenwart Dritter stattfinden, die sie bezeugen können. Es muß auch alle schriftlichen Hinweise aufheben, die in diese Richtung gehen. Wenn Verleumdung, Herabwertung, Kaltstellen bewiesen sind, bilden sie Scheidungsgründe. Die telephonische Belästigung ist eine strafbare Handlung: Man kann beim Staatsanwalt eine Fangschaltung beantragen, um ihre Herkunft zu erfahren.

Im Falle unverheirateter Personen ist das Problem komplizierter, und die Justiz kann erst eingreifen und die Sache für strafrechtlich relevant erklären, wenn die Aggression zum Delikt geworden ist.

Wenn sie selbst im Gegenzug gewaltsame Verhaltensweisen an den Tag gelegt haben, zögern die Opfer, Anzeige zu erstatten. Doch der Entschuldigungsgrund «Provokation» (z.B. Beleidigungen) läßt die Strafbarkeit entfallen. Die Justiz erkennt an, daß die Gewalttätigkeit des Opfers durch die Beleidigungen des Partners gerechtfertigt war.

Die Richter sind sehr mißtrauisch gegenüber perversen Manipulationen. Sie befürchten, selbst manipuliert zu werden, sind bemüht um Versöhnung um jeden Preis und leiten, um sich nach beiden Seiten abzusichern, Vermittlungen in die Wege, die zu spät kommen. Es entwickelt sich in diesem Fall, unter unfreiwilliger Mittäterschaft des Vermittlers, der gleiche Prozeß der hinterhältigen Herabsetzung, der darauf beruht, das Opfer für alles verantwortlich zu machen. Es ist illusorisch zu versuchen, einen echten Dialog mit einem Perversen zu erreichen; denn er wird es immer verstehen, sich geschickter zu zeigen, und er wird den Vermittler dazu benutzen, seinen Partner herabzusetzen. Eine Versöhnung darf nicht zustande gebracht werden auf Kosten des einen. Das Opfer hat schon viel ertragen, man darf ihm nicht noch weitere Zugeständnisse abverlangen.

Das einzige Mittel, das Opfer zu schützen und es daran zu hindern, auf die direkten oder indirekten Provokationen zu reagieren, besteht darin, strenge juristische Beschlüsse zu erlassen und jeden Kontakt zwischen den beiden Partnern zu vermeiden, in der Hoffnung, daß der Perverse eines Tages ein anderes Opfer finden und auf diese Weise seinen Druck mildern wird.

Wenn Kinder da sind, besonders wenn diese ihrerseits Gegenstand von Manipulation sind, muß das Opfer zunächst sich selbst in Sicherheit bringen, um dann auch sie vor der perversen Beziehung zu schützen. Das macht es manchmal erforderlich, sich über das Zögern der Kinder

hinwegzusetzen, denen es lieber wäre, wenn alles beim alten
bliebe. Es ist Sache der Justiz, Schutzmaßnahmen zu ergreifen, um Kontakte zu verhindern, die die perverse Beziehung
wiederbeleben könnten.

## 11. Ratschläge für Unternehmen

### *Erkennen*

Vor allem anderen ist es wichtig, den Vorgang des Quälens genau zu erkennen und nach Möglichkeiten auch zu analysieren. Fühlt man auf Grund der feindseligen Haltung einer oder mehrerer Personen eine Verletzung seiner Würde und seiner psychischen Unversehrtheit, und dies regelmäßig und über einen langen Zeitraum, so darf man annehmen, daß es sich tatsächlich um seelisches Quälen handelt.

Am besten ist es, schnellstmöglich zu reagieren, bevor man in Verhältnissen gefangen ist, die keine andere Lösung mehr erlauben als zu kündigen.

Von da an ist es wichtig, alle Formen von Provokation und jede Aggression zu notieren. Wie beim familiären psychischen Quälen liegt die Schwierigkeit, sich zu verteidigen, in der Tatsache begründet, daß es selten offenkundige Beweise gibt.

Das Opfer wird deshalb die Spuren, die Indizien zusammentragen, die Beleidigungen aufzeichnen, Photokopien von allem, was früher oder später seiner Verteidigung dienen könnte, anfertigen.

Ebenso wäre es wünschenswert, daß es sich der Beihilfe von Zeugen versichert. Leider geben die Kollegen in einem Klima der Unterdrückung häufig aus Furcht vor Repressalien die Solidarität mit der gequälten Person auf, und wenn ein Quäler jemandem Vorwürfe macht, haben überdies die anderen ihre Ruhe und ziehen es vor, unauffällig zu bleiben. Dennoch genügt schon eine Zeugenaussage, um den Angaben eines Opfers Glaubwürdigkeit zu verleihen.

## Unterstützung finden innerhalb des Unternehmens

Solange man noch imstande ist zu kämpfen, muß man zuerst nach Unterstützung innerhalb des Unternehmens suchen. Allzuhäufig wehren sich die Arbeitnehmer erst, wenn ein Entlassungsverfahren im Gang ist. Diese Suche fällt nicht immer leicht; denn wenn die Lage sich dermaßen verschlechtern konnte, dann hat der verantwortliche Vorgesetzte, wenn er nicht selbst die treibende Kraft des Vorgangs ist, eben nicht entschieden genug durchgegriffen. Wenn man diesen moralischen Rückhalt in seiner Abteilung nicht bekommt, kann man sich in anderen Abteilungen darum bemühen.

Bei jedem Schritt auf seiner Suche nach Unterstützung innerhalb des Unternehmens kann der Arbeitnehmer aus dem Prozeß des Gequältwerdens herausfinden, wenn es ihm gelingt, auf einen Gesprächspartner zu treffen, der zuhören kann. Aber wenn das Quälen sich breitmachen konnte, dann beweist das doch auch, daß er dieses Glück nicht gehabt hat.

Wenn das Unternehmen hinreichend groß ist, sollte man zunächst den Personalchef aufsuchen. Leider sind so manche nur Personalchefs in Anführungsstrichen, sicherlich tüchtig in der Verwaltung, der Kalkulation und im Bereich des Arbeitsrechts, aber sie besitzen weder die Bereitschaft noch die Zeit, sich den Beziehungsproblemen der Arbeitnehmer zu widmen. In einem Unternehmen verlangt man von jedermann, Ergebnisse zu bringen, auch von ihnen. Viele ihrer Aufgabenbereiche können ein bezifferbares Ergebnis liefern, aber was mit Zuhören und Begleiten zu tun hat, mit «menschlichen Beziehungen» im engeren Sinne, rechnet sich nicht und findet manchmal nur schwerlich Platz in ihrem Zeitplan. Es kann auch vorkommen, daß sie das nicht weiter interessiert.

Wenn der Personalchef nichts hat tun können oder tun wollen, ist der Zeitpunkt gekommen, den Betriebsarzt aufzusuchen. Der kann zunächst einmal dem Opfer helfen, sein Problem besser zu Protokoll zu bringen, und dann kann er mit Hilfe dieser Protokolle vom Arbeitsplatz und anläßlich der ärztlichen Visite es den Arbeitnehmern und den Verantwortlichen ermöglichen, sich der schwerwiegenden Folgen dieser Verhältnisse psychologischer Gewalt bewußt zu werden. Diese Vermittlungsarbeit ist nur möglich, wenn er eine Vertrauensstellung im Unternehmen einnimmt und die Protagonisten gut kennt. Meistens setzt sich der psychologisch destabilisierte Arbeitnehmer zu spät mit dem Betriebsarzt in Verbindung, und der kann ihn nur schützen, indem er ihm zu einer ärztlichen Versorgung rät und dazu, sich krankschreiben zu lassen. Seine Stellung ist nicht leicht, denn er erstellt auch Eignungsgutachten, die schwerwiegende Folgen für den Arbeitnehmer haben können. Viele Arbeitnehmer scheuen sich auch, ihn aufzusuchen, weil sie wissen, daß er ein Arbeitnehmer ist wie sie, und sie sind sich nicht immer sicher, wie weit er geistig unabhängig ist gegenüber dem Betrieb, der sie quält oder das Quälen geschehen läßt.

## Psychisch widerstehen

Um sich von gleich zu gleich zu wehren, muß man in guter psychischer Verfassung sein. Wir haben gesehen, daß die erste Phase des Quälens darin besteht, das Opfer zu destabilisieren. Es muß also einen Psychiater oder Psychotherapeuten konsultieren, um die Kraft wiederzugewinnen, die es ihm erlaubt, sich zur Wehr zu setzen. Die einzige Lösung, den Streß und seine gesundheitsschädlichen Folgen zu verringern, ist die, sich krankschreiben zu lassen. Doch viele Opfer weisen das anfangs zurück, weil sie fürchten, den Konflikt zu verschlimmern. Wenn die Person depressiv ist, ist eine Stützung durch angstlösende und antidepressive Medikamente wirklich notwendig. Der Betreffende sollte erst an seine Arbeit zurückkehren, wenn er völlig imstande ist, sich zu wehren. Das kann zu einer verhältnismäßig langen Krankschreibung (bisweilen für mehrere Monate) führen, die sich möglicherweise in einen längerfristigen Krankheitsurlaub verwandelt. Die Psychiater und die Vertrauensärzte der Sozialversicherung sehen sich somit veranlaßt, den Schutz der Opfer in die Hand zu nehmen und berufliche Probleme zu bereinigen, während die Lösungen juristische sein müßten.

*Ein Opfer droht zusammenzubrechen. Sein Arzt schreibt es krank wegen Depression, was den Peiniger und das Unternehmen zufriedenstellt. Als das Opfer das Ende seines Krankenurlaubs ankündigt, rät ihm die Direktion, den Urlaub verlängern zu lassen. Der Arzt lehnt das ab und bringt vor, daß das Problem zwischen dem Arbeitnehmer und dem Unternehmen bereinigt werden müsse, da es am Arbeitsplatz bestehe. Das Opfer nimmt seine Arbeit wieder auf und muß sich vorwerfen lassen, daß es sich nicht habe behandeln lassen.*

*Ein anderes Opfer, das seit mehreren Monaten von seinem Chef gequält wird, ist krankgeschrieben wegen Depression. Bei jedem Versuch, die Arbeit wiederaufzunehmen, erleidet es einen Rückfall. Der Chef wird derart bedrohlich, daß das Opfer Anzeige erstattet. Um einer Verurteilung vor dem Arbeitsgericht zu entgehen, akzeptiert der Chef, sich von seinem Angestellten zu trennen, aber er verschleppt die Formalitäten. Dem Opfer, das immer noch krankgeschrieben ist, geht es besser. Muß es seine Arbeit wiederaufnehmen während der Wartezeit, bis seine Entlassung wirksam wird? Der Vertrauensarzt, der darüber zu entscheiden hatte, fand dies nicht. Er zog es vor, das Opfer zu schützen, und hat die Krankschreibung bis zur Entlassung verlängert.*

Da das Spiel des Quälers darauf beruht, zu provozieren und den anderen ins Unrecht zu setzen, indem er seinen Zorn oder seine Verwirrung weckt, sollte das Opfer lernen zu widerstehen. In einer gegebenen Situation ist es leichter, sich gehenzulassen und sich zu fügen, als Widerstand zu leisten und den Konflikt zu wagen. Was sie auch durchmachen mögen, ich rate den Opfern, Gleichgültigkeit vorzuspiegeln, ein Lächeln zu wahren und mit Humor zu antworten, aber ohne Beimischung von Ironie. Sie sollten unerschütterlich bleiben und nie das Spiel der Aggressivität mitspielen. Sie müssen den anderen reden lassen, sich nicht aufregen und dabei zugleich jede Aggression notieren, um ihre Verteidigung vorzubereiten.

Um das Risiko eines beruflichen Fehlers zu begrenzen, sollte das Opfer untadelig sein. Denn selbst wenn der Peiniger nicht sein Vorgesetzter ist, steht es im Rampenlicht. Man beobachtet es, um zu verstehen, was vor sich geht. Die geringste Verspätung, der geringste Fehler werden für Beweise seiner Verantwortlichkeit bei dem Vorgang gehalten.

Es wäre auch gut, wenn es lernte zu mißtrauen und seine Schubladen abschlösse, sein berufliches Notizbuch oder ein wichtiges Aktenstück, das es bearbeitet, mit sich nähme, selbst zur Essenszeit. Natürlich ist das den Opfern zuwider. Meist nehmen sie dazu erst ihre Zuflucht, wenn die Situation nicht mehr zu retten ist und sie eine Akte fürs Arbeitsgericht vorbereiten.

Um eine gewisse Selbständigkeit des Denkens und einen kritischen Verstand wiederzufinden, müßten die Opfer ein neues Kommunikationsraster verwenden, als systematischen Filter, der ihnen erlaubt, die Wirklichkeit wieder mit dem gesunden Menschenverstand in Übereinstimmung zu bringen. Die Botschaften wörtlich nehmen; wenn nötig, sie sich präzisieren lassen; und die Anspielungen überhören.

Das setzt voraus, daß die gequälte Person in der Lage ist, einen kühlen Kopf zu bewahren. Sie muß lernen, auf die Provokationen ihres Aggressors nicht zu reagieren. Nicht zu reagieren, fällt gerade dem besonders schwer, der ausgewählt wurde wegen seiner Impulsivität. Das Opfer muß seine gewohnten Schemata verlassen; es muß lernen, ruhig zu bleiben, zu warten, bis seine Stunde kommt. Es ist wichtig, daß es sich in seinem tiefsten Inneren die Überzeugung bewahrt, daß es im Recht ist und daß es ihm früher oder später gelingen wird, sich Gehör zu verschaffen.

## Handeln

Im Gegensatz zu dem, was ich für den familiären Bereich empfehle – wo es unerläßlich ist, damit aufzuhören, sich zu rechtfertigen, um dem beherrschenden Einfluß zu entkommen –, muß man sich im beruflichen Bereich äußerst unnachgiebig zeigen, um der perversen Kommunikation entgegenzutreten. Man muß die Aggression antizipieren, indem man sich vergewissert, daß in den Anweisungen und Befehlen keine Zweideutigkeiten stecken, indem man Ungenauigkeiten ausräumen und zweifelhafte Punkte klären läßt. Wenn Zweifel bleiben, sollte der Arbeitnehmer um ein Gespräch bitten, um Erklärungen zu bekommen. Im Falle einer Ablehnung darf er nicht zögern, dieses Gespräch per Einschreibebrief zu verlangen. Diese Briefe können im Fall eines Konflikts als Beweis für das Fehlen eines Dialogs dienen. Es ist besser, als ungewöhnlich mißtrauisch zu gelten – selbst auf die Gefahr hin, als paranoisch eingeschätzt zu werden –, als sich in die Position dessen manövrieren zu lassen, der einen Fehler begangen hat. Es ist nicht verkehrt, wenn das Opfer in einer Umkehrung der Verhältnisse seinen Aggressor beunruhigt, indem es ihm zu verstehen gibt, daß es sich von nun an nichts mehr gefallen läßt.

Gewöhnlich wendet sich das Opfer an die Gewerkschaften oder an die Personalvertretung, wenn es feststellt, daß keine Lösung angeboten wurde, und es eine Entlassung fürchtet oder selbst zu kündigen ins Auge faßt. Aber man muß wissen, daß es zu einem offenen Konflikt kommt, wenn Zustände, bei denen gequält wird, den Gewerkschaften gemeldet werden. Deren Intervention besteht dann darin, eine Entlassung auszuhandeln. Es ist sehr schwer, eine Vermittlung noch auf dieser Ebene zu erreichen; denn die Betriebsräte haben sehr viel eher die Rolle, Forderungen zu stellen, als solche anzuhören und zu vermitteln.

Bei einem der Entlassung vorausgehenden Gespräch sieht das Gesetz vor, daß man sich von einer Person seiner Wahl begleiten lassen kann. Das kann ein Beauftragter der Gewerkschaften sein, wenn es einen im Unternehmen gibt oder ein Arbeitnehmerberater. Im Falle des Quälens ist es wichtig, daß die Begleitperson jemand ist, zu dem man volles Vertrauen hat und von dem man von vornherein annimmt, daß er sich nicht manipulieren läßt.

Kündigen hieße, dem Aggressor einen zu leichten Sieg zuzugestehen. Wenn das Opfer gehen muß, und in diesem Stadium geschieht das zu seinem Schutz, so muß es darum kämpfen, daß seine Entlassung unter einwandfreien Bedingungen erfolgt.

Wenn es keinen echten Entlassungsgrund wegen festgestellten beruflichen Fehlverhaltens gibt, kann der Arbeitgeber eine Entlassung wegen Unverträglichkeit vornehmen. Von dieser Begründung wird wenig Gebrauch gemacht; denn sie muß mit präzisen Tatsachen untermauert werden. Andernfalls wird sie vom Arbeitsgericht zurückgewiesen, vor allem, wenn der Arbeitnehmer dem Unternehmen seit langem angehört. Aber wenn es einem gelungen ist, eine ganze Abteilung gegen eine Person aufzubringen, und wenn jedermann sich über sie beklagt, kann man diese Begründung ins Feld führen.

Wenn der Arbeitgeber das Quälen nicht abgestellt hat, ist es wenig wahrscheinlich, daß gerade er nachher ein Übereinkommen vorschlägt. Es wird Rolle des Arbeitnehmers sein, das mit Hilfe einer Gewerkschaft oder eines Rechtsanwalts zu tun.

# Die Justiz einschalten

## Das seelische Quälen

Es gibt kein Gesetz im juristischen Arsenal, das das seelische Quälen unter Strafe stellt. Es ist also sehr schwierig, seinen Arbeitgeber strafrechtlich zu belangen.

Dennoch: Eine von der Vollversammlung der Vereinten Nationen angenommene Resolution als Anhang zur Erklärung der rechtlichen Grundprinzipien die Opfer von Kriminalität und die Opfer von Machtmißbrauch betreffend, definiert die Opfer von Machtmißbrauch wie folgt: «Unter ‹Opfern› versteht man Personen, die, einzeln oder gemeinsam, einen Schaden erlitten haben, insbesondere eine Verletzung ihrer körperlichen oder geistigen Integrität, ein seelisches Leid, einen materiellen Verlust oder eine schwerwiegende Verletzung ihrer Grundrechte, auf Grund von Taten oder Unterlassungen, die noch keine Verletzung der nationalen Strafgesetzgebung bilden, aber Verletzungen der international anerkannten Normen auf dem Gebiet der Menschenrechte darstellen.»

In Frankreich sieht das Arbeitsgesetzbuch keinerlei Schutz für die Opfer seelischen Quälens vor. Man findet einzig den verschwommenen Begriff «unangemessenes Benehmen» im Kommentar zu den Gesetzesartikeln über die Disziplinargewalt des Arbeitgebers. In Schweden ist das seelische Quälen im Betrieb seit 1993 eine strafbare Handlung. Es ist ebenfalls anerkannt in den Vereinigten Staaten, in Italien und in Australien. In der Schweiz sind, im Rahmen eines Privatunternehmens, das Bundesgesetz über die Arbeit, betreffend die Hygiene- und Gesundheitsschutzmaßnahmen anwendbar, sowie der Artikel 328 des Obligationenrechts, der den Persönlichkeitsschutz des Arbeitnehmers behandelt: «Der Arbeitgeber hat im Arbeitsverhältnis die Persönlichkeit des Arbeitnehmers zu achten und zu schützen, auf dessen Gesundheit gebührend Rücksicht zu nehmen und für die Wahrung der Sittlichkeit zu sorgen. Er muß insbesondere dafür sorgen, daß Arbeitnehmerinnen und Arbeitnehmer nicht sexuell belästigt werden und daß den Opfern von sexuellen Belästigungen keine weiteren Nachteile entstehen.

Er hat zum Schutz von Leben, Gesundheit und persönlicher Integrität der Arbeitnehmerinnen und Arbeitnehmer die Maßnahmen zu treffen, die nach der Erfahrung notwendig ... sind.»

In Deutschland regelt das Betriebsverfassungsgesetz in § 75 die «Grundsätze für die Behandlung der Betriebsangehörigen»: «Arbeitgeber und Betriebsrat haben darüber zu wachen, daß alle im Betrieb tätigen Personen nach den Grundsätzen von Recht und Billigkeit behandelt werden, insbesondere, daß jede unterschiedliche Behandlung von Personen wegen ihrer Abstammung, Religion, Nationalität, Herkunft, politischen oder gewerkschaftlichen Betätigung oder Einstellung oder wegen ihres Geschlechts unterbleibt. Sie haben darauf zu achten, daß Arbeitnehmer nicht wegen Überschreitung bestimmter Altersstufen benachteiligt werden. Arbeitgeber und Betriebsrat haben die freie Entfaltung der Persönlichkeit der im Betrieb beschäftigten Arbeitnehmer zu schützen und zu fördern.»

Den Arbeitnehmern wird ein Beschwerderecht in § 84 eingeräumt: «Jeder Arbeitnehmer hat das Recht, sich bei den zuständigen Stellen des Betriebs zu beschweren, wenn er sich vom Arbeitgeber oder von Arbeitnehmern des Betriebs benachteiligt oder ungerecht behandelt oder in sonstiger Weise beeinträchtigt fühlt. Er kann ein Mitglied des Betriebsrats zur Unterstützung oder Vermittlung hinzuziehen.»

Man muß den Aggressor mit Hilfe des Rechts stoppen, wenn er ein Chef ist, der sich systematisch perverser Vorgehensweisen bedient, um ein Mitglied seines Personals zu terrorisieren, erst recht, wenn physische oder sexuelle Gewalt vorliegt. Diese Aggressoren, die es nicht wagen, ihren Angestellten unmittelbar gegenüberzutreten, wagen es genausowenig, der Justiz die Stirn zu bieten. Sie haben Angst und verhandeln unter diesen Umständen über eine Entlassung. Denn die Perversen fürchten Prozesse vor Gericht, die öffentlich die Boshaftigkeit ihres Verhaltens enthüllen könnten. Sie versuchen zunächst, ihre Opfer durch Einschüchterung zum Schweigen zu bringen, und wenn das nicht genügt, ziehen sie es vor zu verhandeln und spielen sich in diesem Fall selbst als Opfer eines durchtriebenen Angestellten auf.

Die seelische Perversion besitzt eine solche Macht, die Umwelt zu beeinträchtigen, daß es schwierig ist, sie einzudämmen. Wenn zunächst die einzelnen, dann die Unternehmen keine Lösungen finden, um die Grenzen der Höflichkeit und der Achtung vor dem anderen wiederherzustellen, wird es über kurz oder lang notwendig sein, zum seelischen Quälen am Arbeitsplatz Gesetze zu erlassen, wie es für die sexuelle Belästigung nötig war.

## Die sexuelle Belästigung

Seit 1992 ist die sexuelle Belästigung eine strafbare Handlung und ein Verstoß gegen das Arbeitsrecht. Das Gesetz untersagt, einen Arbeitnehmer zu bestrafen oder zu entlassen, weil er sexuelle Belästigung erlitten oder zurückgewiesen hat.

Der Artikel 21 des französischen Arbeitsgesetzbuches betreffend die sexuelle Belästigung berücksichtigt nur die sexuelle Belästigung unter Machtmißbrauch: «Kein Arbeitnehmer kann bestraft noch entlassen werden, weil er die belästigenden Umtriebe des Arbeitgebers, seines Stellvertreters oder jeder anderen Person erlitten oder zurückgewiesen hat, die unter Mißbrauch der Machtbefugnis, die ihr ihre Funktion verleihen, Anweisungen erteilt, Drohungen geäußert, Beschränkungen auferlegt oder Druck jedweder Art auf diesen Arbeitnehmer ausgeübt hat mit dem Ziel, Vorteile sexueller Art zu eigenen Gunsten oder zu Gunsten eines Dritten zu erlangen.»

Man sieht, der Gesetzgeber verbietet nur eine Form der sexuellen Belästigung (Erpressung). Nun sollte diese Form der Gewalt als solche unter Strafe gestellt werden und nicht

216

im Bezug auf hierarchische Zusammenhänge und Entlassungsdrohungen.

Ein Gerichtsverfahren zu beginnen bedeutet nicht nur in Frankreich, sich auf einen Hindernislauf einzulassen; denn die Opfer treffen auf zahlreiche Hürden und Blockaden. Das Quälen, selbst das sexuelle, selbst das bewiesene, bleibt suspekt. Die Widerstände reichen – wie noch bis vor kurzem bei sexuellen Überfällen – von der Weigerung der Polizisten, eine Klage zu Protokoll zu nehmen (sie sind damit nicht vertraut), bis zur Abqualifizierung der Tatsachen durch die Justizbeamten.

Das Problem der sexuellen Belästigung stellt sich weltweit. In Japan häufen sich die Klagen wegen sexueller Belästigung, zumal in diesem Land der Brauch besteht, selbst für die Frauen in leitender Stellung, wichtige Kunden in Bars, Luxusrestaurants und sogar in no pan clubs (Bars, wo die Bedienungen nichts unter ihren Miniröcken anhaben) einzuladen. Das neue Gesetz über die Gleichberechtigung der Geschlechter am Arbeitsplatz, das im April 1999 in Kraft trat, sieht Maßnahmen gegen diese Praxis vor. Statt uns über die amerikanischen Übertreibungen auf dem Gebiet der Prozesse wegen sexueller Belästigung lustig zu machen, täten wir besser daran, eine Politik der Vorbeugung einzuführen, die die Achtung vor dem Individuum am Arbeitsplatz vorschreibt.

## Die Vorbeugung ausbauen

Die Belästigung setzt ein, wenn der Dialog unmöglich ist, so daß das Wort dessen, der angegriffen wird, sich kein Gehör verschaffen kann. Vorbeugung betreiben heißt also, den Dialog und eine aufrichtige Kommunikation wieder einzuführen. Hierbei könnte der Betriebsrat eine wesentliche Rolle übernehmen.

Die Vorbeugung geschieht ferner durch Bildung der Verantwortlichen, indem man sie davon überzeugt, daß die

217

menschliche Person ebenso zählt wie die Wirtschaftlichkeit. In eigenen Schulungen, durchgeführt von Psychologen oder Psychiatern, die in Viktimologie ausgebildet sind, könnte man sie Meta-Kommunikation lehren, das heißt, zu kommunizieren über die Kommunikation, damit sie in der Lage sind einzugreifen, bevor der Prozeß in Gang kommt, indem sie den Aggressor dazu bewegen zu benennen, was ihn am anderen ärgert, aber auch dazu, das Empfinden seines Opfers «anzuhören». Hat der Prozeß einmal begonnen, ist es meist zu spät. Die Gewerkschaftsvertreter verstehen sich sehr gut darauf, sich ins Zeug zu legen, um bei einer Entlassung Abfindungen auszuhandeln, aber sie sind weniger in ihrem Element, wenn es um das Verständnis individueller Beziehungen geht. Warum soll man sie nicht ausbilden und ihnen das zum Verstehen von Beziehungen nötige Werkzeug an die Hand geben, wie man es jetzt zu tun beginnt mit den Personalchefs, damit sie in jedem Augenblick eingreifen können bei Fehlentwicklungen im Unternehmen und nicht nur bei Entlassungen?

Es wäre wünschenswert, daß in den internen Vorschriften und in den allgemeinen Vereinbarungen Schutzklauseln gegen das seelische Quälen eingeführt werden und daß Arbeitsgerichte strenge juristische Normen setzen.

Vorbeugung erfolgt vor allem durch Informationsaktionen bei den Opfern, den Arbeitnehmern und den Unternehmen. Man muß bekanntmachen, daß solche Vorfälle existieren, daß sie nicht selten sind und daß sie sich verhindern lassen. In dieser Hinsicht haben die Medien eine nicht unwesentliche Rolle als Warner zu spielen, indem sie diese Informationen verbreiten.

Allein Menschenkraft kann menschliche Verhältnisse in Ordnung bringen. Diese perversen Zustände können sich nur entfalten, wenn man sie fördert oder duldet. Es ist an den Arbeitgebern und Unternehmenschefs, die Achtung in ihren Betrieben wieder einzuführen.

## 12. Die Betreuung der Opfer als Patienten

## *Wie heilen?*

Wir haben gesehen, die perverse Gewalt nistet sich auf derart hinterhältige Weise ein, daß es schwierig ist, sie zu erkennen und sich ihrer dann zu erwehren. Es ist selten, daß man das alleine schafft. Im Fall einer klar erkennbaren Aggression ist oft psychotherapeutische Hilfe unerläßlich. Man kann sagen, daß eine psychische Aggression vorliegt, wenn das Individuum durch das Verhalten eines anderen in seiner Würde verletzt wird. Der Fehler der Opfer war es, nicht rechtzeitig erkannt zu haben, daß man ihre Grenzen überschritt, und nicht verstanden zu haben, sich Respekt zu verschaffen. Statt dessen haben sie die Angriffe aufgesogen wie Schwämme. Sie müssen aber bestimmen, was für sie hinnehmbar ist, und eben dadurch zur Selbstbestimmung gelangen.

### *Die Wahl des Psychotherapeuten*

Die erste Handlung, mit der das Opfer sich in die Lage versetzt, aktiv zu werden, ist die Auswahl eines Psychotherapeuten. Um sicher zu sein, nicht wieder in ein verwirrendes System von Manipulationen zu geraten, ist es empfehlenswert, sich über seine Ausbildung zu erkundigen. Im Zweifelsfall ist es besser, jemanden zu wählen, der Psychiater oder Psychologe ist; denn es gibt heute alle möglichen Arten von neuen Therapien, die verführerisch sein können, weil sie schnellere Heilung versprechen, deren Wirkungsweise aber der der Sekten recht nahe kommt. Jedenfalls kann keine seriöse Therapiemethode es dem Patienten ersparen, ihn auf sich selbst zurückzuverweisen. Am einfachsten ist es für das

Opfer, jemanden, zu dem es Vertrauen hat, oder seinen praktischen Arzt um eine Adresse zu bitten. Man sollte nicht zögern, mehrere Therapeuten aufzusuchen, um dann den zu wählen, bei dem man sich am besten aufgehoben fühlt. Der Patient wird auf Grund seines Eindrucks, seines Gefühls, die Fähigkeit dieses Therapeuten, ihm helfen zu können, beurteilen.

Bei diesen in ihrem Narzißmus gekränkten Patienten ist wohlwollende Neutralität, die bei gewissen Psychoanalytikern die Form von Kälte annimmt, nicht angebracht. Der Psychoanalytiker Ferenczi, der eine Zeitlang der Schüler und Freund Sigmund Freuds war, brach mit ihm, als es um das Trauma und die analytische Technik ging. 1932 notierte er: «Die analytische Situation: die reservierte Kühle, die berufliche Hypokrisie und die dahinter versteckte Antipathie gegen den Patienten, die dieser in allen Gliedern fühlt, war nicht wesentlich verschieden von jener Sachlage, die seinerzeit – ich meine in der Kindheit – krankmachend wirkte.»[41] Das Schweigen des Psychotherapeuten ist ein Echo der Kommunikationsverweigerung des Aggressors und treibt das Opfer abermals in die Rolle des Opfers.

Die Betreuung eines Opfers von Perversion muß uns veranlassen, unser Wissen und unsere therapeutischen Methoden zu überdenken, um uns dem Opfer zur Seite zu stellen, ohne uns als allmächtig aufzuspielen. Wir müssen lernen, uns frei zu machen von Lehrmeinungen, von Gewißheiten, und es auch wagen, Freudsche Dogmen in Frage zu stellen. Übrigens folgt der größte Teil der Psychoanalytiker, die sich um solche Opfer kümmern, Freud nicht mehr, wenn es um die Realität des Traumas geht: «Die analytische Technik, die bei den Opfern anzuwenden ist, muß folglich neu definiert werden und sowohl der psychischen wie auch der Realität der

---

[41] S. Ferenczi, Sprachverwirrung zwischen den Erwachsenen und dem Kind. Die Sprache der Zärtlichkeit und der Leidenschaft (1933), in: ders., Schriften zur Psychoanalyse Bd. 2, hg. von Michael Balint, Frankfurt a. M. 1972, S. 303–313, hier S. 306.

Ereignisse Rechnung tragen. Der Vorrang, der dem inneren Konflikt auf Kosten der objektivierbaren Tatsachen zugestanden wird, erklärt, warum die Psychoanalytiker der Erforschung des realen Traumas und seinen psychischen Folgen einen so geringen Stellenwert einräumen.»[42]

Die Psychotherapeuten müssen flexibler werden und sich eine neue Arbeitsmethode ausdenken, eine aktivere, wohlwollendere und stimulierendere. Solange die Person sich nicht von dem beherrschenden Einfluß befreit hat, wird ihr eine psychoanalytische Standardbehandlung mit allem, was diese an Frustration einschließt, nicht helfen können. Sie geriete nur wieder unter einen anderen beherrschenden Einfluß.

## Die Perversion beim Namen nennen

Es ist wichtig, daß der Therapeut das Trauma, das von einer äußeren Aggression herrührt, als etwas Geschehenes anerkennt. Es fällt dem Patienten oft schwer, sich an die vergangene Bindung zu erinnern. Einerseits, weil sie versuchen, ins Vergessen zu flüchten; andererseits, weil das, was sie sagen könnten, für sie noch undenkbar ist. Sie brauchen Zeit und die Unterstützung des Psychotherapeuten, um allmählich dahin zu kommen, es in Worte zu fassen. Dessen Ungläubigkeit wäre eine neuerliche Gewaltsamkeit, sein Schweigen würde ihn zum Komplizen des Aggressors machen. Gewisse Patienten, die eine Situation des Quälens erlebt haben, berichten, daß der Psychotherapeut nicht zuhören wollte, wenn sie versuchten, mit ihm darüber zu sprechen, und sie wissen ließ, die intrapsychischen Aspekte interessierten ihn mehr als die wirklich erlebte Gewalt.

Die perverse Manipulation beim Namen zu nennen bringt den Menschen nicht durcheinander, sondern erlaubt ihm im Gegenteil, aus dem Verleugnen und den Schuldgefühlen herauszukommen. Die Last der Zweideutigkeit der

[42] C. Damiani, Les Victimes, Paris 1997.

Wörter und des Unausgesprochenen beiseite zu räumen, heißt, Zugang zur Freiheit zu finden. Zu diesem Zweck muß der Therapeut dem Opfer helfen, wieder auf seine inneren Ressourcen zu vertrauen. Egal, welcher Schule der Psychotherapeut zuneigt, er muß sich in seinem Vorgehen hinreichend frei fühlen, um diese Freiheit an seinen Patienten weiterzugeben und ihm zu helfen, von dem beherrschenden Einfluß loszukommen.

Es ist unmöglich, das Opfer eines Perversen (eines seelisch oder sexuell Perversen) zu behandeln, ohne die Gesamtumstände zu berücksichtigen. In der ersten Zeit muß der Psychotherapeut seinem Patienten helfen, die perversen Strategien ans Licht zu bringen – und dabei vermeiden, ihnen eine neurotische Bedeutung zu geben –, sie zu benennen, und ihm helfen zu erkennen, was von ihm selbst und seiner Verletzlichkeit herrührt und was auf die Aggression von außen zurückzuführen ist. Zum Bewußtwerden der Perversität der Beziehung muß das Bewußtwerden der Art und Weise des Sichentfaltens des beherrschenden Einflusses hinzutreten. Indem man ihm die Mittel gibt, die perversen Strategien auszumachen, ermöglicht man es dem Opfer, sich von seinem Aggressor nicht mehr verführen und sich von ihm auch nicht mehr rühren zu lassen.

Man muß vom Patienten auch fordern, den Zorn mitzuteilen, den er auf Grund des beherrschenden Einflusses nicht hat empfinden können, ihm erlauben, bis dahin unter Kontrolle gehaltene Gefühle auszusprechen und zu empfinden. Wenn dem Patienten die Worte fehlen, muß man ihm helfen, das alles in Worte zu fassen.

*Sich befreien*

Beginnt man eine Psychotherapie als gequältes Opfer, so sollte man nicht als erstes zu erfahren suchen, weshalb man sich in diese Umstände verstrickt hat, sondern wie man daraus so schnell wie möglich herauskommt.

Die Psychotherapie muß – zumindest in der ersten Zeit – aufbauend wirken und dem Opfer erlauben, von der Angst und den Schuldgefühlen loszukommen. Der Patient muß deutlich spüren, daß man für ihn da ist, daß sein Leid uns nicht gleichgültig läßt. Indem man die seelische Struktur des Opfers stärkt, seine unversehrten psychischen Teile festigt, ermöglicht man ihm, sich selbst hinreichend zu vertrauen, um es zu wagen, das zurückzuweisen, was es als unheilvoll empfindet. Dieses Bewußtwerden kann sich erst infolge eines Reifungsprozesses einstellen, der in die Lage versetzt, dem Aggressor auch wirklich die Stirn zu bieten und nein zu sagen.

Wenn die Perversion deutlich beim Namen genannt worden ist, muß das Opfer die Ereignisse der Vergangenheit noch einmal überdenken, im Hinblick auf das, was es aus dieser Aggression gelernt hat. Sein Lese-Raster war falsch. Es hatte ein Vielzahl von Tatsachen registriert, die in dem Moment, da sie auftraten, keinen Sinn hatten, weil sie zusammenhanglos waren, die aber klar werden in einer perversen Denkweise. Es muß tapfer sein und sich fragen, welche Bedeutung dieses Wort oder diese Situation hatte. Sehr häufig hatten die Opfer gespürt, daß das, was sie sich sagen oder mit sich geschehen ließen, für sie nicht gut war, aber sie unterwarfen sich, weil sie sich keine anderen Kriterien vorstellen konnten als ihre eigene Moral.

## Sich frei machen vom Schuldgefühl

Auf gar keinen Fall darf die Therapie dazu führen, das Schuldgefühl des Opfers zu verstärken, indem sie es verantwortlich macht für seine Opferstellung. Es ist nicht dafür verantwortlich, aber es nimmt diese Situation auf sich. Solange es nicht von dem beherrschenden Einfluß losgekommen ist, bleibt es erfüllt von Zweifel und Schuldgefühl: «Wodurch bin ich schuld an dieser Aggression?» und dieses Schuldgefühl hindert es voranzukommen, besonders wenn der Aggressor, wie es oft der Fall ist, das Opfer als geisteskrank hingestellt hat: «Du bist verrückt!» Man soll sich nicht seinetwegen oder seiner Worte wegen behandeln lassen, sondern sich selbst zuliebe.

Der amerikanische Psychotherapeut Spiegel faßt die Veränderung, der man die traditionellen Psychotherapieformen unterziehen muß, um sie den Opfern anzupassen, folgendermaßen zusammen: «In der traditionellen Psychotherapie ermutigt man den Patienten, mehr Verantwortung für die Probleme des Lebens zu übernehmen, während man dem Opfer helfen muß, eine geringere Verantwortung für das Trauma auf sich zu nehmen.»[43] Aus seinem Schuldgefühl herauszukommen erlaubt es, sich sein Leid wieder anzueignen, und erst später, wenn das Leiden ferngerückt ist, wenn man die Erfahrung der Heilung gemacht hat, kann man zurückkommen auf seine persönliche Geschichte und zu begreifen versuchen, weshalb man in diese zerstörerische Verbindung hineingeraten ist, weshalb man sich nicht zu wehren wußte. Denn man muß leben, um auf solche Fragen antworten zu können.

Eine ausschließlich um das Intrapsychische zentrierte Psychotherapie kann das Opfer nur dazu bringen, über das Geschehene zu grübeln oder Gefallen zu finden an der Sphäre von Depression und Schuldgefühl, da sie es noch stärker verantwortlich macht für einen Vorgang, in den zwei Individuen verwickelt sind. Die Gefahr bestünde darin, allein in seiner Geschichte nach dem vergangenen Trauma zu suchen, das für sein gegenwärtiges Leiden eine lineare und kausale Erklärung lieferte, was darauf hinausliefe zu sagen, es sei für sein eigenes Unglück verantwortlich. Trotzdem weigern sich gewisse Psychoanalytiker nicht nur, die geringste moralische Bewertung des Verhaltens oder der Handlung der Perversen, die auf ihre Couch kommen, vor-

---

[43] D. Spiegel, «Dissociation and Hypnosis in Post-traumatic Stress Disorders», Journal of Traumatic Stress, 1, S. 17–33.

zunehmen, selbst wenn sie offensichtlich verheerend für andere sind, sondern sie bestreiten sogar die Bedeutung des Traumas für das Opfer oder machen ironische Bemerkungen über seinen Hang, alles immer «wiederzukäuen». Erst kürzlich haben Psychoanalytiker, die über das Trauma und seine subjektiven Nachwirkungen diskutierten, aufgezeigt, wie sie unter dem Deckmantel theoretischen Wissens das Opfer erneut demütigen konnten, um es dann für seine Situation als Opfer verantwortlich zu machen. Unter Hinweis auf den Masochismus, das heißt das aktive Trachten nach Mißerfolg und Leiden, prangerten sie die Verantwortungslosigkeit des Opfers an gegenüber dem, das es verletzt, sowie seine Lust, sich als Opfer zu sehen. Dieselben Psychoanalytiker bezweifelten seine Unschuld und argumentierten, man könne in der Position des Opfers durchaus ein gewisses Behagen empfinden.

Selbst wenn gewisse Punkte annehmbar sein mögen, sind die Schlußfolgerungen ebenso gefährlich wie perverse Schlußfolgerungen, denn zu keinem Zeitpunkt respektierte man das Opfer. Es besteht nicht der geringste Zweifel, daß seelisches Quälen ein Trauma schafft, das Leiden im Gefolge hat. Wie bei jedem Trauma besteht ein gewisses Risiko der Fixierung auf einen bestimmten Punkt des Leids, der das Opfer daran hindert, sich davon zu lösen. Der Konflikt wird dann zum einzigen Gegenstand seines Nachdenkens und beherrscht all sein Denken – vor allem, wenn es kein Gehör finden konnte und alleingelassen ist. Das Wiederholungssyndrom als Lust zu deuten, wie man es nur allzu häufig hört, würde das Trauma wiederholen. Man muß aber zuerst die Wunden verbinden, die Verarbeitung kann erst später erfolgen, wenn der Patient in der Lage ist, sein Denkvermögen wieder einzusetzen.

Wie sollte ein gedemütigter Mensch sich solchen Psychoanalytikern anvertrauen, die mit schöner theoretischer Distanziertheit sprechen, doch ohne jede Empathie und schon gar nicht mit Wohlwollen für das Opfer?

Die Schwierigkeit, der man bei Personen begegnet, die schon in der Kindheit unter Einfluß standen und geheime Gewalt erduldeten, besteht darin, daß sie nicht anders zu leben wissen und so den Eindruck vermitteln können, sich an ihr Leiden zu klammern. Das ist es, was von den Psychoanalytikern oft als Masochismus interpretiert wird. «Alles verläuft, als ob ein Kern von Leiden und Verlassenheit durch die Analyse aufgedeckt worden wäre und als ob der Patient daran hinge wie an seinem kostbarsten Gut; als ob er auf seine Identität verzichten müßte, wenn er diesem Leid den Rücken kehrt.»[44] Die Bindung an das Leid entspricht Bindungen, die an andere geknüpft wurden, in Leid und Schmerz. Wenn das Bindungen sind, die uns als menschliche Wesen geformt haben, erscheint es uns unmöglich, sie aufzugeben, ohne uns zugleich von diesen Personen zu trennen. Man liebt folglich nicht das Leiden an sich, was Masochismus wäre, sondern man liebt den ganzen Zusammenhang, in dem unsere ersten Verhaltensweisen erlernt wurden.

Es ist gefährlich, dem Patienten zu schnell seine psychische Dynamik veranschaulichen zu wollen, selbst wenn man weiß, daß er sich oft in diese Situation des Beherrschtwerdens begeben hat, weil ihn daran etwas an seine Kindheit erinnerte. Der Perverse hat ihn mit viel Intuition eingefangen, indem er seine «infantilen» Schwachpunkte nutzte. Man kann lediglich den Patienten dazu bringen, die Verbindungen zu erkennen, die zwischen der neuen Lage und den früheren Verletzungen bestehen. Das kann aber nur geschehen, wenn man sicher ist, daß er von dem beherrschenden Einfluß losgekommen ist und daß er hinreichend stark ist, um seinen Teil Verantwortung zu tragen, ohne in pathologische Schuldgefühle zu verfallen.

Die unwillkürlichen und ungebetenen Erinnerungen bil-

---

44 F. Roustang, Comment faire rire un paranoïaque, op.cit.

den eine Art Wiederholung des Traumas. Um die Angst zu vermeiden, die mit den Erinnerungen an die erlittene Gewalt verbunden ist, suchen die Opfer ihre Gemütsbewegung zu kontrollieren. Um aber wieder anfangen können zu leben, müssen sie ihre Angst akzeptieren und wissen, daß sie nicht von heute auf morgen verschwinden wird. Sie müssen loslassen und ihre Ohnmacht akzeptieren, und das ist echte Trauerarbeit. Dann können sie auch ihre Empfindungen akzeptieren, ihr Leiden anerkennen als einen achtenswerten Teil ihrer selbst und ihre Verletzungen anschauen. Nur dieses Annehmen macht es möglich, mit dem Klagen aufzuhören, seinen krankhaften Zustand sich nicht länger zu verhehlen.

Wenn das Opfer Vertrauen hat, kann es sich an die erlittene Gewalt und seine Reaktionen wieder erinnern, die Situation erneut untersuchen, sich klar werden, welchen Anteil es an dieser Aggression hatte, womit es einem Aggressor Waffen in die Hand gegeben hat. Es hat es nicht mehr nötig, seinen Erinnerungen auszuweichen, und er kann sie akzeptieren mit einer ganz neuen Perspektive.

## Heilen

Heilen, das heißt die zerstreuten Teile wieder miteinander verknüpfen zu können, den Kreis zu schließen. Eine Psychotherapie muß dem Opfer ermöglichen, sich bewußt zu werden, daß es nicht auf seine Stellung als Opfer beschränkt ist. Wenn es sich seiner Stärken bedient, weicht der masochistische Teil ganz von selbst, der es vielleicht noch unter dem beherrschenden Einfluß festhält. Für Paul Ricoeur[45] beginnt die Arbeit der Genesung im Bereich des Gedächtnisses und setzt sich fort in dem des Vergessens. Wie er sagt, ist es möglich, an zuviel Gedächtnis zu leiden und von der Erinnerung an die erlittene Demütigung heimgesucht zu werden oder,

---

[45] P. Ricoeur, «Le pardon peut-il guérir?», Esprit, mars-avril 1995.

im Gegenteil, an Gedächtnismangel zu leiden und so seine eigene Vergangenheit zu fliehen.

Der Patient muß sein Leiden als einen Teil seiner selbst anerkennen, der Achtung verdient und es ermöglichen wird, eine Zukunft zu entwerfen. Er muß den Mut aufbringen, seiner Verantwortung ins Auge zu blicken. Dann wird er aufhören können zu klagen oder seinen krankhaften Zustand sich selbst zu verhehlen.

Die Entwicklung der Opfer, die sich vom beherrschenden Einfluß befreien, zeigt deutlich, daß es sich hier nicht um Masochismus handelt; denn sehr häufig dient diese schmerzliche Erfahrung als Lehre: Die Opfer lernen, ihre Autonomie zu schützen, mündliche Gewalt zu meiden, Angriffe auf ihre Selbstachtung zurückzuweisen. Die Person ist nicht «global» masochistisch, sondern der Perverse hat sie gefesselt aufgrund ihrer schwachen Stelle, die unter Umständen eine masochistische sein kann. Wenn ein Psychotherapeut einem Opfer sagt, es finde Gefallen an seinem Leid, übergeht er das Beziehungsproblem. Wir sind keine isolierte seelische Struktur, wir sind ein Geflecht von Beziehungen.

Das erlebte Trauma schließt eine Neustrukturierung der Persönlichkeit und eine abweichende Beziehung zur Umwelt mit ein. Es hinterläßt eine Spur, die sich nicht auslöschen läßt, aber auf der es möglich ist, wieder aufzubauen. Diese schmerzliche Lebenserfahrung ist häufig die Gelegenheit zu einem persönlichem Neuaufschwung. Man geht gestärkt daraus hervor, weniger naiv. Man kann beschließen, von nun an geachtet zu werden. Das menschliche Wesen, das grausam behandelt wurde, kann aus der Erkenntnis seiner Ohnmacht neue Kräfte für die Zukunft schöpfen. Ferenczi bemerkt, daß äußerste Not plötzlich latente Anlagen wachrufen kann. Dort, wo der Perverse Leere hatte walten lassen, kann ein Zuströmen von Energie einsetzen, wie Luftzufuhr beim Ofen: «Verstand entsteht nicht einfach aus gewöhnlichen Leiden, sondern nur aus traumatischen Leiden. Er wird zum sekundärem Phänomen oder zum Versuch der Kompensation bei totaler psychischer Lähmung.»[46] Die Aggression nimmt in diesem Fall die Bedeutung einer «Initiationsprüfung» an. Die Heilung könnte darin bestehen, dieses traumatische Ereignis zu integrieren als strukturierendes Vorkommnis im Leben, das es ermöglicht, ein verdrängtes emotionales Wissen wiederzufinden.

## Die verschiedenen Psychotherapien

Die Anzahl und die Mannigfaltigkeit der Psychotherapien macht die Auswahl einer therapeutischen Methode nicht leicht. In Frankreich nehmen die psychoanalytischen Therapien eine deutliche Vormachtstellung ein und stellen andere Methoden, die vielleicht besser geeignet wären, die Versorgung der Opfer sofort zu übernehmen, in den Schatten. Das liegt daran, daß die Psychoanalyse es verstanden hat, ein theoretisches Gerüst durchzusetzen, das sich überall in der Kulturwelt als allgemeines Referenzsystem ausgebreitet hat.

### Die kognitiven Verhaltenspsychotherapien

Das Ziel der kognitiven Verhaltenstherapien ist es, Symptome und pathologische Verhaltensweisen zu modifizieren, ohne den Versuch zu unternehmen, auf die Persönlichkeit und die Motivationen einzuwirken.

Eine erste Intervention geschieht auf der Ebene des «Stresses». Mit Hilfe von Entspannungstechniken lernt der Patient, seine körperliche Anspannung, seine Schlafstörungen und seine innere Unruhe zu verringern. Diese ersten Versuche sind überaus nützlich in Situationen des Quälens am Arbeitsplatz, wenn die Person noch in der Lage ist, sich zu wehren. Sie kann so die körperliche Wirkung des Stresses

---

46 S. Ferenczi, 1933, op. cit.

abschwächen, indem sie zum Beispiel lernt, einen Wutaus-
bruch zu beherrschen durch Entspannen und Atemkon-
trolle.

Eine andere verhaltenstherapeutische Methode vermittelt Techniken der Selbstbestätigung. Im Fall der Opfer von
manipulierenden Perversen gehen die Verhaltenstherapeu-
ten von dem Grundsatz aus, daß die Opfer passive Personen
sind, denen es an Durchsetzungsvermögen, an Selbstvertrauen fehlt – im Unterschied zu entschiedenen (tatkräfti-
gen) Menschen, die ihre Bedürfnisse und ihre Ablehnung
deutlich zum Ausdruck bringen. Das scheint mir eine viel zu
schematische und reduzierende Deutung zu sein, die den
Eindruck vermittelt, die Opfer seien «habituell» passiv und
unzureichend selbstbewußt. Wir haben gesehen, daß sie sich
in anderem Zusammenhang durchaus zu behaupten wissen,
auch wenn sie meist übertrieben vorsichtige Menschen sind,
die dazu neigen, es zu gut machen zu wollen. Eine simple
Technik der Selbstbestätigung genügt aber nicht, um das
komplizierte Spiel zu entwirren, das den Zusammenstoß mit
einem Perversen ermöglicht hat. Dennoch können die Opfer
durch diese Techniken lernen, die Manipulation zu erkennen, einzusehen, daß mit einem manipulierenden Perversen
keine Kommunikation möglich ist, und ihre eigenen Schemata einer idealen Kommunikation in Frage zu stellen.

Die Verhaltenstherapien sind mitunter an kognitive Therapien gekoppelt, die dem Patienten beibringen, die sich
wiederholenden Gedanken und Bilder zu blockieren, die mit
dem Trauma verbunden sind; oder sie sind gekoppelt an
Techniken zum Erwerb von Fähigkeiten, mit den augen-
blicklichen Schwierigkeiten umzugehen, was im Fall der
Opfer perverser Manipulationen bedeuten würde zu lernen
gegenzumanipulieren.

Die kognitive Neustrukturierung scheint eine sehr viel
wirksamere Methode, um den Opfern perverser Aggression
zu helfen. Wir haben gesehen, daß diese, ohne depressiv zu
sein, vordepressive kognitive Schemata besitzen, die in ihre

Persönlichkeit einsickern, mit Überzeugungen vom Typ «wenn ich einen Irrtum begehe, bin ich eine Person ohne Bedeutung». Der Perverse packt sie bei ihren Grundprinzipien: Aufopferung für andere, Wertschätzung der Arbeit, Redlichkeit. Der Therapeut kann den Patienten helfen, über das traumatische Erlebnis hinwegzukommen, indem er ihr Gefühl der Verantwortlichkeit gegenüber dem Trauma verringert; er kann ihnen helfen, die Verzweiflung, die die Erinnerung an die Gewalt begleitet, anzuerkennen und zu ertragen und ihre Ohnmacht anzunehmen.

## Die Hypnose

Freud hatte zunächst die Hypnose und die Suggestion angewandt, bevor er sie aufgab, weil sie ihm auf Verführung und entfremdender Beeinflussung zu beruhen schienen. Die Praxis der Hypnose lebt seit einigen Jahren wieder auf, vor allem in der «Ericksonschen» Bewegung. Der Amerikaner Milton H. Erickson wurde als «herausragender» Therapeut bezeichnet, auch wenn er seine Praxis nie theoretisch untermauert hat. Er wandte die Hypnose an, aber auch andere Veränderungsstrategien, die den Gesamtumständen des Lebens des Patienten Rechnung trugen; damit hatte er einen beträchtlichen Einfluß auf die Entwicklung der systemischen Familientherapie.

Die Techniken, die sich der Hypnose bedienen, stützen sich auf die Fähigkeiten der Dissoziierung, die bei zahlreichen Opfern von Traumata besonders entwickelt sind. François Roustang lehrt, daß der Schnitt, den die Hypnose vornimmt, von der gleichen Art sei wie der, den das Trauma bewirkt. Er trennt das Erträgliche vom Unerträglichen, das der Amnesie anheimgegeben wird. Diese Methoden haben zum Ziel, den Opfern zu helfen, neue Ausblicke zu entwickeln, die ihr mit dem Trauma verbundenes Leiden verringern. Es geht auch hier nicht darum, sich eines psychischen Konflikts bewußt zu werden, sondern um eine Technik, die es dem Patienten erlaubt, seine eigenen Ressourcen zu mobilisieren. Je tiefer die Hypnose eindringt, um so deutlicher tritt die Eigenart der Person hervor und läßt sie Möglichkeiten entdecken, von denen sie zuvor nichts ahnte.

Die Wahl dieser Methode mag paradox erscheinen. Denn unter Hypnose ist man gezwungen, eine Phase der Verwirrung durchzumachen, um sich von seinem Symptom zu befreien; nun ist es aber die Verwirrung, mittels derer die perverse Einflußnahme wirksam werden konnte. Doch der Psychotherapeut nutzt diese Verwirrung, um es dem Patienten zu ermöglichen, seine Welt neu zu erfinden, indem er Strategien vereitelt, Veränderungen zum Scheitern zu bringen. Dagegen hatte der Perverse Verwirrung angewandt, um seinen Willen und seine Denkweisen einer Person aufzuzwingen. Man sieht also, wie entscheidend hier die Auswahl des Therapeuten ist, mehr als bei den anderen Methoden. Denn es ist unerläßlich, daß der Therapeut behutsam vorgeht und über große klinische Erfahrung verfügt. Der Patient sollte mißtrauisch sein gegenüber zu schnell ausgebildeten Therapeuten, die sich damit begnügen würden, traumatische Erinnerungen wachzurufen, ohne die Gesamtheit der Person zu berücksichtigen.

## Die systemischen Psychotherapien

Das Hauptziel der systemischen Familientherapie ist nicht die Besserung der Symptome eines einzelnen, sondern die der Kommunikation und der Individuation der verschiedenen Mitglieder der Gruppe. In der Paartherapie ist das Paar der Patient und nicht der eine oder der andere der Partner. In der Familienpsychotherapie bezeugen die Therapeuten durch eine vielschichtige Stellungnahme ein gleiches Interesse für jedes der Familienmitglieder. Sie bemühen sich, gegen die Etikettierungen – z. B. der «Perverse», das «Opfer» – zu kämpfen, um einen interaktiven Prozeß zu analysieren.

Als Viktimologe aufzutreten scheint möglicherweise für Systemiker auf eine lineare Erklärung hinauszulaufen. Aber die Anerkennung der Persönlichkeit eines jeden als grundlegende Voraussetzung schließt nicht aus, Prozesse wechselseitiger Verstärkung zu berücksichtigen. Man kann zum Beispiel sagen: Ein um seinen Partner zu fürsorglich bemühtes Individuum verschärft bei ihm eine Neigung zur Abhängigkeit, die der nicht erträgt. Dieser reagiert, indem er auf den anderen Ablehnung und Aggressivität projiziert; der wiederum, weil er die Reaktion nicht versteht, neigt dazu, sich schuldig zu fühlen und sich noch aufmerksamer zu zeigen, was die Ablehnung seines Partners wiederum steigert. Diese systemische Erklärung hat nur Sinn, wenn man die Tatsache berücksichtigt, daß der eine der Protagonisten von der Persönlichkeit her eher ein narzißtischer Perverser ist und der andere einen Hang dazu hat, sich schuldig zu fühlen.

Die systemischen Hypothesen – z. B. der Begriff der Homeostasie der Familien (um jeden Preis das Gleichgewicht aufrechtzuerhalten) oder der Begriff der doppelten Bindung (die Kommunikation blockieren, um Denkvorgänge zu lähmen) – helfen uns, das Zustandekommen der Ermächtigung und Bemächtigung zu verstehen. Dennoch läuft eine streng systemische Beweisführung, die keinen Aggressor und keinen Angegriffenen kennt, sondern einzig eine pathologische Beziehung, auf klinischer Ebene Gefahr, den Schutz des Individuums aus dem Blick zu verlieren.

Es ist äußerst nützlich, die zirkulären Prozesse zu analysieren, um eine Situation zu entschärfen, die noch eine gewisse Formbarkeit besitzt: Das erlaubt es, die Verhaltensweisen eines Familienmitglieds mit denen eines anderen in Verbindung zu bringen. Aber wenn der Übergang vom Stadium des beherrschenden Einflusses zum Stadium des Quälens bereits vollzogen ist, hat sich der Prozeß verselbständigt, und es ist nicht mehr möglich, ihn zu unterbrechen, indem man auf die Logik oder den Änderungswillen der Protagonisten zählt.

Die Perversion beim Namen zu nennen hat eine moralische Konnotation, die Mißbilligung im Gefolge hat, welche
viele Therapeuten nicht auf sich nehmen wollen. Sie ziehen
es vor, eher von einer perversen Beziehung zu sprechen als
von einem Aggressor und seinem Opfer. Der angegriffene
Mensch wird so alleingelassen mit seinem Schuldgefühl und
kann sich nicht lösen aus dem todbringenden Klammergriff
des ihn beherrschenden Einflusses.

Auf alle Fälle geschieht es höchst selten, daß ein narzißtischer Perverser eine Beratung in einer Familien- oder Paartherapie annimmt, weil es ihm unmöglich ist, sich wirklich
in Frage zu stellen. Diejenigen, die es zu tun wagen, sind Individuen, die perverse Abwehrmechanismen gebrauchen,
ohne wirklich pervers zu sein. Anläßlich aufgezwungener
Beratungen – zum Beispiel Vermittlungen auf Verlangen eines Richters – haben die Perversen die Tendenz, auch den
Vermittler zu manipulieren, um ihm vorzuführen, wie «boshaft» doch der Partner ist. Es ist folglich wichtig, daß die
Therapeuten oder Vermittler besonders wachsam sind.

*Die Psychoanalyse*

Sagen wir es gleich: Eine psychoanalytische Standardbehandlung ist nicht geeignet für ein Opfer, das noch unter
dem Schock der perversen Gewalt und der Demütigung
steht. Denn die Psychoanalyse interessiert sich vor allem für
das Intrapsychische und berücksichtigt nicht die sekundären
Pathologien in der Beziehung zu dem anderen. Ihr Ziel ist es,
die Triebkonflikte der Kindheit zu analysieren, die ver-
drängt wurden. Ihr starres Protokoll (regelmäßige und häu-
fige Sitzungen; der Patient auf der Couch ausgestreckt, mit
dem Analytiker außerhalb seines Gesichtsfeldes) – von
Freud so gewollt, um die Übertragung zu kontrollieren –
kann eine unerträgliche Frustration auslösen bei jemanden,
der unter einer vorsätzlichen Kommunikationsverweigerung gelitten hat, und kann ihn dazu verleiten, den Psycho-

analytiker mit dem Aggressor gleichzusetzen und so einen Zustand der Abhängigkeit «verewigen».

Erst wenn das Opfer hinreichend wiederhergestellt ist, kann es eine Psychoanalyse beginnen; erst dann kann es mit Hilfe der Anstrengung des Sicherinnerns und Verarbeitens verstehen, was in seiner Kindheitsgeschichte seine zu große Duldsamkeit gegenüber dem anderen erklären könnte, und die Schwachpunkte erhellen, die dem Perversen die Umklammerung erlaubt haben.

Während die Psychoanalyse auf eine Veränderung der darunterliegenden psychischen Struktur abzielt, versuchen die anderen Psychotherapien, eine Besserung der Symptome zu erreichen und die Abwehrkräfte zu stärken – was auf andere Weise eine tiefgreifende psychische Veränderung bewirken kann. Auf jeden Fall ist die voraufgehende Wegstrecke der Wiederherstellung unerläßlich für das Opfer, das sich lösen muß von der kürzlich erlebten Geschichte, bevor man die Verletzungen seiner Kindheit heraufbeschwört.

Die Psychoanalyse allein vermag nichts. Keine Therapie bietet wundertätige Lösungen an, die dem Patienten gestatten würden, sich die Anstrengung der Veränderung zu ersparen. Man kann sagen, daß der theoretische Rahmen wenig bedeutet. Was wesentlich ist, ist die Zustimmung des Patienten zum Therapeuten und seiner Methode sowie die Strenge und der Einsatz des Psychotherapeuten. Es wäre nötig, daß die Psychoanalytiker aufhörten, sich starr auf eine Schule zu versteifen, und sich anderen Perspektiven öffneten. Das kommt langsam in Sicht; denn immer mehr junge Psychiater und klinische Psychologen sind offen für verschiedene Theorien, und Therapeuten unterschiedlicher Richtungen fangen an, sich untereinander auszutauschen. Weshalb sich nicht einen Übergang von einer Therapieform zu einer anderen vorstellen oder gar eine Integration bestehender psychotherapeutischer Praktiken?

# Schlußbemerkung

Auf diesen Seiten haben wir die Entwicklung perverser Prozesse in bestimmten Zusammenhängen gesehen. Aber es liegt auf der Hand, daß diese Liste nicht erschöpfend ist und daß diese Erscheinungen nicht nur in der Welt des Paars, der Familie oder des Unternehmens auftreten. Man trifft sie bei allen Gruppen an, in denen Individuen miteinander wetteifern können, insbesondere an Schulen und Universitäten. Die menschliche Phantasie ist grenzenlos, wenn es darum geht, im anderen das gute Bild zu töten, das jeder in sich trägt. Man verbirgt so seine eigenen Schwächen und versetzt sich in die Position der Überlegenheit. Die gesamte Gesellschaft ist betroffen, sobald es um die Macht geht. Von jeher gab es Menschen ohne Skrupel, berechnend, manipulierend, für die der Zweck die Mittel heiligte. Aber die gegenwärtige Häufung perverser Handlungen in Familien und Unternehmen ist ein Symptom des Individualismus, der unsere Gesellschaft beherrscht. In einem System, das nach dem Gesetz des Stärkeren, des Gerisseneren funktioniert, sind die Perversen Könige. Wenn der Erfolg der oberste Wert ist, erscheint Redlichkeit als Schwäche und Perversität als Gewitztheit.

Unter dem Vorwand der Toleranz verzichten die westlichen Gesellschaften nach und nach auf ihre eigenen Verbotsnormen. Aber dadurch, daß sie zuviel einfach hinnehmen – so, wie es die Opfer der narzißtischen Perversen tun –, tragen sie das Ihre dazu bei, daß perverse Vorgehensweisen sich in ihrer Mitte entwickeln. Zahlreiche leitende Persönlichkeiten und Staatsmänner, die doch Vorbilder für die Jugend sein sollten, scheren sich nicht um Moral, wenn es darum geht, sich einen Rivalen vom Hals zu schaffen oder sich an der

Macht zu halten. So manche mißbrauchen ihre Vorrechte, wenden psychischen Druck an, berufen sich auf die Staatsräson oder die militärische Geheimhaltungspflicht, um ihr Privatleben abzuschirmen. Andere bereichern sich durch trickreiche Kriminalität: Unterschlagung gesellschaftlichen Vermögens, Betrug oder Steuerhinterziehung. Bestechung ist an der Tagesordnung. In dieser Situation reichen ein oder mehrere perverse einzelne in einer Gruppe, in einem Unternehmen oder einer Regierung schon aus, damit das ganze System pervers wird. Wird diese Perversion nicht deutlich angeprangert, breitet sie sich heimlich aus durch Einschüchterung, Angst und Manipulation. Denn um jemanden psychisch zu vereinnahmen genügt es, ihn zum Lügen zu verführen oder zur Bloßstellung anderer, was ihn zum Komplizen des perversen Vorgangs macht. Das ist die Grundlage des Funktionierens der Mafia oder der totalitären Regime. So ist es in den Familien, den Unternehmen oder den Staaten: Die narzißtischen Perversen finden Mittel und Wege, daß die Katastrophe, die sie auslösen, den anderen angelastet wird, damit sie sich dann als Retter aufspielen und auf diese Weise die Macht übernehmen können. In der Folge genügt es, sich nicht mit Skrupeln zu belasten, um sich «oben» zu halten. Die Geschichte hat uns solche Männer gezeigt, die es ablehnen, ihre Irrtümer anzuerkennen, die ihre Verantwortung nicht auf sich nehmen, mit Fälschungen hantieren und die Realität manipulieren, um die Spuren ihrer Untaten zu löschen.

Jenseits des individuellen Problems des seelischen Quälens sind es die allgemeinen Fragen, die sich uns stellen. Wie die Achtung zwischen den Individuen wiederherstellen? Welches sind die Grenzen, die wir unserer Toleranz setzen müssen? Wenn die Individuen diese zerstörerischen Prozesse nicht von sich aus stoppen, dann ist es Sache der Gesellschaft, mittels Gesetzgebung einzuschreiten. Kürzlich wurde ein Gesetzentwurf eingebracht, der beabsichtigt, jene Form von Schüler- oder Studentenulk als strafbare Handlung einzustufen, die entwürdigend und demütigend ist. Wenn wir nicht wollen, daß unsere menschlichen Beziehungen vollständig von Gesetzen reglementiert werden, dann ist es unerläßlich, daß wir vorbeugend tätig werden bei unseren Kindern.

# Bibliographie

Aubert, N. et Gaulejac, V., Le coût de l'excellence, Paris 1991.

Baudrillard, Jean, Von der Verführung, München 1992.

Bergeret, J., La Personnalité normale et pathologique, Paris 1985.

Classen, C., Koopman, C., und Spiegel, D., «Trauma and Dissociation», Bulletin of the Menninger Clinic, vol. 57, no 2, 1993.

Crocp, L., «Les victimes psychiques», Victimologie, novembre 1994.

Cyrulnik, B., Sous le signe du lien, Paris 1989.

Damiani, C., Les Victimes, Paris 1997.

Dejours, C., Souffrance de France, Paris 1998.

Dorey, R., «La relation d'emprise», Nouvelle Revue de psychanalyse, 24, Paris 1981.

Dutton, M. A., und Goodman, L., «Post-traumatic Stress Disorder among Battered Woman: Analysis of legal Implications», Behavioral Sciences and the Law, vol. 12, S. 215–234, 1994.

Eiguer, A., Le Pervers narcissique et son complice, Paris 1996.

Brief Albert Einsteins vom 18. Juli 1914 an Mileva Einstein-Marić, in: Schulmann, Robert/Kox, A. J./Janssen, Michel/Illy, József (Hrsg.), The Berlin Years: Correspondence, 1914–1918, Princeton/New Jersey 1998, S. 44.

Ferenczi, Sandór, Die Psychoanalyse der Kriegsneurosen (1918), in: ders.; Bausteine zur Psychoanalyse, Bd. 3: Arbeiten aus den Jahren 1908–1933, 2., unveränd. Aufl. Bern/Stuttgart 1964, S. 95–118.

Ferenczi, Sandór, Sprachverwirrung zwischen den Erwachsenen und dem Kind. Die Sprache der Zärtlichkeit und der Leidenschaft (1933), in: ders., Schriften zur Psychoanalyse Bd. 2, hg. von Michael Balint, Frankfurt a. M. 1972, S. 303–313.

Fitzgerald, «Sexual Harassment: the Definition and Measurement of a Construct», in: M. A. Paludi (ed.), Ivory Power: Sexual Harassment on Campus, 1990.

Freud, Sigmund, Das ökonomische Problem des Masochismus (1924), in: ders., Gesammelte Werke Bd. 13, hg. von Anna Freud, London ³1955, S. 369–383.

Girard, René, Das Heilige und die Gewalt, Frankfurt a. M. 1992.

Hurni, M. und Stoll, G., La Haine de l'amour (la perversion du lien), Paris 1996.

Kafka, Franz, Der Prozeß, München 1998.

Kernberg, Otto F., Borderline-Störungen und pathologischer Narzißmus, Frankfurt a. M. 1978.

Khan, M., «L'alliance perverse», Nouvelle Revue de psychanalyse, 8, 1973.

Laplanche, Jean/Pontalis, J. B., Das Vokabular der Psychoanalyse, Frankfurt a. M. 1973.

Lemaire, Jean-Georges, Leben als Paar: Strukturen, Krisen, therapeutische Hilfen, Olten 1980.

Lempert, B., Désamour, Paris 1994.

Lempert, B., L'enfant et le désamour, Auray 1989.

Leymann, Heinz, Mobbing. Psychoterror am Arbeitsplatz und wie man sich dagegen wehren kann, Reinbek bei Hamburg 1993.

Mackinney und Maroules, 1991, zitiert bei G.-F. Pinard, in: Criminalité et psychiatrie, Paris 1997.

Milgram, Stanley, Das Milgram-Experiment. Zur Gehorsamsbereitschaft gegenüber Autorität, Reinbek bei Hamburg 1992.

Miller, Alice, Am Anfang war Erziehung, Frankfurt/Main 1980.

Miller, Alice, Der gemiedene Schlüssel, Frankfurt/Main 1988.

Ovid, Metamorphosen. Das Buch der Mythen und Verwandlungen, Frankfurt a. M. 1992.

Racamier, P.-C., «Pensée perverse et décervelage», in: «Secrets de famille et pensée perverse», Gruppo n° 8, Paris 1992.

Racamier, P.-C., L'Incest et l'Incestuel, Paris 1995.

Ricoeur, P., «Le pardon peut-il guérir?», Esprit, mars-avril 1995.

Roustang, F., Comment faire rire un paranoïaque, Paris 1996.

Spiegel, D., «Dissociation and Hypnosis in Post-traumatic Stress Disorders», Journal of Traumatic Stress, 1, S. 17–33.

Sunzi, Die Kunst des Krieges. Hg. und mit einem Vorwort von James Clarell, München 1998.

Tellenbach, Hubertus, Melancholie. Zur Problemgeschichte, Typologie, Pathogenese und Klinik, Berlin/Göttingen/Heidelberg 1961.